suhrkamp taschenbuch 4262

Eine Niere bekommt man in Indien für 300 Euro, ein afrikanisches Adoptivkind »kostet« mit allen notwendigen Papieren 20 000 Euro, eine Frau ist in Albanien unter Umständen schon für 800 Euro zu haben. Hieß es nicht immer: Der Mensch ist keine Ware? Tatsächlich werden Menschenleben nicht nur in fernen Ländern ökonomisch bewertet, ihre Monetarisierung hat auch Deutschland längst erreicht: In Krankenhäusern, Behörden und Personalabteilungen denkt man nach über Fragen wie: »Lohnt« sich eine Ampel bei einem Fußgängerüberweg, wenn man den Wert eines Lebens mit 1,2 Millionen ansetzt? »Lohnt« es sich, ins »Humankapital« der Mitarbeiter zu investieren? »Lohnt« es sich, 75jährigen noch neue Hüften einzusetzen? Doch darf man solche Fragen überhaupt stellen? Ist es legitim, die Würde des Menschen ökonomisch zu relativieren?
Jörn Klare, geboren 1965, schreibt Reportagen und Features, unter anderem für den *Deutschlandfunk* und *Die Zeit*. Für sein Feature »Der Weltgerechtigkeitsbasar« erhielt er 2008 den Robert-Geisendörfer-Preis der Evangelischen Kirche in Deutschland.

Jörn Klare

Was bin ich wert?

Eine Preisermittlung

Suhrkamp

Umschlagfoto: Markus Kluger, aus: pwc – Das Magazin für Vorausdenker. Ausgabe 4/2010

suhrkamp taschenbuch 4262
Erste Auflage 2011

Druck: CPI – Ebner & Spiegel, Ulm
Printed in Germany
Umschlaggestaltung: Göllner, Michels, Zegarzewski
ISBN 978-3-518-46262-1

1 2 3 4 5 6 – 16 15 14 13 12 11

Was bin ich wert?

Eine Preisermittlung

Für Mascha

Inhalt

1. Der Mensch, sein Wert und ich 11
2. Die erste Rechnung. Eine Warnung 17
3. »Alles was ich habe«, sagt meine Frau 18
4. Über Kopfjäger, Märkte, Werte und Preise. Mein Schwager gibt mir eine Einführung in die Betriebswirtschaft 20
5. »Eine tote Oma kommt billiger.« Mißverständnisse bei meiner Versicherungsagentur 26
6. Von unendlich bis gar nichts. Meinen Wert bestimme ich selbst, sagen die Versicherer. Ein Besuch bei ihrem Gesamtverband 29
7. 5000 Euro für einen Zeh, 1,7 Millionen für einen kompletten Körper. Aber null Euro für das Leben. Eine Reise durch die Welt der Schmerzensgelder 32
8. »Alles ist käuflich.« Besuch bei einem Politiker 37
9. »Kommt drauf an, für wen«, sagt meine Mutter 45
10. Der Wert eines Lebens – rein statistisch. Anruf bei einem, der es ausgerechnet hat 48
11. »Im Knast lernt man, was ein Mensch wert ist.« Gespräch mit einem Mörder 53
12. Was andere zynisch finden, hält er für ein Gebot der Vernunft. Der Volkswirt Hannes Spengler 57
13. »1022,43 Euro«, rein chemisch gesehen. Dank an meine Apotheke 68
14. Was die Ethik rät. Gespräch mit dem Philosophen Volker Gerhardt 71
15. 2880 Tote, 2680 Verletzte, sieben Milliarden Dollar und einer, der das Geld verteilt. Kenneth Feinberg und der 11. September 2001 78

16. Vor 40 Jahren war er genau 40 000 DM wert.
Heute schätzt er sich auf zwei bis drei Millionen Euro.
Der Anatom Gunther von Hagens 82

17. Mensch als Marke. Und warum auch ich einen
Markenwert haben kann 89

18. 2,40 Dollar für einen Toten pro verkauftes Auto.
Was darf Sicherheit kosten? Und wie man sich dabei
auch mal verrechnen kann 96

19. »Wenn man Zahlen foltert, gestehen sie alles.«
Gespräch mit zwei Humankapitalisten 101

20. Die Probe aufs Exempel. Rechnungen mit der
Saarbrücker Formel. Und die Frage, ob man Frauen und
Kinder wirklich zuerst retten soll 114

21. Wieder bei meinem Körper. Was er produziert.
Und was man davon verkaufen kann 119

22. 105 Euro für zwei private Milliliter. Ein Besuch bei der
Samenbank 122

23. Bald bin ich kein »Bringer« mehr.
Bernd Raffelhüschen im Dienst der (sozialen) Marktwirtschaft 131

24. Körpervermietung im Dienst der Forschung.
2680 Euro für eine Spritze 139

25. Wann bin ich eine Nachricht wert?
Ein Besuch bei der *Tagesschau* 143

26. »Werthgegenstand hoher Bedeutung«.
Ein Blick zurück 147

27. Wenn einer »A« sagt, sagt auch einer »B«.
Die Folgen können »verheerend« sein. Begegnung mit
den Medizinhistorikern Thorsten Halling und
Jörg Vögele 152

28. »Ein Haustier haben« ist 78 640 Pfund wert.
Kleine Erholung mit einer Bewertungsliste der
anderen Art 161

29. 600 000 Euro, wenn ich mich selbst verkaufe, schätzt mein indischer Freund 163
30. Sklaverei. Ein Exkurs 167
31. Werte im Krieg oder: Welchen Preis hat ein Soldat? 172
32. Mein Tod kostet eine knappe Million. Aber nur bei einem Verkehrsunfall. Die Kalkulation der Bundesanstalt für Straßenwesen 180
33. Ein Mißverständnis auf der Oranienburger Straße. Gesprächsversuch mit einer Prostituierten 189
34. Ich als Umweltschaden. Ein Lebensjahr ist 50 000 Euro wert. Besuch beim Umweltbundesamt 191
35. »Besser viele Zahlen als eine falsche.« Auf ein Würstchen mit dem Experten Josef Nussbaumer 199
36. Was Gesundheit kosten darf. »43,48 Euro«, sagt meine Hausärztin 210
37. »Ökonomie ist angewandte Ethik.« Und ein Lebensjahr ist zwischen 50 000 Euro und 100 000 Euro wert. Ein Gespräch mit dem Gesundheitsökonomen Friedrich Breyer 216
38. »Der Mensch ein Keks« oder »die Krönung der Schöpfung«. Eine Spontanumfrage in der Kreuzberger Wrangelstraße 226
39. »Eine Grenze ziehen«. Besuch beim Pfarrer 229
40. Gesundheitsökonomie II: 20 000 bis 30 000 Euro für eine Niere. Peter Oberender plädiert für ein eBay der Organe 236
41. »Ich habe für viele einen negativen Wert.« Eine Begegnung mit Peter Sawicki 245
42. Philosophie II: »Das Leben ist ein Rechtsgut und kein Wert«, sagt Weyma Lübbe 254
43. »Ich will kein Leben kaufen.« Ein kurzes Gespräch über den Tod 258

44. Ich als Leiche. Das könnte 250 000 Dollar bringen. Besuch bei einer gut informierten Kollegin 260

45. 1 109 236,34 Euro, die Abrechnung 266

46. Zeiten ändern sich. Zahlen auch – vor allem wenn Sie es wollen. Eine kleine Anleitung zur Selbstberechnung 269

47. Epilog: »Weil du mein Papa bist« 273

Dank 274

1. Der Mensch, sein Wert und ich

Vor ein paar Jahren fing es an. Ich war in Albanien, recherchierte zum Thema Menschenhandel. Ein Mädchen erzählte mir, ihre Schwester sei am Vortag nach Italien verkauft worden. Für 800 Euro. Später reiste ich nach Asien, traf eine Frau in Nepal, die man in ein indisches Bordell entführt hatte. Der »Zwischenhändler« aus ihrem Dorf hatte 300 Dollar für sie bekommen. Ähnliche Geschichten hörte ich im südlichen Afrika. Und in Bolivien erzählte mir eine Mutter von ihrem geraubten Baby, das man für ein paar tausend Dollar zur Adoption in die USA verschleppt hatte.

So lernte ich ganz konkret, daß Menschen nicht nur einen Wert, sondern auch einen Preis haben können.

Dann wurde ich in der Berliner U-Bahn Ohrenzeuge eines Gespräches, das sich um einen kurz zuvor geschehenen Raubmord drehte. Der Täter hatte knapp 100 Euro erbeutet. Die beiden jungen Männer diskutierten über die Summe. Knapp 100 Euro für einen Mord fanden sie unsinnig, lächerlich oder besser gesagt: *zu wenig*. 10 000 Euro, sagte der eine, wäre eine Summe, ab der er die Tat gerade noch nachvollziehen könne. Es klang naiv, nicht bösartig. Doch der andere protestierte. Er bestand auf mindestens 100 000 Euro. Und plötzlich ertappte ich mich bei der Frage, ab welcher Summe ich einen Mord nachvollziehen könnte. Ich erschrak und brach das Gedankenspiel beschämt ab.

Zumindest vorläufig. Denn eine Frage, die ich nur aus Entwicklungsländern kannte, war näher gekommen. Fast schon zu nah.

Was ist ein Leben wert? Genauer: Wieviel ist ein Leben wert? Die Frage ist schwierig, wirkt böse, und sie verfolgt mich. Genauer gesagt, ich begegne ihr immer wieder. Das macht mich nachdenklich.

Zum Beispiel wenn ich lese, Air France müsse den Hinterbliebenen der Opfer eines Flugzeugabsturzes 240 000 Dollar für

jeden Toten bezahlen. Warum 240 000 Dollar? Warum nicht 200 000? Oder 500 000? Oder 10 Millionen? Oder wenn ein nach unendlichen Lösegeldverhandlungen verzweifelter Kapitän eines von somalischen Piraten entführten Frachters im *Spiegel* mit der Aussage zitiert wird, er und die Mannschaft könnten nicht glauben, »daß ihr Leben und Leiden weniger wert sei als Geld«. Die Frage müsse doch lauten, wieviel Geld ihr Leben und Leiden wert seien, beziehungsweise wieviel der Reeder bereit sei, dafür inklusive seines Schiffes zu zahlen?
Ich höre von einer Kampagne des Berufsverbands der Frauenärzte, der fragt: »Was ist eine kranke Frau in Deutschland wert?« Dabei dreht es sich, so ist zu vermuten, um die Frage, was Gesundheit und damit eben auch ein Leben in Deutschland kosten darf. Ja, wieviel denn?
»100 000 Euro für ein Leben« lautet eine Schlagzeile im Essener Lokalteil der *Westdeutschen Allgemeinen Zeitung*. In diesem Fall geht es um ein 8jähriges Mädchen aus Mazedonien. Es hat eine dramatische Krebserkrankung und kann nur mit einer Stammzellentransplantation gerettet werden. Die Operation soll 100 000 Euro kosten, welche die mazedonische Krankenkasse aber nicht übernehmen will. Und die Familie des Mädchens ist zu arm. Also bittet sie um Spenden. 100 000 Euro für das Leben einer Tochter. Werden sie das Geld bekommen?
Ein paar Beispiele nur, doch bei jedem frage ich mich, wie es in diesem Fall wohl um mich stünde. Wären 240 000 Dollar angemessen für mich? Wer würde für mich Lösegeld zahlen? Vor allem: wieviel? Und wieviel ist meine Gesundheit wert? Wer würde im Ernstfall für mich wieviel spenden?
Ich bin bei einer anderen Frage angekommen: Was bin ICH wert?
Ich nehme Stift und Papier, versuche eine Bilanz, eine vage Abrechnung meiner Lebensleistungen. Ich habe mal einen Berg bestiegen, der fast 7000 Meter hoch ist, und ich bin auch wieder runtergekommen. Ich kann kochen. Ich telefoniere jede Woche mit meinen Eltern. Ich kann ganz passabel skifah-

ren. Ich habe ein paar gute Freunde. Wenn ich meinen Namen google, finde ich ein paar tausend Einträge. Ich habe kein Auto, kein Haus, keine Yacht und soweit ich mich erinnere auch noch nie einen Baum gepflanzt. Aber ich habe zwei wunderbare Töchter, von denen eine auch noch einen anderen Vater hat. Mit der wunderbaren Mutter bin ich glücklich. Wir teilen Tisch und Bett, Hausarbeit, Erziehungsaufgaben und angenehmerweise auch die finanzielle Verantwortung. Auch davor hatte ich meistens tolle Freundinnen. Für das Selbstwertgefühl eines Mannes ist das nicht ganz unerheblich. Ich kaufe meistens im Bioladen ein und bevorzuge fair gehandelte Produkte. Manchmal spende ich Geld für gemeinnützige Organisationen. Ich habe einen Marathon durchgestanden. Viele der Themen, mit denen ich mich als Journalist beschäftige, haben einen »sozialen Anspruch«. Manchmal bekomme ich Lob von einem Leser oder Hörer. Einmal habe ich auch einen Medienpreis bekommen. Wenn es gut läuft, verdiene ich 3000 Euro im Monat. In Berlin-Kreuzberg ist das viel Geld.
Alles Dinge, die mir ein gutes Gefühl verschaffen. Zumindest ziemlich oft. Nicht immer. Denn auf der anderen Seite sind da die zurückgehenden Haare, der vordrängende Bauch, der überforderte Rücken – kurz: ich bin 46 Jahre alt. Da wird so was schon ein Thema. Ich meine das Selbstwertgefühl. Ich meine die Midlife Crisis. Die ist noch nicht da. Nein. Wahrscheinlich kommt die auch gar nicht. Aber wenn sie *vielleicht* mal kommen *sollte*, kann ich sie nicht durch ein neues Cabrio und will ich sie nicht durch eine jüngere Frau verdrängen. Da könnte also ein wohlfundiertes und vielleicht gar monetär gesichertes Selbst-WERT-Gefühl von Vorteil sein. Denn natürlich weiß ich, daß gesellschaftlicher Status, Anerkennung und Wertschätzung sehr oft mit materiellen Fragen, also Besitz und Einkommen verknüpft sind. Wer viel verdient, wird, ob nun in der Bank oder beim Arzt, besser behandelt. So gesehen könnte sich mein persönlicher Geldwert auch auf meinen persönlichen Selbstwert durchschlagen. Nur eine Hypothese. Aber vielleicht hilft es ja. Nach dem Motto: »Sehr geehrter

Herr Hotelportier, ich bin zwar mit dem Bus gekommen, ich besitze auch nur die allereinfachste Kreditkarte, habe lediglich einen alten Rucksack, nehme bloß das billigste Zimmer, ABER – wissen Sie – ich selbst bin eine Million Euro wert!«
Wobei – das nur am Rande – für den teuersten Hund der Welt, eine Tibetdogge, in China angeblich sogar 1,1 Millionen Euro gezahlt wurden.
So oder so, ich meine »Wert« im ökonomischen Sinn, so wie der Begriff ursprünglich verstanden wurde. Seine philosophische Karriere begann erst Ende des 19. Jahrhunderts mit der modernen Axiologie, der Lehre von den moralischen Werten. Die beschäftigt sich mit den Wertungen, die der Mensch vornimmt, mit Wertgefühl, Wertrealismus und den »absoluten Werten«, die eine Kultur prägen und einer Gesellschaft Sinn und Bedeutung geben.
Darum geht es mir nicht. Ich will das trennen, auch wenn ich schon ahne, daß das schwierig werden könnte.
Also: Wieviel Euro bin ich wert?
Meine spontane Antwort lautet »unendlich viel«. Theoretisch, denn praktisch wird das schwierig. Ich habe nicht unendlich viel Geld. Nicht für mich, nicht für meine Familie und auch nicht für ein Mädchen aus Mazedonien. Dann also »alles was ich habe«. Zumindest für mich und meine Familie. Und wenn das nicht reicht? Wo ist Schluß? Keiner, nicht mal Bill Gates oder der deutsche Staat haben *unendlich* viel Geld. Die 100 000 Euro für das mazedonische Mädchen kamen übrigens innerhalb einer Woche zusammen, und für die 24 Seeleute und ihr Schiff vor Somalia zahlte der Reeder schließlich etwa zwei Millionen Euro Lösegeld. Von daher waren die Seeleute billiger als das mazedonische Mädchen. Sogar wenn man das Schiff nicht mitrechnet. Das kann man natürlich nicht vergleichen. Oder?
Je mehr ich mich mit dem klassischen Bankräuberslogan »Geld oder Leben« beschäftige, desto mehr Fragen drängen sich auf. Was heißt eigentlich »in eine Beziehung investieren«? Kann es zum Beispiel sein, daß es immer weniger anstrengen-

de, kraftraubende Beziehungen gibt? Daß also weniger investiert wird? Oder sollte man sagen: daß klüger investiert wird? Ich meine Zeit, Kraft, Geduld und Energie. Wobei sich zumindest in den Zeiten der expandierenden beruflichen Selbständigkeit Zeit, Kraft, Geduld und Energie leicht in Geld umrechnen lassen. Wer kann oder will es sich noch leisten, langfristig energieraubende Auseinandersetzungen auszutragen, eine *amour fou* auszuleben? Okay, ein paar gibt es vielleicht noch. Ich kenne nur keine mehr. Das kann aber auch am Alter liegen.

Andererseits fallen mir Situationen auf, in denen ich so was wie den Wert meines Lebens zumindest intuitiv schon längst berechne. Etwa beim Bergsteigen. Das mache ich gern. Früher war ich oft allein unterwegs und habe Sachen gemacht, die für einen Laien, der ich war und immer noch bin, sehr riskant, heute würde ich sagen: äußerst dumm waren. Ich habe Glück gehabt.

Wenn ich heute mit Ski an den Füßen durch die Berge steige, schließe ich mich einem Bergführer an. Das ist recht teuer, verringert aber potentielle Gefahren. Aber – jetzt kommt es – das Geld ist mir mein Leben wert. Also investiere ich ein paar hundert Euro in die Risikoreduktion, die ich mir von der Erfahrung des Bergführers erhoffe. Aber ist mein Leben deswegen nur ein paar hundert Euro wert? Sicher nicht.

Das sind zu viele Fragen. Ich brauche Antworten. Der Entschluß steht fest. Die Projekte, die ich für die nächsten Monate geplant habe, sage ich ab oder verschiebe sie. Ich schreibe eine Liste. Wen könnte ich fragen? Denn abhängig davon, *wen* ich frage, werde ich, so meine dringende Vermutung, unterschiedliche Antworten bekommen. Aber vielleicht, so meine heimliche Hoffnung, gibt es auch eine Art Gesamtwert, einen Universalpreis, also meinen Universalpreis. Ich notiere Namen von Einzelpersonen und Institutionen. Die Liste ist lang und wird mit der Zeit noch länger. Recht häufig geht es dabei um Fragen der lebensnotwendigen Gesundheit, das heißt um die Finanzierung der gesetzlichen Krankenversiche-

rung, die Bewertung von Behandlungsmethoden, die nötigen oder möglichen Einsparungen.
Ich will wissen, was ich wert bin. Ich will Zahlen. Oder noch besser: nur eine Zahl. Und zwar möglichst genau und gern auch möglichst hoch. Das ist wichtig. Es geht ja, ich habe es angedeutet, auch ein bißchen um mein »Selbst-WERT-Gefühl«.
Obwohl – hin und wieder kommt mir ein Zweifel, ein ganz kleiner Zweifel. Will ich es wirklich wissen? Will ich überhaupt einen monetären Wert, einen Preis haben? Und wie wird es sein, wenn ich ihn kenne? Wird dann jede Finanzkrise zur Identitätskrise? Und ist mein Selbstwert inflationsgeschützt?
Doch Zweifel, das ist bekannt, dürfen einen Forscher nicht aufhalten. Im Gegenteil. Und was bin ich anderes als ein Marktforscher in eigener Sache?
Und da ist noch etwas: Ein Verdacht, dem ich auf den Grund gehen möchte. Er betrifft die »Pekuniarisierung« der Gesellschaft, das Vordringen ökonomischer Prinzipien, monetärer Berechnungen und Bewertungen in Lebensbereiche, in denen wir diese Prinzipien gar nicht vermuten würden und vermutlich auch gar nicht wollen. Wenn im Geiste des Neoliberalismus anscheinend alles zur Ware und damit zu Geld gemacht werden kann und auch gemacht werden soll – was bedeutet das dann für den Wert des Menschen?

2. Die erste Rechnung. Eine Warnung

Ich beginne mit einer historischen Rechnung. Es ist, das kann ich jetzt schon sagen, die schlimmste aller möglichen Rechnungen. Man kann sie nicht verdrängen. Ich hatte nicht erwartet, daß sie so detailliert und laienhaft zugleich ist.

Rentabilitätsberechnung

Täglicher Verleihlohn durchschnittlich RM 6,–
abzüglich Ernährung RM –,60
durchschnittl. Lebensdauer 9 Mt. = 270 x RM 5,30 = RM 1431,–
abzüglich Bekl. Amort. RM –,10

Erlös aus rationeller Verwertung der Leiche:

1. Zahngold 3. Wertsachen
2. Kleidung 4. Geld

abzüglich Verbrennungskosten RM 2,–
durchschnittlicher Nettogewinn RM 200,–
Gesamtgewinn nach 9 Monaten RM 1631,–
zuzüglich Erlös aus Knochen und Aschenverwertung.

Diese Kalkulation wurde im Jahr 1941 von der SS-Führung im Konzentrationslager Buchenwald vorgenommen. Der Kaufkraft einer Reichsmark aus dem Jahr 1939 entsprechen nach Angaben des Statistischen Bundesamtes etwa 3,70 Euro. 1631 Reichsmark wären demnach 6034,70 Euro.

* Die Abbildung stammt aus dem Buch: Walter Strand, *Das KZ-Außenlager Schlieben – Das Verhängnis Tausender Frauen und Männer vor ihrer Befreiung*, Herzberg: BücherKammer 2005, S. 52.

3. »Alles was ich habe«, sagt meine Frau

Der erste Weg führt mich zu meiner Liebsten. Wir leben seit zehn Jahren zusammen. Sie sitzt im Wohnzimmer auf dem Sofa, ich am Tisch. Vor mir Papier und Bleistift.
– Was bin ich wert?
Sie läßt ihr Buch sinken, schaut mich fragend an.
– Wie?
– Also: Was bin ich dir wert?
Der fragende Blick bleibt, sie überlegt.
– Sehr viel, natürlich.
– Mhm.
– Mhm.
So kommen wir nicht weiter.
– Meinst du, wenn du entführt würdest oder so was?
Genau. Die Richtung stimmt. Tatsächlich war ich als Reporter schon mal in Afghanistan, Pakistan, Kaschmir, Palästina oder in Regionen Südamerikas, wo man so was nicht absolut ausschließen kann.
– Ja, zum Beispiel wenn ich entführt würde.
– Also, mein Leben würde ich nicht für dich geben.
– Okay. Was dann?
– Na, eine Hand vielleicht. Dann könnte ich aber nicht mehr Klavier spielen.
Ich bin gerührt. Es läuft gerade ganz gut bei uns. Ich bin diese Woche mit Kochen dran.
– Und ein Bein auch, glaube ich.
Sie schaut unglücklich und ein wenig zweifelnd. Wahrscheinlich denkt sie gerade an ein Leben mit nur einer Hand und nur einem Bein. Und ich frage mich, welcher Entführer die andere Hand und das andere Bein wohl haben will
– Und was wärest du bereit, für mich zu bezahlen?
Sie schaut weniger unglücklich. Der Gedanke, *nur* Geld geben zu müssen, scheint sie zu erleichtern.
– Na, wenn du entführt würdest – alles was ich habe!

– Schön.
– Ich würde auch Schulden machen. Wenn es sein muß, bis an mein Lebensende.

Wir schauen uns an. Ein zartes Grinsen. Ich will sie weder zu einem Kassensturz zwingen noch mit einem Entführungsszenario unnötig beunruhigen. Wir wechseln das Thema.

Ihre Antwort beruhigt mich emotional. Rein ökonomisch bleibt sie unklar und somit etwas unbefriedigend. Ich brauche Sachverstand, genauer gesagt ökonomischen Sachverstand. Der ist bei mir und meinen Freunden nicht sonderlich ausgeprägt. Ein Fachmann muß her. Ich finde ihn in meiner Familie. Ein Betriebswirt mit Diplom, Erfahrung und Erfolg.

4. Über Kopfjäger, Märkte, Werte und Preise. Mein Schwager gibt mir eine Einführung in die Betriebswirtschaft

Nach einem Familienessen im Haus meiner Schwiegermutter sitze ich mit meinem Schwager am Kamin. Er ist Manager in einem großen Unternehmen. Er verdient vier-, fünf-, vielleicht auch sechsmal soviel wie ich. Manchmal beneide ich ihn um das viele Geld. Um seinen Job beneide ich ihn nicht. Aber er hat Erfahrungen mit Headhuntern, Personalvermittlern für das gehobene Management, die wirtschaftliche Elite. So ein Kopfjäger sollte eine Vorstellung haben, was das wert ist, was er jagt. Daß die Beute in der Regel gerade für ein anderes Unternehmen arbeitet, ist egal. Es macht die Sache nur spannender. In erster, zweiter und dritter Linie geht es dabei ums Geld.

– Hattest du schon mal mit einem Headhunter zu tun?

– Natürlich.

Mein Schwager, das muß ich an dieser Stelle sagen, ist kein Angeber. Was ich vor allem an ihm schätze, ist seine Offenheit.

– Und wie läuft das?

– Manchmal gibt es einen Anruf. Meistens wenn ich bei der Arbeit bin. Die erste Frage lautet immer, ob ich frei sprechen kann. Ob niemand mithört. Dann geht es sehr schnell darum, ob ich mir vorstellen könnte, den Job zu wechseln. Und eventuell auch, ob ich zu einem Umzug bereit wäre.

Klingt konspirativ. Natürlich habe ich noch nie so einen Anruf bekommen.

– Geht es bei so was nicht auch um deinen Marktwert?

Das, denke ich, kommt meinem Thema schon recht nahe.

– Klar.

Wenn er einen Marktwert hat, dann könnte ich ja vielleicht auch einen haben.

– Und wie läuft das? Welche Tests machen die?

– Keine Tests, nur Fragen.
– Was für Fragen?
– Mein Ausbildung, meine Erfahrung. Aber das wissen die meistens schon, bevor sie anrufen.
– Und dann?
– Dann fragen die mich, wie ich wirke, ob ich konfliktfähig bin, ob ich mich durchsetzen kann. Manchmal soll ich ihnen dafür dann auch Beispiele liefern.
– Und was erzählst du denen dann?
– Die Wahrheit.
Mein Schwager grinst.
– Aber die wollen dann auch Referenzen haben, Leute, die sie anrufen können, um sie über mich auszufragen.
– Ist das ein Problem für dich?
– Nein.
Wieder grinst mein Schwager. Das mit den Headhuntern und dem Marktwert läuft wohl doch nicht ganz so seriös, wie ich dachte.
– Und dann?
– Irgendwann kommt dann so ein Satz wie: So einen Typen wie Sie kann ich da und da hin vermitteln. Und da können Sie dann das und das verdienen.
– Lohnt sich das?
– Ja, das lohnt sich. Bei so einem Wechsel erhöht sich das Gehalt in der Regel um 20, 30 oder auch 40 Prozent.
Es fällt mir schwer, meinen Neid zu unterdrücken.
– Und dieses Gehalt ist dann dein Marktwert?
– Nein.
– Nein?
– Nein. Das ist ja kein freier Markt, und deswegen ist das auch kein Marktpreis.
Mein Schwager ist studierter Betriebswirt. Er ist genau. Man kann ihm nichts vormachen, und blenden lassen will er sich auch nicht.
– Dem Headhunter geht es nicht um meinen Wert. Dem Headhunter geht es um seine Kohle. Die macht er, in dem er

mich von A nach B vermittelt. Und er versucht, für mich ein möglichst hohes Gehalt rauszuschlagen, weil er dann auch eine hohe Provision bekommt. In der Regel sind das zwei bis drei Monatsgehälter.

Wenn es keine wirklichen Marktpreise gibt, muß ich auch keinem Headhunter hinterhertelefonieren, um etwas über meinen entsprechenden Wert rauszukriegen. Ich bin ein bißchen enttäuscht, aber auch erleichtert, daß mir diese Demütigung erspart bleibt.

– Sonst noch Fragen?

Mein Schwager sinkt ein wenig tiefer in das bequeme Sofa unserer Schwiegermutter. Eine Frage hätte ich noch.

– Was ist ein Mensch wert?

– In Geld?

– Ja.

– Geht nicht.

Ich bin ein bißchen enttäuscht.

– Ich will's aber wissen.

– Also wenn man alle ethischen und moralischen Grundsätze über Bord wirft ...

– Ja, mach mal!

– Wenn man sich also von den alten Denkmustern befreit ...

– Weg mit den alten Denkmustern!

– ... dann muß man Kriterien für die Bewertung finden.

Super. So habe ich mir das vorgestellt. Ich komme der Sache näher.

– Man muß genau definieren, um welchen Wert es geht. Und wenn man es dann nicht ideell betrachtet ...

– Nein, nicht ideell betrachten!

– ... dann gibt es für jeden Wert auch einen Preis. Und der wird in der Regel in Geld bemessen. Oder in Kokosnüssen.

– Keine Kokosnüsse!

– Also: Der Preis einer Ware ist Ausdruck ihres Wertes in Geld. Oder anders: Der Tauschwert einer Ware, in Geld ausgedrückt, ist der Preis.

– Das klingt ein bißchen nach Marx.

Marx habe ich bisher immer eher intuitiv verstanden.

– Egal. Aber um den Wert zu realisieren, brauche ich einen Markt, auf dem es theoretisch eine Preisforderung des Anbieters und ein Preisgebot des Nachfragers gibt. Und aus der Nachfrage, dem Knappheitsverhältnis, also dem Verhältnis von Angebot und Nachfrage, ergibt sich dann der genaue Preis.

– Der dann den Wert der Ware ausdrückt.

– Richtig.

Gar nicht so schwer, denke ich.

– Und für einen Menschen?

– Brauchen wir noch ein Kriterium, über das man seinen Wert definieren kann.

– Klar. Wir brauchen ein Kriterium.

– Dafür müssen wir aber alle ethischen und moralischen Grundsätze ...

– ... über Bord werfen.

Das muß ich tun. Ich darf mich jetzt nicht aufhalten lassen.

– Genau. Nehmen wir zum Beispiel mal Blutgruppen. Einige sind seltener. Die sind dann mehr wert.

Während ich versuche, mich an meine Blutgruppe zu erinnern, denkt mein Schwager schon weiter.

– Entscheidend ist das Kriterium, das man zuläßt. Zum Beispiel ob einer schneller rennen kann. Dem Menschen geht es ja immer darum, sich zu messen. Wer schneller rennen kann, ist dann mehr wert.

– Und bekommt dann die besseren Werbeverträge, Startgelder und so weiter. Er wird reicher und angesehener. Und wenn er gedopt ist?

– Darum geht es nicht. Es geht um das Kriterium. Komplizierter wird es zum Beispiel bei Schönheit. Schwer zu definieren, was das genau sein soll.

Das sagt er als Betriebswirtschaftler.

– Aber eine schöne Frau erfährt in der Regel mehr Wertschätzung als eine weniger schöne.

Er grinst wieder.

– Das einzige Kriterium zur Bewertung von Menschen, bei dem es mit der gesellschaftlichen Legitimierung keine Probleme gibt, ist der Arbeitslohn. Eigentlich heißt es, alle Menschen sind gleich.
– Klar.
– Aber Arbeit wird sehr unterschiedlich bezahlt.
– Stimmt.
– Eine Friseuse, ein Arzt, du, ich. Aber wenn man andere Kriterien als den Arbeitslohn nimmt, wird es ganz schnell absurd. Und abwegig.

Er grinst jetzt nicht, er lächelt freundlich. Das Thema ist für ihn beendet. Keine abwegigen Wege mehr. Für mich gilt das nicht. Ich weiß jetzt, wie man Wert bemessen kann. Aber auch, daß es bei Menschen irgendwie nicht geht. Das Problem sind die Kriterien.

Dabei finde ich das mit dem »Wert der Schönheit« sehr interessant. Mir ist ein schönes Lächeln auch lieber als ein häßliches. In der Psychologie spricht man da vom »What-is-beautiful-is-good«-Stereotyp. Ökonomen schätzen, so lese ich, daß schöne Menschen zwischen zehn und 15 Prozent mehr verdienen als nicht so schöne. Das betrifft im übrigen nicht nur die »reine Schönheit«. Laut einer Untersuchung der Universität München verdienen große Menschen mehr als kleine: Pro Zentimeter mehr an Körpergröße sollen 0,6 Prozent mehr Bruttogehalt die Regel sein. Eine wirklich überzeugende Erklärung dafür gibt es allerdings nicht. Interessant sind aber die Studien der Wirtschaftswissenschaftlerin Sonja Bischoff von der Uni Hamburg. Demnach halten ein Drittel der männlichen, aber nur ein Viertel der weiblichen Manager die äußere Erscheinung für karrierefördernd.

Bischoffs Untersuchungen zeigen auch, daß die »Schönheit« in den letzten 20 Jahren an Bedeutung gewonnen hat. 1986 fanden bloß sechs Prozent aller Befragten die äußere Erscheinung wichtig für den Berufseinstieg. 2003 waren es bei Männern und Frauen schon 27 Prozent. Damit überholte die Optik die Bedeutung von Sprachkenntnissen (26,6 Prozent) und war fast ebenso wichtig wie die persönlichen Beziehungen (28 Prozent).

Attraktivität kann man wiederum kaufen. Davon leben die Mode- und die Kosmetikindustrie. Deshalb werden weltweit jährlich über 20 Milliarden Euro für sogenannte Schönheitsoperationen ausgegeben. In Deutschland wurden solche chirurgischen Optimierungen erstmals in den zwanziger Jahren in Berlin populär. Mittlerweile finden laut der Deutschen Gesellschaft für Ästhetisch-Plastische Chirurgie jedes Jahr etwa 750 000 solcher Eingriffe statt. Eine Preissuchmaschine im Internet beziffert den niedrigsten Preis für eine Nasenkorrektur mit 2200 Euro, ein Facelifting gibt es ab 4200 Euro, eine größere Brust ab gut 3000 Euro, Fettabsaugen am Bauch schon für um die 2000 Euro, eine Schamlippenverkleinerung ab 400 Euro und eine Penisverlängerung für rund 3500 Euro.

Ich könnte also wie viele andere auch in so eine Operation investieren, beispielweise mein Übergewicht mittels Absaugen zumindest kurzfristig besiegen. Da sich diese Wertsteigerung aber nicht wirklich bemessen läßt, wäre so eine Aktion rein ökonomisch fragwürdig. Außerdem habe ich meiner schönen Frau schon mal angedroht, daß ich sie verlasse, wenn sie so einen Blödsinn macht.

Es gibt da aber auch noch einen anderen Preis, der für Schönheit bezahlt wird. Laut einer Studie des Robert-Koch-Instituts leiden fast 30 Prozent der deutschen Mädchen zwischen elf und 17 Jahren an Eßstörungen wie Magersucht, Eß-Brech-Sucht oder Fettsucht. Und laut einer US-Studie sind gar 65 Prozent aller Frauen mit ihrem Körper unzufrieden. Das ist nun wiederum alles andere als schön.

5. »Eine tote Oma kommt billiger.« Mißverständnisse bei meiner Versicherungsagentur

Ich habe einen Brief von einer Versicherungsagentur bekommen, bei der ich vor vielen Jahren eine Haftpflichtversicherung abgeschlossen habe. Der Brief informiert mich darüber, daß ich in Zukunft mit besseren Leistungen rechnen kann – und zwar bei gleichbleibender Prämie. Das finde ich interessant. Soweit ich weiß, geht es bei einer Haftpflichtversicherung unter anderem auch um die Abdeckung von mir verursachter Personenschäden. Das könnte eine Spur sein, eine Antwort auf die Frage nach dem Wert eines Menschen zu finden, vielleicht sogar nach meinem Wert. Ich rufe an. Die Frau von der Agentur möchte mich gern telefonisch beraten. Persönlich ist mir aber lieber. Schließlich geht es um meinen Selbstwert.

Ein paar Tage später klingle ich an der Haustür eines gutbürgerlichen Berliner Mietshauses. Eine junge Frau macht auf. Das Büro im Parterre wirkt ein bißchen wie eine Rumpelkammer. Die Frau holt noch einen jungen Mann dazu. Er ist neu im Geschäft, deswegen soll er gut zuhören und lernen, wie man einen Kunden berät, und vor allem, wie man ihm eine Versicherung verkauft. Beide sind sehr freundlich zu mir. Wir reden über Klassik-Tarife, Single-Tarife und Familientarife. Dann möchten die beiden mit mir eine »Risikoanalyse« machen. Sie fragen, ob ich wilde Tiere besitze. Oder vielleicht einen Öltank. Ich wiederum möchte nicht wissen, wie gefährdet, sondern was ich wert bin. Um das herauszufinden, habe ich mir behelfsmäßig folgende Frage zurechtgelegt:

– Was kostet es, wenn ich jemanden totfahre?

– Mit Vorsatz?

– Ohne.

– Wenn Sie zum Beispiel volltrunken Auto …

– Nein, nüchtern.

Die beiden schauen mich an. Dann schauen sie sich gegenseitig an. Dann schauen sie wieder mich an. Ich glaube, daß sie etwas denken, was sie nicht denken sollen.

– Mich interessiert das nur rein theoretisch, ich hab's nicht wirklich vor!

Die beiden wirken erleichtert.

– Also, so ganz konkret können wir Ihnen das nicht sagen. Aber es käme schon teurer, wenn Sie einen Familienvater erwischen, als eine Oma, die eine lebensbedrohende Krankheit im Endstadium hat. Das hängt im Zweifelsfall vom Richter ab. Auf Personen bezogen geht es dabei meist um Schmerzensgeld, Heilkosten oder Versorgungsansprüche.

Ich verstehe. Wer einen Schaden verursacht, muß dafür bezahlen. Und wenn ich eine Haftpflichtversicherung abgeschlossen habe und einen Schaden verursache, zahlt meine Versicherung für mich. Allerdings nur, wenn dieser Schaden durch den Versicherungsvertrag auch abgedeckt ist und ich nicht vorsätzlich gehandelt habe und so weiter. Und wenn es um das Opfer eines von mir verursachten Unfalls geht, wird die genaue Schadenshöhe von einem Gericht bestimmt. Ich nicke. Sie macht weiter.

– Wenn Sie also den Vertrag ihrer Privathaftpflichtversicherung auf acht Millionen umstellen, dann sind wir schon ganz gut versichert.

Acht Millionen Euro sind die vertragliche Obergrenze, bis zu der meine Versicherung die Kosten für von mir verletzte oder getötete Menschen pro Unfall übernimmt.

– Diese acht Millionen würde die Versicherung aber nur zweimal in einem Jahr zahlen. Beim dritten Mal müssen Sie dann selbst ran.

Ich sollte also nicht mehr als zwei Acht-Millionen-Euro-Personenschäden im Jahr verursachen. Die Frau lacht, der Mann auch. Versicherungsagentenhumor.

– Wieso eigentlich acht Millionen, wieso nicht eine oder 100?

Die Frau hört auf zu lachen, guckt mich an, kramt in ihren

Papieren. Für die Privathaftpflicht gibt es keine gesetzlich geregelten Mindestdeckungssummen. Bei der Kfz-Haftpflicht, zu der jeder Fahrzeughalter verpflichtet ist, sind aber mindestens 7,5 Millionen Euro für Personenschäden und eine Million Euro für Sachschäden vorgeschrieben.

– Und wir bieten ihnen sogar acht Millionen für Personenschäden im Rahmen ihrer privaten Haftpflicht. In den meisten anderen Ländern sind die Mindestdeckungssummen bei der Kfz-Haftplicht übrigens wesentlich niedriger.

– Wieso? Sind da die Menschen weniger wert?

Blicke von beiden. Dann wieder Lachen. Aber nur kurz.

– Das ist eine anstößige Frage.

Ich verstehe. Andere Länder, andere Sitten. Die deutschen Garantiesummen beruhen auf Erfahrungswerten und reichen »praktisch immer«, sagen die Versicherer. Zumindest im privaten Bereich und zumindest für die Personenschäden. Wer will, kann aber grundsätzlich auch als Einzelperson eine unbegrenzte Schadenshöhe versichern, wenn er bereit ist, die entsprechend höheren Prämien zu bezahlen. Bei der Frage, was ich wert bin, können mir die Haftpflichtversicher also nicht helfen. Aber Moment, wie steht es denn um die Lebensversicherungen? Doch leider ist mein Gesprächstermin hier in der Agentur schon lange überzogen. Und da ich eh nichts kaufen will, möchte ich die Geduld und auch den Humor der beiden Berater nicht überstrapazieren. Aber wer könnte mir weiterhelfen? Die Frau drückt mir ein Kärtchen in die Hand.

– Der Gesamtverband der deutschen Versicherungswirtschaft.

Ich bedanke mich. Die beiden scheinen ein bißchen enttäuscht, daß ich keine neue Versicherung abgeschlossen habe. Aber mit so was kann ich mich jetzt nicht aufhalten.

6. Von unendlich bis gar nichts. Meinen Wert bestimme ich selbst, sagen die Versicherer. Ein Besuch bei ihrem Gesamtverband

Der Gesamtverband der deutschen Versicherungswirtschaft hat seinen Sitz in der Wilhelmstraße in Berlin-Mitte. Ein siebenstöckiger Bürobau, schmucklose Glasfassade, Konfektionsarchitektur. Am Empfang hängen riesige Hochglanzfotos von Mexiko City, dazu der Slogan, die deutschen Versicherer seien fit für die Zukunft, auch für die Risiken der Mega-Citys. Angeber. Dann weisen sie noch darauf hin, daß auf ihrer Homepage »virtuelle Frauen auf Kundenfragen antworten«. Eine zum Glück ganz reale Frau drückt mir einen Anstecker mit dem Schriftzug »Besucher« in die Hand und schickt mich mit dem Aufzug in den siebten Stock. Dort wartet bereits eine andere nette Dame, die mich in ein Konferenzzimmer führt. Dort treffe ich auf einen Pressereferenten, der schon weiß, worum es geht, weil ich meine Gesprächsanfrage schriftlich formulieren mußte. Daraufhin hat mich der Referent gleich angerufen und gefragt, ob ich es mit meiner Frage »Was bin ich wert?« tatsächlich ernst meine.

Das Gespräch, das ganze Thema ist ihm offensichtlich unangenehm. Er wolle, sagt er, in kein Fettnäpfchen treten. Dann entwickelt sich ein etwas verkrampfter Dialog um die Frage, welchen Wert ein Mensch aus Sicht der Lebensversicherungen hat. Er sucht dabei nach Worten, scheint über die gefundenen aber nicht immer glücklich zu sein. Auf ein paar Fragen antwortet er mit einem Nicken, am Ende meist nur noch mit einem Seufzer.

Als ich ihn später um die schriftliche Bestätigung seiner, wie ich finde, harmlosen Aussagen bitte, verweigert er die Autorisierung und schreibt statt dessen bestens abgesicherte Sätze wie »Jeder kann sich so hoch versichern, wie er möchte und es ihm möglich ist«. Oder: »Jeder bestimmt für sich ganz individuell die für ihn benötigte Risikoabsicherung«. Und: »Die

Summe der Versicherungsprämien drückt lediglich das finanzielle Volumen der vertraglichen Vereinbarungen zwischen Kunden und Versicherung aus.«
Dabei ist alles ganz einfach. Die Lebensversicherer bestimmen nicht den Wert von Menschen. Das macht im Grunde jeder für sich selbst, indem er entscheidet, über welche Summe er sein Leben versichern will. Die Versicherung kalkuliert dann anhand ihrer komplexen Statistiken das entsprechende Risiko und berechnet die Höhe der zu zahlenden Prämie. Die muß dann der Mensch, also der Kunde, auch zahlen können. Basta.
Die durchschnittliche Versicherungssumme bei Risikolebensversicherungen betrug im Jahr 2010 in Deutschland 71 900 Euro. Ich besitze keine solche Versicherung. Also habe ich für die Versicherung auch keinen Wert. Im 19. Jahrhundert galten derartige Verträge – man bekommt Geld, wenn einer früher stirbt als erwartet – als »vulgäre Kommerzialisierung des Todes«. Passend dazu musste die Deutsche Bank vor ein paar Jahren Hunderte Millionen Euro Verlust mit extra aufgelegten Fonds einräumen, die im großen Stil Lebensversicherungen hochbetagter Amerikaner aufkauften. Da diese aber länger lebten, als vorausgesagt bzw. von den Anlegern erhofft, ging das Geschäft nach hinten los.
Ich denke noch ein wenig über das Leben nach. Und das Risiko. Und über beides zusammen. Ich lese von verschiedenen Versicherungsrekorden. Von den 3,7 Millionen Euro, für die Claudia Schiffer ihr Gesicht, oder den 100 Millionen Euro, für die Cristiano Ronaldo seine Beine versichern ließ. Bei Mariah Carey sollen die kurzfristig gar mal eine Milliarde Dollar wert gewesen sein. Auch Jennifer Lopez' Versicherungsmakler muß einen guten Tag gehabt haben, als er Verträge für ihre Haare und ihr Gesicht über jeweils 50 Millionen Dollar, für den Busen über 220 Millionen Dollar und für den – ja tatsächlich – Po über »mindestens« 425 Millionen Dollar abschloß. Was im übrigen bedeutet, daß ihr Hintern Frau Lopez achtmal wertvoller war als ihr Gesicht.

Schätze ich mein Leben weniger hoch ein, wenn ich Risiken eingehe, und sei es nur eine harmlose Bergtour oder die Fahrt in einem öffentlichen indischen Reisebus? Bedeuten diese Risiken, daß mir mein Leben weniger wert ist? Ich zweifle.
Allerdings ist mir mein Leben zu lieb und sicher auch zu wertvoll, als daß ich zum Beispiel als freier Journalist im Irak arbeiten oder auf einem schweren Motorrad ohne Helm fahren würde. Andererseits war ich schon im bürgerkriegsgeplagten Nepal, im von den Taliban regierten Afghanistan und im terrorisierten Kaschmir unterwegs. Und beim Fahrradfahren verzichte ich auf einen Helm. All diese unterschiedlichen Abwägungen sind, strenggenommen, alles andere als logisch. Ist denn ein langes Leben überhaupt wertvoller als ein kurzes? Als mir meine Ärztin aufgrund meines niedrigen Blutdrucks nur halb im Scherz ein eher langes, aber auch eher langweiliges Leben voraussagte, war ich unsicher, was ich davon halten sollte. Ich bin es bis heute.
Da fällt mir noch was ein: meine Nase! Die wurde mal gebrochen. Und dafür und ein paar zusätzliche Prellungen habe ich damals 2500 Euro Schmerzensgeld bekommen. Zumindest hatte mir ein Gericht die Summe zugesprochen. Der Typ, der zugeschlagen hatte, war allerdings pleite, das Geld habe ich nie erhalten. Allerdings könnte das eine Spur sein. Der Anwalt sprach damals von Schmerzensgeldtabellen. Die muß ich mir besorgen. Also auf zur nächsten Bibliothek.

7. 5000 Euro für einen Zeh, 1,7 Millionen für einen kompletten Körper. Aber null Euro für das Leben. Eine Reise durch die Welt der Schmerzensgelder

In Paragraph 253, Absatz 2 des Bürgerlichen Gesetzbuches heißt es: »Ist wegen einer Verletzung des Körpers, der Gesundheit, der Freiheit oder der sexuellen Selbstbestimmung Schadensersatz zu leisten, kann auch wegen des Schadens, der nicht Vermögensschaden ist, eine billige Entschädigung in Geld gefordert werden.« Die Schmerzensgeldentschädigung hat dabei zwei Funktionen. Einmal geht es um den Ausgleich des immateriellen Schadens beziehungsweise der entgangenen Lebensfreude. Der zweite Aspekt ist die Genugtuung: Der Geschädigte soll Befriedigung erlangen, indem der Täter zumindest einen finanziellen Schaden davonträgt.

Die genaue Höhe eines Schmerzensgeldes ist vom Gesetzgeber nicht von vorneherein festgelegt. Die Entscheidung wird von Fall zu Fall vom jeweiligen Gericht getroffen. Als Orientierung dienen dabei jährlich aktualisierte und veröffentlichte Schmerzensgeldtabellen, in denen alle relevanten Urteile, die in Deutschland gefällt wurden, aufgelistet werden.

Die Spanne reicht von 50 Euro für eine »1 Zentimeter lange, nicht klaffende Wunde am Bein durch Hundebiß« bei einem 9jährigen Jungen bis hin zu 500 000 Euro für eine »schwerste Hirnschädigung durch groben Behandlungsfehler bei Geburt« bei einem Säugling oder 500 000 Euro plus einer monatlichen Rente von 500 Euro für eine Querschnittslähmung ab dem ersten Halswirbel bei einem dreieinhalbjährigen Kind. Im Dezember 2009 wird einer 54jährigen, die nach einer mißglückten Magenoperation schwerste Behinderungen und extreme Schmerzen hat, ein Schmerzensgeld in Höhe von einer Million Euro zugesprochen – ein neuer trauriger Rekord. Insgesamt fällt jedoch auf, daß die Summen, die bei vergleichbaren Schadensfällen an Kinder gezahlt werden, höher sind als bei Senioren.

Für das Leben als solches beziehungsweise den Tod als solchen muß in Deutschland aber im Gegensatz zu anderen europäischen Ländern oder auch den USA nichts gezahlt werden. Hinterbliebene können lediglich eine »mittelbare Verletzung« geltend machen. Klagen in diese Richtung verlaufen aber häufig erfolglos. 2003 sprach ein Gericht einer Klägerin außergewöhnlich hohe 55 000 Euro für den Schock zu, den sie aufgrund des »Miterlebens des Todes des Sohnes« erlitten hatte. Ebenfalls zu den »Schockurteilen« zählen aber auch die 102 Euro, die eine Klägerin für den Schreck zugesprochen bekam, der »nach mißglückter Dauerwellenbehandlung« durch einen »Blick in den Spiegel« ausgelöst wurde, oder die 2045 Euro, die ein 58jähriger Mann für die über zwei Jahre hinweg andauernden Angstzustände nach einer Krebsfehldiagnose erhielt.

Eine bizarr anmutende Ausnahme, bei der doch »für« den Tod gezahlt werden muß, liegt vor, wenn das Opfer leiden mußte, bevor es starb. Für dieses Leiden steht ihm ein Schmerzensgeldanspruch zu, der an die Hinterbliebenen übertragen werden kann. Tritt der Tod aber »sofort« oder »unmittelbar« ein, besteht kein Anspruch auf Schmerzensgeld. Andererseits erhielten die Angehörigen eines Kindes, das bis zu seinem Tod noch etwa vierzig Minuten an schwersten Verletzungen litt, nachdem es von einem Bus überfahren wurde, 511 Euro. Für das 21 Monate währende Martyrium eines Mannes, der »aufgrund schwerer Gehirnverletzungen, Lungenquetschung, Oberarmfraktur, Ellenbogenverletzung« unter Persönlichkeitsverlust litt, wurden vom Gericht 76 693,78 Euro zugesprochen.

Gezahlt werden muß immer wieder auch für das nicht erwünschte Leben. Die Urteile für eine ungewollte, aber komplikationslose Schwangerschaft aufgrund einer fehlgeschlagenen Sterilisation reichen von 1533 Euro bis 10 225 Euro, die für ein nicht gewolltes schwerbehindertes Kind gezahlt werden mußten.

Doch der Mensch besteht nicht nur aus seinem Körper, er hat

auch Persönlichkeit beziehungsweise Ehre, und auch die können verletzt werden. 357 Euro bekam etwa eine Schwarzafrikanerin zugesprochen, die als »schwarzer Affe« und »Negerpack« beleidigt wurde. Ein »blöder Scheißbulle« kann etwa 250 Euro kosten. Die »unberechtigte Verdächtigung/Bezichtigung des Kaufhausdiebstahls« kann je nach Umständen beziehungsweise Richter zwischen 127 und 1022 Euro wert sein. 2556 Euro erhielt eine Frau von ihrem ehemaligen Liebhaber mit der Begründung, der »verheiratete Beklagte« habe »mit der Klägerin, einer ledigen Frau, sechs Jahre ein Liebesverhältnis unter Inaussichtstellung von Scheidung und anschließender Eheschließung« unterhalten.
Richtig ins Geld gehen Schmerzensgeldzahlungen, wenn es sich um das »Recht am eigenen Bild« Prominenter handelt. Spitzenreiter bei Entschädigungen für eine auf solche Weise erlittene Pein ist Boris Becker, dem 2006 für die unfreiwillige Teilnahme an einer Werbeaktion der *Frankfurter Allgemeinen Zeitung* in erster Instanz 1,2 Millionen Euro zugesprochen wurden. Die Rapperin Sabrina Setlur bekam vom Magazin *Max* 256 000 Euro für unberechtigt veröffentlichte Nacktaufnahmen, Joschka Fischer 200 000 Euro vom Axel Springer Verlag für die Werbung mit einem manipulierten Foto. Es kann sich also auch lohnen, ein Opfer zu sein.
All diese beindruckenden und eben auch irritierenden Zahlen bringen mich auf einen Gedanken: Wenn man nun die – vor allem körperlichen – Einzelteile eines Menschen so konkret bewerten kann, dann müßte es doch möglich sein, diese Einzelteile mit den entsprechenden Einzelsummen zu einem funktionsfähigen Körper und seinem Gesamtwert zusammenzusetzen.
Gute Idee, dachten auch der österreichische Volkswirtschaftler Professor Hannes Winner und seine wissenschaftlichen Mitarbeiterinnen Andrea Leitner und Magdalena Thöni. Sie veröffentlichen 2008 die Studie *Menschliche Körperteile und der Wert des menschlichen Lebens – Eine monetäre Bewertung mittels Schmerzensgeldentscheidungen*. Sie nahmen die infla-

tionsbereinigten Schmerzensgeldsummen aus Deutschland (aus den letzten 32 Jahren) und Österreich (aus den letzten 24 Jahren) und begannen zu werten und zu rechnen. Heraus kam diese Tabelle:

Werte menschlicher Körperteile und Organe (in Euro) nach Andrea Leitner, Magdalena Thöni und Hannes Winner*

Körperteil	Mittelwert	Minimum	Maximum
Beine	511 345	289 590	1 003 664
Hüften	49 891	24 348	70 348
Becken	23 484	2 913	55 000
Geschlechtsorgane	30 247	1 150	105 000
Brust/Brustkorb	18 451	1 713	47 500
Innere Organe	107 310	16 050	452 500
Arme	113 832	37 200	297 914
Rücken	226 445	105 950	513 481
Kopf	110 846	7 250	345 123
Gesicht	18 540	3 125	81 197
Sinnesorgane	234 149	66 400	749 038
Nervensystem	145 436	40 250	340 750
Psyche	82 373	2 450	1 170 985
Summe	**1 672 349**	**598 389**	**5 232 500**

Schließlich stellt das Forschertrio fest, daß der Mittelwert »für ein menschliches Leben« etwa 1,7 Millionen Euro beträgt. 1,7 Millionen Euro – die müßten dann ja auch für mich gelten. Nicht schlecht, denke ich. In ihrer Schlußfolgerung heben die Ökonomen zufrieden hervor, daß ihr Bewertungsan-

* Die Tabelle ist dem Band *Von Körpermärkten* (herausgegeben von Andreas Exenberger und Josef Nussbaumer, Innsbruck: Innsbruck University Press 2008, S. 92) entnommen.

satz »objektiv den gesellschaftlichen Wert eines Menschen widerspiegelt«, da er auf richterlichen Urteilen einschließlich Expertenmeinungen basiert.
Das ist sehr interessant, wirft aber auch Fragen auf. Die banalste lautet: Wenn ein ganzer Mensch in Deutschland oder Österreich knapp 1,7 Millionen Euro wert sein soll, weil die Gerichte entsprechende Schadensersatzleistungen zusprechen, was bedeutet es dann, wenn ein Gericht in New York, wie im April 2009 geschehen, allein für ein amputiertes Bein 20 Millionen Dollar veranschlagt? Mein Anwalt zuckt dazu mit den Schultern, murmelt etwas von rechtshistorischen Unterschieden und extrem hohen Anwaltshonoraren, und auch wenn er es nicht zugibt – ich bin sicher, er ist ein wenig neidisch.

8. »Alles ist käuflich.« Besuch bei einem Politiker

Im Kino habe ich den Dokumentarfilm *Let's Make Money* von Erwin Wagenhofer über die Hintergründe der globalen Wirtschaftskrise gesehen. Er hat mich beeindruckt. In dem Film taucht ein Politiker auf, der Artikel 1 der Allgemeinen Erklärung der Menschenrechte zitiert: »Alle Menschen sind frei und gleich an Würde und Rechten geboren.« Der Politiker verlangt in diesem Sinne soziale Umverteilung zugunsten der Gesellschaft: »Nur dann kann das humanitäre Prinzip aufrechterhalten werden.« Klingt gut, ist aber noch nicht alles:
»Wenn wir so weitermachen, dann kommen neue Selektionsmechanismen – Selektionsmechanismen zwischen Staaten, zwischen Rassen, zwischen Religionen, zwischen berechtigten und unberechtigten, wertvollen und nicht wertvollen Menschen. Dann wird [Achtung!] der monetäre Wert des Menschen irgendwann in den Vordergrund geschoben. Und dann beginnt ein neues Zeitalter der Barbarei.«
Der »monetäre Wert des Menschen« – dieser Politiker, denke ich, ist mein Mann. Etwas überrascht bin ich, als ich erfahre, daß es sich um ein Mitglied der SPD handelt. Ich hätte weiter links getippt. Sein Name ist Hermann Scheer, Mitglied des Bundestages und des Bundesvorstands seiner Partei. 1999 bekam er für seinen Einsatz für die Solarenergie den Alternativen Nobelpreis. Wikipedia listet noch eine lange Reihe weiterer Preise und Auszeichnungen auf und zitiert Scheer mit der Aussage: »Ich bin weltweit anerkannt als ein Vorreiter für die Wirtschaftsorientierung der Zukunft. Und wenn das einige scheinbar besonders kluge Köpfe noch nicht verstanden haben, ist das nicht mein Problem.«
Er nimmt also kein Blatt vor den Mund. Und vielleicht, so meine Hoffnung, hat er auch ein paar offene Worte für mich übrig. Der »Vorreiter« ist aber viel unterwegs – ein Vortrag in Asien, ein Symposium in Nordamerika. Doch irgendwann klappt es mit dem gewünschten Termin.

Ich setze mich aufs Rad und fahre zur Adresse Unter den Linden 50, einem Gebäude des Bundestages in bester Lage. Lange Gänge, Teppichboden, viel Holz und viele rechte Winkel – funktionale Eleganz im Dienste der Demokratie. Ich muß im Büro der Sekretärin warten. Der Chef telefoniert noch. Zum Lesen bekomme ich eine *taz* und den *Stern*. Dann darf ich rein.
Das Büro ist leidlich aufgeräumt. Eine Seite ist komplett verglast, Blick auf viel Fassade und ein bißchen Himmel. An den Wänden bezeugen diverse Urkunden diverse Ehrungen. Dazu noch etwas moderne Kunst und Erinnerungsfotos mit Willy Brandt, Helmut Schmidt und Arnold Schwarzenegger – dem Gouverneur, nicht dem Terminator.
Auf dem Schreibtisch kein Computer, dafür aber ein Solarradio und ein Aschenbecher. Ein klassisches Modell aus den Siebzigerjahren, dessen Deckel sich auf Knopfdruck öffnet, um Asche oder gleich die ganze Kippe zu verschlingen. Daneben eine Schachtel Dunhill, mit der Scheer immer wieder spielt.
Er ist 65 Jahre alt, etwa einen Meter siebzig groß und trägt ein Samtsakko über einem blauen Polo-Shirt. Beides eher lässig als chic. Sein Kopf ist kantig, sein Haar grau-schwarz und dicht, seine Haut leicht gebräunt und von den vielen Aufgaben und dem Alter gezeichnet. Er wirkt müde. Ich stelle mich vor, erkläre mein Anliegen, daß ich mit ihm über mein Thema reden will: »Was ist ein Mensch wert?« Er nickt, wirkt ein wenig ungeduldig und redet erst mal über sein Thema. Ich brauche einen Moment, bis ich merke, daß es um das Kyoto-Protokoll geht.
– Man muss sich das Wort »Emissonsrecht« mal auf der Zunge zergehen lassen.
Scheer tut es.
– Es widerspricht allen zivilisatorischen Moralvorstellungen. Es legitimiert Menschenrechtsverletzungen, in der Hoffnung, sie zu reduzieren.
Dann hält er einen kleinen Vortrag über das Protokoll, das

1997 auf einer Konferenz der Vereinten Nationen im japanischen Kyoto beschlossen wurde. Darin wurden völkerrechtlich verbindliche Zielwerte zur Reduktion der Treibhausgase in den Industrieländern festgelegt. Das hat mit meiner Frage nichts zu tun, denke ich. Scheer denkt anders. Er beklagt den Handel mit Emissionsrechten, der es Unternehmen ermögliche, sich das Recht zu erkaufen, die Luft zu verschmutzen. Das Recht, eine Tonne Kohlendioxid in die Luft zu blasen, wird zu dem Zeitpunkt unseres Gesprächs an der Leipziger Strombörse mit etwa 14 Euro gehandelt. »Das Allgemeingut Luft wird als Ware monetarisiert.« Scheer nennt das eine »amoralische Absurdität«, um die finanziellen Interessen der Energieanbieter zu schützen. Ich nicke bei der Wirkungspause, die er dann macht, und versuche mein Thema ... zu spät. Scheer hat knapp 50 Jahre Erfahrung in der Politik. Da hat man es wohl ganz gut im Griff, wann man selbst reden oder wann man – wenn überhaupt – zuhören will.

– Im Grunde kann man das gleichsetzen mit Drogen-, Frauen- und Sklavenhandel.

Frauen und Sklaven – also: Menschen. Er hat doch nicht vergessen, warum ich hier sitze. Sicherheitshalber nicke ich gleich noch mal.

– Die Sklaverei hat vor allem Auswirkungen auf die direkt Betroffenen. Die legitimierte Luftverschmutzung ist aber viel gravierender, weil sie alle trifft.

Mutiger Vergleich, denke ich, und er wohl auch.

– Der Vergleich ist statthaft. Im Grunde könnte man wie das Verbrechen der Umweltverschmutzung auch den Frauen- und Sklavenhandel verrechtlichen. Man müßte dann den Verkauf von Frauen und Sklaven erst einmal legitimieren. Danach bekämpft man das Problem, indem man marktwirtschaftliche, also monetäre Anreize zur Reduzierung dieses Menschenhandels gewährt.

Noch eine Wirkungspause. Meine Chance zu einem kleinen Einwurf.

– Das könnte Proteste geben.

– Der Frauenhandel wird transparent erfaßt. Es gibt dann ein Frauenhandelsschutzsekretariat.

Er hat mich irgendwie überhört. Das mit dem Frauenhandelsschutzsekretariat scheint ihm aber gut zu gefallen. Er grinst.

– Man legt fest, daß der Handel bis 2020 um zehn Prozent reduziert wird. Dann gibt es eine Bestandsaufnahme. Alles wird registriert, es gibt eine Börse mit zugelassenen Händlern. Und wer mehr als zehn Prozent abbaut, kann die überschüssigen Rechte verkaufen, was im übrigen dem Staat auch noch Steuereinnahmen bringt.

Ich probiere es nochmal. Ein wenig lauter.

– Es könnte Proteste geben!

Er guckt mich an, dann nickt er. Schließlich fragt er, ob ich Lawrence Summers kenne. Nee, nie gehört. Will ich aber nicht zugeben. Diese Oberlehrer-Nummer ist mir ein bißchen zu blöd. Ich nicke und mache ein nachdenkliches Gesicht.

– Summers war Anfang der neunziger Jahre Chefökonom der Weltbank. Und vor der UN-Konferenz in Rio im Jahr 1992, auf der es um nachhaltige Entwicklung ging, hat er sich ein paar Gedanken gemacht. Es ging um Giftmüll. Summers wollte die internationale Müllentsorgung verbessern. Die erschien ihm ineffizient, und er sah da ein paar bis dahin unentdeckte Sparmöglichkeiten. Es ging vor allem um Gesundheitsschäden aufgrund der Verschmutzung.

Wörtlich hieß es in Summers' Ausführungen, die ich später nachlese: »Die Kosten gesundheitsschädigender Verschmutzung bemessen sich nach den entgangenen Einnahmen durch erhöhte Krankheit und Sterblichkeit. So gesehen sollte die Verschmutzung in dem Land mit den geringsten Kosten stattfinden.« Nach Summers' Logik, also der Logik des damaligen Chefökonomen der Weltbank, sollte die Verschmutzung demnach nicht in einem wohlhabenden Land stattfinden, weil dort die Lebenserwartung vergleichsweise hoch ist. In reichen Ländern ist die Wahrscheinlichkeit, an einer Langzeitfolge der Verschmutzung zu erkranken und zu sterben, schließlich wesentlich höher als in einem Entwicklungsland, weil die Leute in einem Entwicklungsland in der Regel schon viel früher an irgend etwas anderem sterben – zum Beispiel an Mangelernährung oder banalen Krankheiten. Deswegen gehen in der Dritten Welt auch nicht so viele gesunde Lebensjahre und die entsprechenden volkswirtschaftlichen Gewinne verloren. Summers' Erkenntnis lautete also: »Die ökonomische Logik, eine Ladung Giftmüll in dem Land mit den niedrigsten Löhnen loszuwerden, ist untadelig.« Und: »Ich war schon immer der Meinung, daß«, so zitierte ihn die *Weltwoche*, »Länder in Afrika deutlich unterverschmutzt sind.«

– *Ökonomisch* war das alles präzise berechnet.

Sagt Scheer.

– Die Menschen in der Dritten Welt haben einen geringeren monetären Wert, deswegen ist es auch nicht so schlimm beziehungsweise sogar ökonomisch geboten, unseren Dreck dort abzuladen.

Scheers Ironie kommt sehr trocken. Als Summers' Überlegungen, die eigentlich für den internen Gebrauch der Weltbank bestimmt waren, publik wurden, gab es zwar Proteste, aber seiner Karriere hat das nicht geschadet. Bill Clinton machte ihn zwei Jahre später zum Finanzminister. Später wurde Summers Präsident der Harvard University. Barack Obama wiederum ernannte ihn zum Direktor des Nationalen Wirtschaftsrates und soll sogar lange überlegt haben, Summers wieder als Finanzminister zu berufen. Ende 2010 kehrte er auf seine Professorenstelle nach Harvard zurück. Scheer steckt sich eine Zigarette an.

– Diese ökonomische Logik dringt immer mehr in unsere Gedankenwelt. Jede Handlung wird durchkalkuliert. Der Beitrag jedes einzelnen zum Bruttosozialprodukt wird berechnet. Und damit verlassen wir den Bereich der Menschenrechte.

Scheer füllt seine Lungen mit Nikotin. Anders ausgedrückt: Er verschlechtert seine persönliche Emissionsbilanz.

– Die Monetarisierung von Menschen droht – soweit sie nicht schon längst vorgenommen wird –, weil grundsätzlich immer und überall mehr monetarisiert wird. Man kann ja alles berechnen. Mit Computern sogar noch viel leichter. Grundnormen unserer Gesellschaft werden unter den Vorbehalt ökonomischer Berechnungen gestellt. Das Normengefüge, das Wertsystem ist aber das Grundgerüst unserer Gesellschaft. Es prägt unsere Kultur. Und wenn es von diesen ökonometrischen Ansätzen zersetzt wird, dann weiß ich nicht, wie man Gesellschaft organisieren soll. Das hat doch schon Aristoteles gesagt: Ohne Recht und Gesetz ist der Mensch das Schlimmste aller Raubtiere. Und irgendwann werden in letzter Konsequenz die Rentner umgebracht, weil die ja nur noch Kosten verursachen. Zuerst sind die Rentner dran, die keine Familie haben.

– Warum denn zuerst die Rentner ohne Familie?

– Weil es da weniger Protest gibt.

Logisch.

– Erinnern Sie sich an die Geschichte von Philipp Mißfelder?

Ja, an den erinnere ich mich tatsächlich. Mißfelder ist der Chef der Jungen Union. 2003 sagte er in einem Zeitungsinterview: »Ich halte nichts davon, wenn 85jährige noch künstliche Hüftgelenke auf Kosten der Solidargemeinschaft bekommen.« Früher seien die Leute schließlich auch auf Krücken gelaufen, erklärte er. Scheer schaut ein wenig verächtlich.

– Natürlich gab es Proteste. Die haben den Aufstieg des Herrn Mißfelder aber nicht groß beeinträchtigt. Im Gegenteil.

Stimmt. Mißfelder entschuldigte sich, falls er jemanden verletzt haben sollte, nahm inhaltlich aber nichts zurück. Er sitzt nach wie vor im Bundesvorstand der CDU, seit 2005 auch im Bundestag und seit 2008 im Präsidium der CDU. Nebenbei bastelt er erfolgreich an seinem Aufstieg innerhalb der Fraktion und ist mittlerweile auch Co-Leiter des Initiativkreises »Zusammenhalt der Generationen« der CDU. Scheer schaut auf die Uhr. Er muß noch irgendeinen Flieger kriegen.

– Ich wende mich ja nicht gegen rationale Berechnungen. Aber sie müssen die richtigen Prämissen haben. Wenn man zum Beispiel die Schäden der Umweltverschmutzung volkswirtschaftlich berechnet, wenn man deutlich macht, welche ungeheuren Summen das unsere Gesellschaft langfristig kosten wird, dann führt das zu sehr sinnvollen Erkenntnissen und politischen Schlußfolgerungen.

Das war das Schlußwort. Ich werde Scheer nicht wiedersehen. Er stirbt im Oktober 2010 in Berlin.

Als ich nach unserem Gespräch wieder auf der Straße stehe, ist davon nichts zu ahnen. Ich hole tief Luft und denke nach. Erst mal über meinen politischen Wert, das heißt meinen Wert als Wähler. Nach Paragraph 18 des Gesetzes über die politischen Parteien bekommt eine Partei für meine Stimme bei einer Europa-, Bundestags- oder Landtagswahl jährlich 70 Cent vom Staat. Ich kalkuliere mit grob 60 Jahren Wählerdasein (von 18 bis 78), konsequenter Wahlbeteiligung bei den drei genannten Wahlen und insgesamt stabilen demokratischen Verhältnissen – das macht dann 2,10 Euro im Jahr und 126 Euro für mein ganzes passives politisches Leben. Eine insgesamt doch recht überschaubare Summe. Aber noch einmal zurück zu Scheer. Durch die Monetarisierung des Menschen droht die Zersetzung unserer Gesellschaft, hat Scheer gesagt. Mhm. Da komme ich mir mit meiner Frage gerade mindestens albern vor. Und jetzt? Tief Luft holen, verschärft nachdenken und: Aufgeben gilt nicht, soviel ist klar. Das hab ich im Leistungssport gelernt. Also weiter. Aber mein Anfangsverdacht erhärtet sich. Das mit den Menschenwertberechnungen ist vielleicht nicht ganz koscher.

Zu Hause schreibe ich eine Mail an Philipp Mißfelder. Ich bitte um ein Gespräch, möchte wissen, wie er heute zu seiner Aussage steht. Vier Tage später bekomme ich einen Anruf von einem seiner Mitarbeiter. Einen Termin gibt es nicht. Und ja, die Aussage stehe nach wie vor.

Die Rentner, das macht die Mißfelder-Anekdote deutlich, haben es nicht leicht, wenn es um die Frage nach dem Wert eines Menschen geht.

Der Respekt oder in diesem Zusammenhang besser die Wertschätzung für alte Menschen ist in unserer Gesellschaft nicht sonderlich ausgeprägt. Sie ist mehr auf Leistung und Jugend ausgerichtet. Dazu kommt, daß der Wert, also der ökonomische Wert ihrer Erfahrungen in der Zeit der Wissensexplosion und ständig neu entwickelten Technologien rasant abnimmt. Vielleicht sollte ich mal mit meiner Mutter sprechen. Sie ist 74. Ich rufe sie an.

9. »Kommt drauf an, für wen«, sagt meine Mutter

– Mama, was ist ein Mensch wert?
– Warum willst du das wissen?
– Nur so.
– Schwierige Frage. Das hängt ja auch davon ab, was einer macht. Ob er Verantwortung übernimmt und anderen Arbeit gibt.
– Also gut. So ein normaler Mensch, einer, der keine Verantwortung übernimmt und niemandem Arbeit gibt. Was wäre der wert? Ich meine in Euro.
Sie überlegt.
– Vielleicht 100 000.
Meine Mutter ist nicht geizig, eher sparsam.
– Warum 100 000?
– Das ist viel Geld.
– Sind alle Menschen gleich viel wert?
– Ich glaube nicht. Bei einem armen Inder wäre es wohl weniger.
– Wieviel denn?
– Vielleicht so 100 Euro. Aber das ist wirklich schwierig zu beantworten.
– Ja, das ist es.
Jetzt, es fällt mir nicht leicht, muß die Frage raus.
– Und findest du, daß alte Menschen weniger wert sind als junge Menschen?
– Das kann ich ja nicht sagen, weil ich selber alt bin. Auch alte Menschen haben Sehnsüchte und Qualitäten, oder?
– Doch. Klar. Natürlich.
Sie meint das nicht vorwurfsvoll. Trotzdem schäme ich mich ein bißchen für meine letzte Frage. Ich weiß, daß meine Mutter Angst vorm Sterben hat. Wir haben darüber gesprochen. Auch darüber, ob sie zu uns ziehen soll, wenn sie nicht mehr allein klarkommt. Ich bin mir nicht sicher, ob ich diese Herausforderung meistern könnte. Sie will nicht zur Last fallen.

Ein schwieriges Thema. Wir schweigen. Doch da ist noch diese Frage, die mir jetzt sehr egoistisch vorkommt. Ich muß sie stellen.

– Und was wäre ich wert?

– Auch so.

– Ich wäre 100 000 Euro wert?

– Ja, ich denke schon.

Ich bin irritiert, fühle mich unterbewertet. Klar, ich gebe niemandem Arbeit, aber schließlich ist sie meine Mutter.

– Also ich wäre dir 100 000 Euro wert?

– Nein! Für mich doch nicht! 100 000 ist ein allgemeiner Wert. Das hängt natürlich auch immer davon ab, für wen man das wert ist.

– Dann bin ich dir mehr wert als 100 000?

– Ja, natürlich.

– Wieviel?

– Unendlich.

Puh.

– Am meisten ist der wert, der geliebt wird.

– Danke Mama.

»Unendlich« ist zwar keine Zahl, aber »unendlich« ist ein Trost. Das tut gut. Und meine Mutter hat recht. Natürlich. Die Frage oder Einschränkung, »für wen« man welchen Wert hat, ist wichtig, im Grunde sogar entscheidend. Ich hatte es fast vergessen, doch meine Tochter ist mir zweifellos mehr wert als mein Nachbar. Das läßt sich nicht leugnen, auch wenn mein Nachbar sehr nett sein mag. Und natürlich würde ich mich weigern, den Wert meines Nachbarn und vor allem meiner Tochter in Geld zu bemessen. Aber wenn es hart auf hart käme, würde ich Prioritäten setzen. Auch das kann ich nicht leugnen. Abgesehen von der Frage, *für wen* ich was oder wieviel wert bin, wüßte ich aber eben gern meinen »Universalwert«. Offensichtlich ein kleines strukturelles Dilemma meiner universellen Privatforschung. Nach einigen Abwägungen entscheide ich mich, meine Ausgangsfrage auch weiterhin so allgemein und einfach wie möglich zu stellen, um den ganzen Relativierungen, die ohnehin früher oder später kommen werden, nicht auch noch Vorschub zu leisten. Und schließlich gibt es von meinem Nachbarn und so weiter einmal abgesehen ja auch allgemeine Rechnungen, etwa bei den Schmerzensgeldern. Und so ein »Allgemeinrechner«, denke ich, ist auch Hannes Spengler.

10. Der Wert eines Lebens – rein statistisch. Anruf bei einem, der es ausgerechnet hat

Dr. Hannes Spengler ist 40 Jahre alt, mag nach Auskunft seiner Homepage Skifahren, Tennis, Laufen, Klettern, Literatur und die Börse. Nach seinen Berechnungen soll ein Menschenleben in Deutschland 1,65 Millionen Euro wert sein. Ein Durchschnittswert, logisch. Ein Männerleben ist demnach im Schnitt 1,72 Millionen wert, ein Frauenleben nur 1,43 Millionen. Super, denke ich, der traut sich was, der ist mein Mann. Als wir das erste Mal Ende 2008 telefonieren, sitzt Spengler in seinem Büro bei der Kreditanstalt für Wiederaufbau (KfW), wenige Tage nachdem diese rund 320 Millionen Euro an eine amerikanische Bank geschickt hat, die längst pleite war. Das war für den Ruf der KfW nicht so gut, und ich vermute, das ist der Grund, weshalb Spengler nicht über den Fall reden möchte. 320 Millionen Euro, das sind immerhin 186 deutsche Männer- oder sogar 223,8 deutsche Frauenleben. Eine ganze Menge also. Einfach so nach Amerika.

Nein, nicht ganz soviel, sagt Spengler. Die Zahlen hätten sich geändert. Er meint seine Zahlen, nicht die der KfW. Die alten Berechnungen seien von 2004. Es gibt neue. Ein deutsches Leben sei jetzt ca. 3,5 Millionen Euro wert. In wenigen Jahren hat sich mein Wert also ziemlich exakt verdoppelt. Das sind gute Nachrichten. Bei den neuen Zahlen hat Spengler nicht mehr zwischen Frauen und Männern unterschieden, sagt er. Ich verstehe. Trotzdem, 100 Prozent Wertsteigerung in wenigen Jahren sind beeindruckend. Gibt es eine Erklärung? Ja, sagt Spengler, die Methoden.

– Welche Methoden?

Jetzt ist der Diplom-Volkswirt nicht mehr zu bremsen. Worum es ihm geht, ist der Wert eines statistischen Lebens, kurz WSL.

Die Methode wurde in den siebziger Jahren des letzten Jahrhunderts in den USA entwickelt. Grundsätzlich geht es dar-

um, was ein Mensch zu zahlen bereit ist, um nicht sterben zu müssen. Spengler gibt ein vereinfachtes Beispiel.
In einem Fußballstadion sind 10 000 Menschen versammelt. Sie erfahren, daß einer von ihnen ausgelost wird, der dann sterben soll. Jeder einzelne wird gefragt, wieviel er zahlen würde, um dieses Risiko für sich auszuschließen. Da die Chance bei eins zu 10 000 liegt, ist die Zahlungsbereitschaft der einzelnen noch überschaubar. Einige wenige wären erfahrungsgemäß bereit, sehr viel auszugeben, eine andere kleine Gruppe würde eher wenig zahlen. Angenommen, der Durchschnittswert der Zahlungsbereitschaft beträgt 500 Euro, dann wird diese Summe durch das Todesrisiko dividiert (500 Euro : 1/10 000) und das Ergebnis von fünf Millionen Euro ist dann ein Wert für ein statistisches Leben.
Geht's auch einfacher, frage ich und meine das Beispiel. Eigentlich nicht, sagt Spengler. Das Ganze sei schon ein bißchen kompliziert. In einem großen Teil der ökonomischen Literatur wird der WSL als ein sinnvolles Instrument für Kosten-Nutzen-Rechnungen im öffentlichen Finanzwesen beschrieben. Demnach sollte der »Wert des Nutzengewinns jeder öffentlichen Regulierung« abhängig sein von der entsprechenden Zahlungsbereitschaft der Staatsbürger. Wenn den Bürgern also ein statistisches Leben fünf Millionen Euro wert ist, würde das eine entsprechend hohe öffentliche Investition etwa in eine Ampel rechtfertigen, wenn sich dadurch mit statistischer Wahrscheinlichkeit ein Menschenleben retten ließe. Eine Ampel für sechs Millionen Euro würde sich demnach nicht »lohnen«.
Der Ansatz ist trotz seiner Verbreitung – vorsichtig gesagt – nicht ganz unumstritten. Die Hauptkritikpunkte zielen darauf, daß die Befragten Schwierigkeiten haben, die Wahrscheinlichkeiten richtig zu erfassen, daß sie sich grundsätzlich gegen die Fragestellung sperren oder daß sie strategisch antworten. Die Alternative zu diesem sogenannten Zahlungsbereitschaftsansatz beim WSL sind Lohn-Risiko-Studien. Dabei wird durch Untersuchungen des Arbeitsmarktes ermittelt,

welcher Lohnaufschlag einem Arbeiter gezahlt werden muß, damit er ein höheres Unfallrisiko bei seiner Tätigkeit in Kauf nimmt. Dieses Risiko muß dann zur weiteren Berechnung genau bestimmt werden. Ein klassisches Beispiel in der Fachliteratur sind die Elefantenpfleger in Philadelphia, die im Jahr 1000 Dollar mehr bekommen als ihre Kollegen, weil Elefanten die meisten tödlichen Unfälle in ihrem Zoo verursachen. Um auf dieser Basis einen Wert für ein statistisches Leben zu ermitteln, muß man das genaue Risiko ermitteln. Hier lauten die Kritikpunkte, daß durchaus auch andere Faktoren, wie Ausbildung, körperliche oder seelisches Belastung und nicht zuletzt die Arbeitsmarktsituation, die Höhe der Löhne bestimmen. Und dann gibt es noch Menschen, die bereitwilliger Risiken in Kauf nehmen als andere.

Schließlich gibt es noch relativ ähnliche Berechnungen zum WSL, die auf Produktmarktstudien basieren. Dabei wird untersucht, inwieweit Konsumenten in Sicherheitstechnik – etwa Rauchmelder, Fahrradhelme, Airbags im Auto – investieren.

Alles in allem ist es kein Wunder, daß einzelne Studien zum Wert eines statistischen Lebens ganz unterschiedliche Ergebnisse aufweisen. Bei einem Vergleich mehrerer Studien – einer sogenannten Metastudie – in den USA, wo am meisten in diese Richtung geforscht wird, variierten die Ergebnisse beispielsweise zwischen 500 000 und über 20 Millionen Dollar. Bei einer ähnlichen Aufstellung von 34 ausschließlich europäischen Studien im gleichen Jahr lag die Spanne gar zwischen 200 000 und 119 Millionen Euro mit einem Durchschnittswert von 9,3 Millionen. Die enormen Bandbreiten werden in der Regel mit Unterschieden bei den Ansätzen (Selbstauskunft oder Lohn-Risiko-Studien), Beispielszenarien, Risikowahrscheinlichkeiten, Risikoaffinitäten der befragten Personengruppen u. ä. erklärt. Deswegen haben Durchschnittswerte, die sich aus einer möglichst großen Metastudie ergeben, eine wesentlich höhere Bedeutung als Werte, die auf einer einzelnen Untersuchung beruhen.

Für einen internationalen Vergleich veröffentlichte der »Papst« der internationalen WSL-Szene, Professor Kip Viscusi von der Vanderbilt University in Nashville, 2008 folgende auf Arbeitsmarktstudien basierende Zahlen zum Wert des statistischen Lebens in verschiedenen Ländern:*

Japan	9,7 Millionen Dollar
USA	7 Millionen Dollar (ein Mittelwert aus 30 Studien)
Schweiz	6,3 bis 8,6 Millionen Dollar
Australien	4,2 Millionen Dollar
Österreich	3,9 bis 6,5 Millionen Dollar
Kanada	3,9 bis 4,7 Millionen Dollar
Hong Kong	1,7 Millionen Dollar
Indien	1,2 bis 1,5 Millionen Dollar
Südkorea	0,8 Millionen Dollar
Taiwan	0,2 bis 0,9 Millionen Dollar

Neben den bereits erwähnten Erklärungen für die großen Unterschiede werden bei internationalen Vergleichen zusätzlich kulturelle Differenzen als allgemeine Begründung angeführt. In den USA spielt der WSL eine wichtige Rolle. Das US Office of Management and Budget empfiehlt allen Regierungsbehörden den WSL für Kosten-Nutzen-Rechnungen bei Entscheidungen, die Einfluß auf die Gesundheit beziehungsweise das Sterberisiko der Bevölkerung haben. So wollte die Consumer Product Safety Commission (CPSC) beispielweise 2008 neue verbindliche Standards für die Feuerfestigkeit von Matratzen verabschieden. Die Produzenten schätzen zwar, daß dadurch 324 Millionen Dollar Mehrkosten im Jahr entstünden, doch CPSC hatte ermittelt, daß die sichereren Matratzen jährlich 270 Menschen das Leben retten würden. Und da CPSC für den Wert eines Lebens mit fünf Millionen Dollar kalkulierte, ergab die Kosten-Nutzen-Rechnung einen Gewinn von über

* W. Kip Viscusi, »Value of life«, in: The New Palgrave Dictionary of Economics, herausgegeben von Steven N. Durlauf und Lawrence E. Blume, zweite Auflage, Houndmills: Palgrave Macmillan 2008; online verfügbar unter: {http://www.dictionaryofeconomics.com/article?id=pde2008_V000005> doi:10.1057/9780230226203.1784} (Stand Oktober 2010).

einer Milliarde Dollar. Die neuen Standards wurden verabschiedet.

Allerdings legen die verschiedenen Behörden ihren Berechnungen unterschiedliche Werte zugrunde. Die US Environmental Protection Agency hält bei Umweltfragen 7,4 Millionen Dollar für angemessen, das Department of Transportation rechnete bis Anfang 2008 im Verkehrsbereich noch mit drei Millionen, erhöhte dann aber mit einem Schlag auf 5,8 Millionen Dollar. Grund dafür war nach Selbstaussage der Vergleich mit verschiedenen anderen Behörden und das Studium der aktuellen Fachliteratur.

Was ist denn mit dem Wert eines statistischen Lebens in Deutschland, frage ich Spengler. Nicht viel, sagt der und klingt dabei halb verärgert, halb frustriert. Er schlägt vor, daß wir uns mal treffen. Gern, trotz aller Vorbehalte, seine 3,5 Millionen schmeicheln mir. Bald ist er weg von der KfW und Professor einer Fachhochschule in Mainz, dann könne er freier reden. Ich hoffe darauf, einen ruhigen Moment zu finden, in dem ich Spengler fragen kann, ob diese 3,5 Millionen auch für mich ganz persönlich gelten. Und was ich machen kann, um meinen Wert vielleicht noch ein bißchen zu steigern.

Vorher will ich aber noch ins Gefängnis.

11. »Im Knast lernt man, was ein Mensch wert ist.« Gespräch mit einem Mörder

Als Journalist habe ich viele Gespräche mit Langzeithäftlingen geführt. Es ging um ihren Alltag in Unfreiheit, ihre Taten, ihre Perspektiven. Die meisten Häftlinge waren wegen Mordes verurteilt. Mir wurde dabei klar, daß es den »klassischen« Mörder nicht gibt. Jeder Täter, jedes Motiv und jedes Opfer ist anders. Doch in jeder Tat liegt ein menschlicher Abgrund. Die Männer, die ich traf, verfügten über existentielle Erfahrungen, die mir fremd sind.

Ich mache mich auf den Weg in ein Gefängnis, um zu erfahren, wie wohl ein Mörder den Wert eines Menschen einschätzt. Das Besuchszimmer ist frisch renoviert und eher klein. Der Mann, auf den ich darin treffe, ist Mitte Fünfzig. Schwarze Kleidung, dünne weiße Haare. Er hat einen stechenden Blick aus eher müden Augen und auffallend schlechte Zähne.

Zur Zeit macht er im Rahmen des Strafvollzugs eine Sozialtherapie. Mit Anfang Zwanzig hat er seine Ehefrau ermordet. Da er zum Zeitpunkt der Tat unter Alkoholeinfluß stand, galt er als »vermindert steuerungsfähig«. Deswegen wurde er nicht zu einer lebenslangen, sondern zu einer achtjährigen Haftstrafe verurteilt. Mit Mitte Vierzig versuchte er, seine zweite Ehefrau zu ermorden, wofür er zu zwölf Jahren Haft verurteilt wurde.

Er sagt, es gehe ihm hier besser als einem Hartz-IV-Empfänger draußen. Bald wird seine Haft gelockert, er kann die Anstalt dann bis zu 96 Stunden im Monat in Begleitung eines Beamten verlassen, weiß aber nicht, was er draußen machen soll. Er hat kein Geld. Auch nicht für eine anständige Sanierung seiner Schneidezähne.

– Wo soll ich denn das Geld herkriegen? Banküberfall? Hier drin kann man keine Bank überfallen.

Er lacht. Es klingt zynisch. Ich frage, was Freiheit für ihn bedeutet, und er erzählt mir seine Lebensgeschichte. Vom Nazi-Vater, der in Stalingrad in Gefangenschaft geriet, und den Nazi-Onkeln, die auch lange nach dem Krieg noch in voller Uniform Führers Geburtstag feierten. Den vielen Prügeln, die er erst bekommen und später selbst ausgeteilt hat. Der Sozialisierung auf der Reeperbahn, den ehemaligen Klassenkameraden, die Frauen auf den Strich schickten und wie Ware behandelten, indem sie sie für 15 000 D-Mark kauften und für 20 000 weiterverkauften. Der Freundin, deren Unfalltod er verschuldete, und der ersten Ehe, die sich schon am Hochzeitstag als großer Irrtum herausstellte. Er versucht zu erklären ohne zu beschönigen. Die Tat, der Mord an seiner Frau, war brutal. Ein Handkantenschlag auf den Kehlkopf, nachdem er sie mit einem Liebhaber antraf, das Brotmesser, mit dem er ihre Halsschlagader durchtrennte.

– Was ist ein Mensch wert?

– Bei so einer Tat ist ein Mensch überhaupt nichts wert.

Als er sich im Knast vorstellen mußte und nach seiner Tat gefragt wurde, haben ihn die anderen als Mörder bejubelt. In der Knasthierachie stand er weit oben. Ganz unten standen und stehen die von allen drangsalierten Sexualstraftäter, vor allem die, die sich an Kindern vergriffen haben.

Er erzählt von dem krankhaften Narzißmus, der ihm attestiert wurde, davon, daß dabei andere Menschen immer nur Erfüllungsgehilfen – »Applausgeber« – seien, die er nicht wertschätzen könne und nicht wertschätzen wolle. Viele Narzißten, glaubt er, landeten aber nicht im Knast, sondern machten Karriere, etwa in der Wirtschaft.

– Hat ein Mensch einen monetären Wert?

– Hier nicht, draußen ja. Diese Stars mit ihrem fetten Geld. Es geht nur um Sieg oder Niederlage, darum, daß der andere weniger wert ist als man selbst. Alle prostituieren sich.

Er macht eine kleine Pause.

– Wenn es um den Menschen an sich geht, haben Sie hier eine Bandbreite, die sie schaudern läßt. Diese Kälte, wenn einer fünf Menschen nur wegen der Kohle umbringt. Die Opfer wie Objekte, wie Möbel. Völlig unmenschlich.

Noch während der ersten Haftstrafe heiratet er erneut. Die Frau sitzt wegen Totschlags. Wider Erwarten funktioniert die Ehe. Zumindest in den ersten Jahren. Er macht eine Ausbildung, Abitur, studiert kurzzeitig Philosophie und Psychologie, muß das Studium jedoch abbrechen, um für die Familie – mittlerweile hat er zwei Töchter – Geld zu verdienen. Auch das gelingt, als Computerfachmann verdient er gut. Aber sein Kompagnon brennt mit der Kasse durch, dem wirtschaftlichen Absturz folgt der persönliche. Sein hochbegabter Sohn aus erster Ehe erfährt mit 19 Jahren mehr oder weniger zufällig, daß sein Vater der Mörder seiner Mutter ist, und wirft sich vor einen Zug. Die zweite Ehe scheitert, dann der Mordversuch, die Verurteilung zu zwölf Jahren Haft, das Entsetzen seiner Kinder, die den Kontakt zum Vater abbrechen. Seine Mutter stirbt. Sein Vater bringt sich um.

– Knallhart ausgedrückt: Es gab in Deutschland mal den Begriff »lebensunwertes Leben«, und zu dieser Kategorie zähle ich mich und auch viele, die hier sind.

Pause. Ich weiß nicht, wie ich mit diesem Lebensdrama umgehen soll. Zahlen und Eurobeträge machen da wenig Sinn. Eine letzte Idee.

– Hatten Sie mal mit Auftragsmördern zu tun?
– Ja. Mörder kann man kaufen.
– Um welche Summen ging es da?
– Manchmal ging es gar nicht um Geld, sondern um sexuelle Gefälligkeiten. Nach dem Motto: »Wenn du den umlegst, dann bleiben wir beide zusammen.« Aber es gab auch die reiche Frau, die 100 000 Mark für den Mord an ihrem Ehemann geboten hat.
– Sind 100 000 Mark angemessen?
– Nee, vom rein kaufmännischen Standpunkt aus nicht.
– Was wäre Ihrer Erfahrung nach angemessen?

Pause.

– Wenn man die Moral außen vorläßt?
– Ja.

Er überlegt.

– Wenn man also die Moral außen vor läßt und sich dieser Logik hingibt: Die Aufklärungsrate liegt bei 95 Prozent, also ein sehr hohes Risiko. Mhm ... Vielleicht eine Million?
– Euro?
– Ja, eine Million Euro. Die Bereitschaft zur Gewalt ist überall vorhanden, überall. Und in Osteuropa, in Ex-Jugoslawien oder gar Tschetschenien herrschen andere Preise. Da gibt es das billiger, das weiß ich. Denen geht es dreckiger. Da ist ein Mensch nicht so hoch angesiedelt wie hier.
Er atmet tief ein.
– Dieses Kulturmäntelchen aus Moral und Ethik ist sehr, sehr dünn.
Zum Abschied eine letzte, fast schon rhetorische Frage.
– Haben Sie selbst Ihr eigenes Leben zu wenig wertgeschätzt?
Er nickt. Dann wird er wieder in seine Zelle geführt. Ich frage mich, was Freiheit wert ist. Ich meine in Geld.
Die Entschädigung für zu Unrecht erlittenen Freiheitsentzug gemäß Paragraph 7 des Gesetzes über die Entschädigung für Strafverfolgungsmaßnahmen wurde im Sommer 2009 von elf Euro auf 25 Euro für jeden angefangenen Tag in Haft erhöht. Davon können noch jeweils sechs Euro für die Verpflegung und Betreuung in der Haftzeit abgezogen werden. Wenn ein verlorener Tag in Freiheit mit 25 Euro berechnet wird, was ist dann ein Leben in Freiheit wert?
Ein heute geborener Junge hat eine statistische Lebenserwartung von gut 77 Jahren. Bei einem Mädchen sind es gut 82 Jahre. Demnach wäre die Freiheit eines männlichen Lebens einschließlich der Schaltjahre etwa 703 125 Euro und die eines weiblichen Lebens etwa 748 750 Euro wert.
Ein Tourist, der vor Gericht erfolgreich für die Entschädigung »entgangener Urlaubsfreude« klagt, bekommt mindestens 50 Euro pro Tag zugesprochen. Mein ganzes Leben im Sinne eines verpatzten Urlaubs wäre demnach 1 406 250 Euro wert.

12. Was andere zynisch finden, hält er für ein Gebot der Vernunft.
Der Volkswirt Hannes Spengler

Pressekonferenz in der Schumpeter Hall des Deutschen Instituts für Wirtschaftsforschung (DIW) in der Berliner Mohrenstraße. Der 1950 verstorbene Ökonom Joseph Alois Schumpeter prägte den Begriff der »schöpferischen Zerstörung« durch Wettbewerb. Mitten im Raum vier Stuhlreihen mit etwa einem Dutzend Journalisten. Ein Vormittagstermin. Einige trinken hier den ersten Kaffee des Tages, sie scheinen ihn zu brauchen.

Titel der Veranstaltung: »Wirken hohe Haftstrafen gegen Kriminalität? Ökonomen analysieren erstmals deutsche Strafverfolgung«. Eigentlich geht es aber nur um einen einzigen Ökonomen, nämlich Hannes Spengler, den Mann, der den statistischen Wert eines Lebens in Deutschland ausgerechnet hat. Seit unserem Telefonat ist zu seinem Doktor- auch noch ein Professorentitel gekommen.

Moderiert wird das ganze von einem Mitarbeiter des DIW mit schneidigem Auftreten und blasiertem Blick. Daneben wirkt der eher jungenhafte Spengler ausgesprochen sympathisch. Er trägt einen dunkelbraunen Anzug, ein beiges Hemd, eine beige, glänzende Krawatte und braune Lederschuhe.

Spengler zieht eine Art ökonomische Wirkungsbilanz der Großen Strafrechtsreform von 1969. Dabei vergleicht er unter anderem die Schäden von Eigentums- und Gewaltdelikten. Den Gesamtschaden von jährlich etwa 2400 Todesopfern (Mord und Totschlag) beziffert er mit 2,5 bis 5,7 Milliarden Euro für das Jahr 2004. Für die Einbußen durch Diebstahl zitiert er das Bundeskriminalamt mit einer Summe von 2,4 Milliarden Euro. Überhaupt gibt es in seiner Powerpoint-Präsentation sehr viele Zahlen, sehr viele Diagramme, aber nur wenig Einblick in die Methoden und Hintergründe seiner Kosten-Nutzen-Rechnungen. Daß er mit »seinem« nicht unumstrittenen Wert eines statistischen Lebens rechnet, wird weder näher ausgeführt noch von den Anwesenden hinterfragt.

Manchmal verwechselt Spengler Millionen mit Milliarden, um sich sogleich für den Versprecher zu entschuldigen. Keiner nimmt es ihm übel. Sind ja auch eine Menge Nullen. Er spricht von »vielen Einflüssen«, von Statistiken, die er uns ersparen wolle, und davon, daß »ein Empiriker manchmal auch Entscheidungen treffen muß«, was eher mehr nach Subjektivität als nach Objektivität klingt. Ich muß an meinen geschätzten Lehrer im Geschichte-Leistungskurs denken, der mal sagte: »Statistik ist wie eine Hure, mit der kann man alles machen.« Das führte damals zu einer recht peinlichen Stille im Unterricht und zu einem lebenslangen Mißtrauen gegenüber Beweisen mit Zahlenkolonnen.

Die Arbeit der Kriminologen betrachtet Spengler »skeptisch«, Juristen und Sozialwissenschaftler gingen »in die falsche Richtung«, da sie mit »Ideologien, aber nicht mit harten Fakten arbeiten«. Und wer arbeitet mit den harten Fakten? Klar: die Ökonomen, denn vor allem die seien »prädestiniert, mehrdimensionale Zusammenhänge zu verstehen«. Sozialwissenschaftler, die da vielleicht gern widersprechen würden, sind heute nicht eingeladen.

Auf die wenigen kritischen Nachfragen hin fallen seine Formulierungen vorsichtiger aus. Dann ist Schluß, ich passe ihn am Ausgang ab, stelle mich vor, erinnere ihn an unsere Verabredung, und wir suchen uns eine ruhige Ecke in einem großen Konferenzraum.

– Was bin ich wert?

– Schwer zu sagen. Die klassische Möglichkeit ist der Produktivitätsansatz. Das, was Sie verdienen. Aber das wird schnell zynisch. Auf der einen Seite der erfolgreiche, millionenschwere Manager, auf der anderen ein Arbeitsloser. Für mich wäre es frustrierend zu sagen, mein Leben ist das wert, was ich noch an der Fachhochschule verdienen werde. Da kommt nicht viel raus. Und das soll dann mein Wert sein?

Er schüttelt den Kopf. Ich verstehe ihn. Bei mir käme noch viel weniger raus als bei einem Fachhochschulprofessor. Aber war da nicht von 3,5 Millionen die Rede? Tatsächlich:

– Aber man kann auch den statistischen Wert eines Lebens ermitteln, indem man sich etwa die Lohnzuschläge anguckt, die gezahlt werden, wenn es sich um eine Arbeit mit höherem Todes- oder Verletzungsrisiko handelt. Bei den vertrauenswürdigsten Studien kommen wir aktuell auf einen Wert von drei bis vier Millionen Euro.

Da sind sie: meine 3,5 Millionen.

– Erinnern Sie sich an den Fall Susanne Osthoff?

Die Archäologin, die 2005 im Irak entführt wurde. Die Bundesregierung soll damals an die vier Millionen Euro Lösegeld gezahlt haben. Spengler lächelt, oder besser: Er triumphiert.

– In etwa die gleiche Summe, dir wir ermittelt haben. Sicher ein Zufall, aber doch sehr interessant.

Ich bin verdutzt. Wie errechnet oder verhandelt die Bundesregierung eigentlich die Lösegelder ihrer Staatsbürger. Und: Was wäre ich da wert? Da muß ich mal nachhaken. Zu einer entsprechenden Anfrage, die ich später an das Krisenreaktionszentrum im Bundesaußenministerium schicke, bekomme ich die Antwort, ich möge bitte verstehen, daß man sich zu einer solchen Frage nicht äußern wolle. Das verstehe ich. Allerdings gibt es zu diesem Thema auch immer wieder Diskussionen darüber, inwieweit entführte Deutsche für die Kosten ihrer Befreiung aufkommen sollen. Dabei wurde die Frage vom Bundesverwaltungsgericht im August 2008 in letzter Instanz geklärt. Demnach wird eine befreite Geisel nicht anders behandelt als ein deutscher Tourist, der in Neapel plötzlich seine Brieftasche vermißt. Der Staat verauslagt die nötigen Ausgaben wie Telefonkosten, das Geld für die Rückreise nach Deutschland oder gar einen Krankentransport – und kann hinterher das Geld zurückverlangen. In bezug auf mögliche Lösegelder hat das Urteil aber keine Auswirkung, weil die ja offiziell gar nicht gezahlt werden.

– Der Wert eines statistischen Lebens ist natürlich immer nur eine Annäherung, aber er ist dem Produktivitätsansatz überlegen. Denn wenn es nur um das noch zu verdienende Gehalt geht, sind diese weichen, immateriellen Dinge wie der Schmerz, das Leid der Familien nicht mit dabei.

Spengler will die »weichen« Dinge mitberechnen.

– Ihre 3,5 Millionen, was bedeutet das jetzt? Kann ich sagen: Nach aktuellstem Erkenntnisstand bin ich zwischen drei und 3,5 Millionen Euro wert?

Spengler überlegt, sucht nach einer Antwort und weicht aus.

– Die Menschen schrecken davor zurück, sich selbst einen Wert in Geld zu geben. Der Wert bezieht sich auf ein unbekanntes, also ein statistisches Leben. Nicht auf Ihr Leben, das ist ja konkret.

Ich finde auch, daß mein Leben »konkret« ist, wüßte aber trotzdem ganz gern, was das mit den 3,5 Millionen zu tun hat.

– Der Wert eines statistischen Lebens ist eine abstrakte Rechengröße. Es geht dabei vor allem um Kosten-Nutzen-Analysen im Sinne einer Risikoreduktion. Das ist insbesondere bei der Frage wichtig: Wie kann der Staat das Leben sicherer machen. Wieviel Geld setze ich zum Beispiel ein, um eine Straße sicher zu machen? Wo ist da die Grenze?

– Okay. Und was ist mit dem Leben eines konkreten Menschen?

– Auf der persönlichen Ebene ist das natürlich ein Problem.

Das klingt einerseits beruhigend, andererseits wird es dann wohl auch schwierig, die satten 3,5 Millionen für mich persönlich zu beanspruchen.

– Nehmen wir an, ein Grubenarbeiter wird verschüttet, und die Medien sind vor Ort. Da wird man nicht aufhören, wenn drei Millionen verbaggert sind.

Spengler schaut kritisch. Und ich frage mich kurz, wie es um den Grubenarbeiter stünde, wenn die Medien mal gerade nicht da wären. Spengler klagt darüber, daß der WSL in Deutschland, anders als in den USA, viel zuwenig genutzt werde. Warum?

- Die Ökonomen, von denen die provokativen, einige würden sagen zynischen, ich würde sagen vernünftigen Ansätze kommen, haben in den USA viel größeren Einfluß.

Dahinter steht, so Spengler, der Wunsch nach einer effizienten Haushaltspolitik mit transparenten Kriterien. In Deutschland aber – so sein Vorwurf – würden solche Entscheidungen nach Stimmungslage und eventuell auch politischem Kalkül getroffen. Stimmungslagen gehören in Spenglers Welt allerdings wohl zu den oberweichen Faktoren, die oberschwer oder auch gar nicht zu berechnen sind.

- Überhaupt sind die Ansätze in den USA pragmatischer. Das hat damit zu tun, wie das Land entstanden ist. Da war man schon immer freier, wenn es um die Abwägung zwischen Geld und Leben ging. In den USA hatte von Anfang an alles seinen Preis. Die sind eben progressiver, stören sich weniger an vermeintlich ethischen Problemen, gehen direkt ran.

So gesehen steht der WSL wohl in der direkten Tradition des Cowboy-Mythos. Ich erzähle Spengler, was ich zum Wert eines statistischen Lebens in den USA gelesen habe. 2008 berichteten amerikanische Medien, daß der nationale Wert eines Durchschnittslebens in den USA in den letzten fünf Jahren gefallen war. So hatte es zumindest die damalige US-Regierung unter George W. Bush festgestellt. Die Umweltbehörde hatte den Wert reduziert, indem sie unter anderem auf den Inflationsausgleich verzichtete. Da die Höhe des Werts maßgeblich für das Zustandekommen von Gesetzen ist, gab es heftige Proteste von Umweltaktivisten. Denn erst wenn eine Neuregelung, die viel Geld kostet, auch als wichtig und materiell wertvoll anerkannt wird, hat sie vor den entscheidenden Gremien eine Chance. Die Kritiker vermuteten hinter der Absenkung politisches Kalkül der Bush-Administration, die schärfere Umweltgesetze verhindern wollte. Schließlich darf die Vermeidung von potentiellen Gesundheitsgefahren und Todesfällen nicht teurer sein als die Summe der monetär bewerteten Leben, die dadurch möglicherweise gerettet werden, aus Sicht der Bürokratie – rein rechnerisch betrachtet. Auf Nachfragen reagierte die zuständige Umweltschutzbehörde eher kleinlaut. Schon vorher, im Jahr 2002, war sie nach stürmischen Protesten gezwungen, eine Kalkulation zurückzuziehen. Demnach wäre das Leben eines US-Bürgers über 70 Jahren 38 Prozent weniger wert gewesen als das Leben eines jüngeren Amerikaners.

– Die Berechnungen selbst sind frei von Ideologie.

Spengler ganz entspannt. Ein Problem sieht er nicht, gibt aber zu, daß die Zahlen je nach Ideologien und Interessen sehr unterschiedlich interpretiert werden können.

– Natürlich kann man das auch politisch nutzen, indem man nur bestimmte Studien heranzieht.

Seine Offenheit überrascht mich. Das klingt doch sehr nach meinem Geschichtslehrer und der Sache mit den Huren.

– Wie könnte ich meinen Wert steigern, also rein statistisch?

– Ihr Wert steigt permanent.

Super.

– Wir entwickeln uns doch ständig weiter. Vor 1000 Jahren hat man dem Leben noch nicht so einen hohen Wert beigemessen. Im Grunde ist es so: Je entwickelter eine Volkswirtschaft, je mehr die Leute sich gegenseitig respektieren, je gebildeter sie sind, desto höher ist der Wert. Der WSL wird ja gesellschaftlich gemessen. Als einzelner steigere ich ihn, indem ich mit meiner Gesellschaft auf ein höheres Bildungsniveau, auf eine höhere ökonomische Entwicklungsstufe komme. Weil gleichzeitig mit dem Wohlstand, dem Humankapital und den ethischen Werten auch die Entschädigung wächst, die man für das Eingehen bestimmter Risiken verlangt.

– Wie ist es mit dem Unterschied des WSL zwischen verschiedenen Nationen?

– Klar, den gibt es. Das liegt neben dem Wohlstand vielleicht auch an kulturellen Zusammenhängen. Im Gegensatz zu den individualistischen Gesellschaften der westlichen Welt ist die asiatische Kultur meist viel stärker auf die Gemeinschaft ausgerichtet.

Interessant. Wenn wir also bei der, so Spengler, ständigen Weiterentwicklung auch mal auf die Idee kommen sollten, eine stärkere Ausrichtung auf die Gemeinschaft hin könne auch was Schönes sein, würde unser WSL also wieder sinken.

– Gibt es den globalen Wert eines statistischen Lebens, einen Wert, der für alle Menschen der Erde gilt?

– Noch nicht. Aber einen Ansatz dafür gäbe es durchaus. In der westlichen Welt sind die Werte relativ stabil. Wenn man jetzt davon ausgeht, daß die ökonomische Kraft einer Gesellschaft der entscheidende Faktor ist, dann kann man das grob gewichten. Ein Land, das etwa ein Zehntel des Inlandprodukts der USA hat, hätte auch einen entsprechend niedrigeren WSL. Jetzt sehr vereinfacht. Das muß ja nicht so linear verlaufen. Das könnte man dann für alle Länder der Welt ermitteln und dann wieder entsprechend der Bevölkerungszahl gewichten. Das sind zwar starke Vereinfachungen, aber so könnte man das probieren.

– Und wie hoch wäre dann der Welt-Wert eines statistischen Lebens?

– Gemeine Frage.

Er überlegt trotzdem, murmelt ein paar Zahlen.

– Eine halbe Million. Vielleicht weniger.

Da ist noch eine andere Geschichte, die ich bei Spengler loswerden muß. 1995 gab es in einem Bericht des Weltklimarats (IPCC), bei dem es auch um die »ökonomischen und sozialen Kosten des Klimawandels« ging, eine Fußnote, die für Aufsehen sorgte. Es ging um die Bereitschaft, klimabedingte Umweltschäden durch monetäre Investitionen zu vermeiden. Die lag nach einer entsprechenden Untersuchung in den westlichen Industrieländern im Schnitt 15mal so hoch wie etwa in dem Entwicklungsland Bangladesch. Der vielfach ausgezeichnete Umweltökonom David Pearce vom University College London zog als verantwortlicher Autor daraus den Schluß, ein Menschenleben in den westlichen Industrieländern entspreche dem Leben von 15 Bangladeschis. Dagegen protestierten die Vertreter verschiedener Entwicklungsländer und

Menschenrechtsgruppen. Vergeblich. Die Formulierung wurde nicht gestrichen.

– Klar, das ist zynisch.

Sogar Spengler sieht da ein Problem. Oder doch nicht?

– Aber so ist es. Rein mathematisch ist das korrekt. Wir sind ja hier auf einem höheren Niveau. Wir machen uns Gedanken über Umwelt, das ist dem Bangladeschi, der kaum was zu essen hat, doch egal, der hat ganz andere Bedürfnisse. Er bewertet sein Leben geringer.

Ganz schön mutig. Ich meine Spengler, nicht den Bangladeschi. Letzterer, ich würde es zumindest nicht ganz ausschließen, macht sich zwischen all den Überschwemmungen wahrscheinlich auch ab und an Gedanken über die Umwelt. Zumindest wenn er davon hört, daß bei einem weiteren Anstieg der globalen Temperatur ein Fünftel seines Landes und damit die Lebensgrundlage von 34 Millionen Menschen absaufen könnte.

– Würden Sie sagen, daß das Leben eines Bangladeschis weniger wert ist als mein Leben?

Spengler muß erst mal zur Toilette, kommt aber wieder.

– Die Bewertung kommt doch von ihm selbst, deswegen ist das nicht unmoralisch. Natürlich spielt sein beschränktes Budget eine Rolle.
– Sind Ökonomen zynisch?
– Pearce' Logik in dem Klimabericht ist richtig. Man kann das schon so sagen wie er. Aber man sollte vorsichtig sein. Es ist besser, wenn man im Kontext seines Landes bleibt. Natürlich habe auch ich mich gefragt, ob diese Rechnungen zynisch sind. Aber: nein! Sie basieren auf den Entscheidungen der Leute selbst.

Ob das mit dem »Kontext des jeweiligen Landes« wirklich vor den diversen Abgründen schützt? Ich bin mir da nicht so sicher. WSL-Befragungen in Berlin-Kreuzberg oder einer mecklenburgischen Randgemeinde könnten vermutlich schon zu anderen Ergebnissen führen als etwa in Baden-Baden oder auf Sylt. Das könnte, konsequent zu Ende gedacht, zu erheblichen Ampel-Ballungen in letztgenannten Gemeinden führen.

– Aber kollidieren diese Kosten-Nutzen-Rechnungen mit Menschenleben nicht mit einem ethischen Grundverständnis?
– Ich denke nicht. Der Wert eines statistischen Lebens ist ein probater Ansatz, Politik effizienter zu gestalten. Das ist gut für die Menschen und damit ethisch. Man könnte umgekehrt auch sagen, es sei ethisch, diese Rechnungen durchzuführen, und zynisch, es nicht zu tun.

Spengler lehnt sich zurück. Der WSL, sagt er, bietet Orientierung bei der Abschätzung von Investitionen. Etwa wenn es um die öffentliche Sicherheit geht. Man könne ja nicht in jedem Hauseingang einen Polizisten postieren.

– Das können wir uns schließlich nicht leisten. Man sucht also ein Optimum, weil die völlige Eliminierung von Kriminalität zu teuer wäre. Und der Staat trifft de facto ständig solche Entscheidungen, ohne über Ethik nachzudenken.
– Wie fundiert ist die Forschung?

Spengler denkt nach, etwas länger als sonst.

– Wenn man Böses will, kann man viele Studien zerlegen. Das ist manchmal auch sehr frustrierend. Wir sind in den Sozial- und Wirtschaftswissenschaften noch ganz am Anfang. Das sind schließlich keine exakten Wissenschaften. Deswegen ist es so wichtig, die ökonomischen Untersuchungen voranzutreiben. Das ist unsere Pflicht. Natürlich, wir werden dafür auch bezahlt. Sicher ist das auch ein Grund. Aber selbst wenn unsere Ergebnisse anfechtbar und unvollständig sind: Wir dürfen nicht stehenbleiben. Wir wollen die Welt doch besser machen.

Spengler muß zurück nach Frankfurt. Zum Abschied hat er mir auf meinen Wunsch hin noch eine abgespeckte Versuchsanordnung spendiert. Sie sieht folgendermaßen aus:

Du brauchst ein Auto und hast zwei Modelle zur Auswahl: Pro Jahr gibt es bei Modell A bei 1000 Fahrzeugen genau einen Unfall mit genau einem toten Fahrer. Dieses Auto würde euch umsonst zur Verfügung gestellt. Auto B ist 100 Prozent sicher. Bei dem gibt es keinen Unfall, keinen Toten. Für Auto B müßt ihr aber bezahlen.

Frage: Wieviel Euro wärt ihr tatsächlich (also auch mit Blick auf eure realen Möglichkeiten) bereit zu bezahlen, damit ihr Auto B fahren könnt?

Ich will den Wert eines statistischen Lebens in meinem Umfeld ermitteln. Deshalb werde ich jeden, der mir in den nächsten Wochen über den Weg läuft, mit Spenglers Frage konfrontieren. Dabei muß ich allerdings ein leicht mulmiges Gefühl unterdrücken. Die Methode fragt danach, wieviel es einer Person wert ist, ein Risiko zu vermeiden. Wenn ich, um ein Risiko von 1/10000 zu vermeiden, 500 Euro zahlen würde, müßten es bei einem Risiko von 1/100 logischerweise 50000 Euro, bei 1/10 genau 500000 Euro und bei 1/1 schließlich fünf Millionen Euro sein. Diese fünf Millionen werden dann ja auch, der Methode entsprechend, als der Wert des statistischen Lebens bezeichnet. Aber wieso fragt man dann nicht gleich, was wärst Du bereit zu zahlen, um nicht *jetzt garantiert* sterben zu müssen? Weil – das geben die Freunde des WSL offen zu – die Antwort verweigert oder sehr stark in Richtung »unendlich« tendieren würde. Das kann ich menschlich sehr gut nachvollziehen. Im Sinne einer ökonomischen Wissenschaft sind solche Antworten allerdings unbrauchbar. Anstatt das anzuerkennen, operieren die entsprechenden Ökonomen mit noch halbwegs überschaubaren, aber nicht zu abstrusen Wahrscheinlichkeiten wie »Was würdest du zahlen, um ein Todesrisiko von 1/10000000 zu vermeiden?«. Nach der Zahlungsbereitschaft für eine Risikoreduktion zu fragen, scheint mir durchaus legitim, die Ergebnisse dann aber mittels einer einfachen Multiplikation zu dem Wert eines statistischen Lebens hochzupushen, kommt mir dann aber doch – vorsichtig ausdrückt – etwas tricky vor. Insbesondere weil der auf diese Weise monetarisierte Wert eines Menschenlebens ein »probater Ansatz« sein soll, »Politik effizienter zu gestalten«. Spengler hat damit keine ethischen Probleme. Das könnte man aber vielleicht auch anders sehen. Denn da kommt ja noch ein zweites Problem dazu. Spenglers »objektive« Zahlen sollen dem Staat nutzen. Für den wäre ich dann 3,5 Millionen wert. Mhm. Darf der das? Also der Staat, nicht Spengler. Und: Will ich das? Es wird kompliziert.

Auf die Liste meiner potentiellen Gesprächspartner notiere ich mir das Stichwort »Philosoph«. Vorher gibt es aber noch eine Überraschung. Als ich einige Wochen nach dem Gespräch Spengler seine Aussagen wie verabredet zur Autorisierung vorlege, wobei er auch ein paar »zu harte« Formulierungen streicht, teilt er mir mit, der Wert eines statistischen Lebens sei wieder gesunken. Nach den allerneuesten Berechnungen, die er zusammen mit seiner Kollegin Sandra Schaffner auf der Grundlage von Arbeitsmarktdaten angestellt hat, beträgt der Wert eines statistischen Lebens in Deutschland nur noch knapp zwei Millionen Euro. Zumindest schreiben sie das in einem Artikel, den sie in *Resource and Energy Economics*, einem – so die Selbstauskunft auf der Website – Fachmagazin für ökonomische Analysen »auf hohem Niveau«, veröffentlicht haben. Demnach müßte sich unsere Gesellschaft nach Spenglers Logik in den letzten zwei Jahren ganz schön zurückentwickelt haben. Ich weiß nicht, ob ich mich darüber wundern oder ob ich deshalb weinen soll.

13. »1022,43 Euro«, rein chemisch gesehen. Dank an meine Apotheke

In der *Süddeutschen Zeitung* entdecke ich die Überschrift: »127000 Euro für 600 Gramm Mensch«. Eine Überschlagsrechnung verrät mir, daß ich dementsprechend gut 21 Millionen Euro wert wäre. Dann lese ich weiter und stelle fest, daß es um Behandlungskosten für frühgeborene Babys geht. Krankenhäuser dürfen für ein Kind, das bei der Geburt weniger als 600 Gramm wiegt, eine Behandlungspauschale von bis zu 127000 Euro berechnen.
Ich kam zwar auch zu früh, aber nur zwei Tage. Und ich wog knapp 4,5 Kilo. Also kann ich die 21 Millionen gleich wieder streichen.Trotzdem: Mein Körper sollte was wert sein. Ich meine ganz grundsätzlich, also materiell, das heißt chemisch. Ich krame die alten Biologiebücher aus meiner Abiturzeit hervor. Die Aussicht auf eine konkrete Rechnung beflügelt mich. Dort steht, ein menschlicher Körper bestehe aus ungefähr 65 Prozent Wasser, 20 Prozent Eiweiß, 10 Prozent Fett, 4 Prozent Mineralstoffen und einem Prozent Kohlenhydraten, wobei der Flüssigkeitsanteil vom Alter abhängt.
Ich schaue genauer nach. Ich hole meinen Taschenrechner und finde es in diesem Moment erstmals richtig praktisch, daß ich ziemlich genau 100 Kilo wiege. Es entsteht eine Liste mit 15 Chemikalien. Der größte Posten ist Sauerstoff (etwa 63 Kilogramm) der kleinste relevante Stoff Jod (etwa 40 Milligramm), dazu noch eine Menge von den Sachen, die mir früher im Chemieunterricht immer viel Spaß gemacht haben: Wasserstoff (ca. 10 Kilogramm), Phosphor (ca. ein Kilogramm) oder Schwefel (200 Gramm). Wegen der explosiven Mischung.
Aber was kosten 63 Kilogramm Sauerstoff oder 200 Milligramm Mangan? Ich gehe in meine Lieblingsapotheke und lasse erst mal alle anderen Kunden vor. Ich möchte das mit meinem Wert gern vertraulich besprechen. Ich zeige der Apothekerin die Liste, erkläre, worum es geht, daß ich wissen will,

was ich koste. Sie zuckt nicht einmal mit den Wimpern. Nächste Woche sei ihre Kollegin wieder da, die könne das sicher für mich ausrechnen. Mit soviel Service habe ich nicht gerechnet. Eine Woche ist kein Problem. Sie schaut noch mal auf den Zettel. Einige der Stoffe könne man nicht in chemisch reiner Verbindung kaufen. Ich habe keine Ahnung, was man da macht. Sie entscheidet, im Zweifelsfall die jeweils billigste Verbindung zu wählen. Ich will protestieren, es könnten ruhig auch die teureren Sachen sein – da steht schon der nächste Kunde im Laden und ich wieder auf dem Bürgersteig.

Ich denke daran, daß ein Mensch praktisch überall gezeugt werden kann, ohne daß extra Rohstoffe importiert werden müssen. Und ich denke an den weltweiten Rohstoffhandel, an die mal dramatisch steigenden und mal dramatisch fallenden Preise. Ich frage mich, ob ich auf der rein körperlichen oder besser chemischen Ebene gerade ein Globalisierungsgewinner oder -verlierer bin. Doch das ist mir jetzt erst mal egal. Ich freue mich auf das Ergebnis, das heißt auf eine ganz konkrete Zahl.

Eine Woche später gehe ich wieder in die Apotheke und bekomme sogar eine komplette Tabelle.

Element	**Masse**	**Marktwert**
Sauerstoff (O) ca. 63 %	ca. 63 kg	133,48 Euro
Kohlenstoff (C) ca. 20 %	ca. 20 kg	713,00 Euro
Wasserstoff (H) ca. 10 %	ca. 10 kg	0,0229 Euro
Stickstoff (N) ca. 3 %	ca. 3 kg	120,00 Euro
Kalzium (Ca) ca. 1,5 %	ca. 1,5 kg	20,85 Euro
Phosphor (P) ca. 1 %	ca. 1 kg	13,90 Euro
Kalium (K) ca. 0,25 %	ca. 250 g	10,25 Euro
Schwefel (S) ca. 0,2 %	ca. 200 g	8,00 Euro
Chlor (Cl) ca. 0,1 %	ca. 100 g	0,35 Euro
Natrium (Na) ca. 0,1 %	ca. 100 g	0,35 Euro
Magnesium (Mg) ca. 0,04 %	ca. 40 g	2,04 Euro
Eisen (Fe) ca. 0,004 %	ca. 4 g	0,192 Euro
Kupfer (Cu) ca. 0,0005 %	ca. 500 mg	0,0049 Euro
Mangan (Mn) ca. 0,0002 %	ca. 200 mg	0,0082 Euro
Jod (I) ca. 0,00004 %	ca. 40 mg	0,00694 Euro
Summe:		**1022,45 Euro**

Ich habe also einen Materialwert von 1022,45 Euro, wobei ausgerechnet meine 20 Kilo Kohlenstoff mit 713 Euro am meisten reinhauen. Das ist ernüchternd. Ich danke und gehe.
Zu Hause präsentiere ich das Ergebnis meiner Liebsten. Sie versucht mich zu trösten, ist selbst aber etwas irritiert. Klar – sie wiegt etwa 58 Kilogramm, also 42 Prozent weniger als ich. Sie ist demnach nur knapp 600 Euro wert. Ein wahres Ungleichgewicht. Vielleicht sogar für unsere Beziehung? Das könnte Ärger bedeuten. Ich beschließe, diesen interessanten Aspekt zumindest im engeren Familienkreis nicht weiter zu vertiefen.
Später erfahre ich noch von einer anderen Zahl. Laut dem Biochemiker Harold J. Morowitz von der Universität in Yale müßte mein Körper etwa acht Millionen Dollar wert sein. Das ist eine Rechnung aus den siebziger Jahren, welche die Kosten für die hochorganisierten chemischen Verbindungen in meinem Körper addiert. Das ist aber recht abstrakt und eigentlich nicht zu überprüfen. Also lasse ich das und suche mir lieber einen Philosophen.

14. Was die Ethik rät. Gespräch mit dem Philosophen Volker Gerhardt

Bei der deutschen Ethik geht es lockerer zu als erwartet. Zumindest bei der Jahrestagung des Deutschen Ethikrates im Leibniz-Saal der Berlin-Brandenburgischen Akademie der Wissenschaften. Weit über 100 Besucher sind zum Berliner Gendarmenmarkt gekommen. Sie tragen Jeans und T-Shirt, Hemd und Krawatte oder auch Rock und Bluse in vielen bunten Farben. Das Alter liegt zwischen 20 und 70, der Durchschnitt eher bei der letzten Zahl.

Einen offiziellen Ethikrat gibt es in Deutschland seit 2001. Die anfängliche Zusatzbezeichnung »national« wurde 2007 durch »deutsch« ersetzt. Die 26 Mitglieder werden je zur Hälfte von Bundestag und Bundesregierung gewählt. Sie verfolgen die aktuell relevanten »ethischen, gesellschaftlichen, naturwissenschaftlichen, medizinischen und rechtlichen Fragen«, informieren dazu die Öffentlichkeit und erarbeiten Stellungnahmen und Empfehlungen für die Politik. Vielleicht, so meine Hoffnung, können sie auch mir helfen, den Zusammenhang oder auch die Abgründe zwischen Ökonomie, Ethik und dem Wert des Menschen zu verstehen.

Der altehrwürdige Saal ist für diesen Tag mit reichlich Licht- und Tontechnik ausgestattet. Vorn in den ersten Reihen sitzen die Ratsmitglieder in dunklen, zum Teil wohltuend unmodischen Anzügen, die Damen in entsprechenden Kostümen. Der Frauenanteil liegt bei knapp 30 Prozent.

Die Mitglieder des deutschen Ethikrates sind von Haus aus Philosophen, Mediziner, Juristen, Theologen, Politiker oder Naturwissenschaftler. Gut die Hälfte trägt einen Professorentitel. Ein Ökonom ist nicht dabei.

Titel der Veranstaltung ist »Der steuerbare Mensch – Über Einblicke und Eingriffe in unser Gehirn«. Dazu ist eine Reihe von Experten geladen, die im Lauf des Tages kurze Vorträge halten werden. In einer einleitenden Rede wird die Frage gestellt, warum der Mensch ist, was er ist, und warum er tut, was er tut.

Klar, das sind gute Fragen. Obwohl mich natürlich noch mehr interessiert, was der Mensch wert ist und wer das wie berechnen darf. Darauf bekomme ich an diesem Tag aber keine Antwort. Auf die anderen Fragen allerdings auch nicht wirklich.

Ich muß näher rangehen. Professor Volker Gerhardt von der Berliner Humboldt-Universität hat sich eingehend mit Kant beschäftigt und viel dazu veröffentlicht. Kant schrieb, der Mensch habe »als Subjekt einer moralisch-praktischen Vernunft einen absoluten inneren Wert«, »durch den er jedem vernünftigen Weltwesen gleichgestellt« sei. Außerdem sieht Gerhardt mit seinem fast kahlen, asketischen Schädel tatsächlich so aus, wie man sich einen Philosophen vorstellt.

Sein Büro liegt im Hauptgebäude der traditionsreichen Humboldtuniversität Unter den Linden. Ein großer Raum mit zahlreichen Tischen, auf denen zahlreiche Bücher liegen. Es sieht nach Arbeit aus, viel Arbeit. An der Wand hinter dem Schreibtisch hängen lange Reihen meist sehr kleiner, gerahmter Schwarzweißfotos. Die Porträts großer Philosophen. Ich erkenne die wenigsten, bin aber überrascht, mittendrin auf Marilyn Monroe zu stoßen.

Gerhardt ist Mitte Sechzig und Mitglied vieler honoriger Kommissionen, Räte und Akademien. Auch in China hat er einen Lehrauftrag. Überrascht stellen wir beim Kennenlernen fest, daß wir im selben Viertel einer Kleinstadt zwischen Ruhrgebiet und Sauerland aufgewachsen sind. Da Gerhardt 20 Jahre älter ist, sind wir uns dort aber nie bewußt begegnet und können uns, wie Gerhardt erleichtert feststellt, deswegen dort auch nicht geprügelt haben.

Ich erzähle ihm von meiner Frage, berichte von meinen Recherchen, den vielen Zahlen, auf die ich schon gestoßen bin, und meinen Schwierigkeiten, diese einzuordnen. Und ich frage ihn, ober er mir bei dieser Einordnung als Kant-Kenner und renommierter Moralphilosoph vielleicht helfen könne. Gerhardt nickt, und dann legt er los.

– Nach Kants dezidierter Auffassung ist jeder Mensch auch ein Mittel. Und in dieser Mittelfunktion kann er für die Ökonomie, für die Freunde, für die Familie als wertvoll und vorteilhaft eingeschätzt werden. Und da kann alles seinen Affektionspreis und auch seinen Marktpreis haben.

Affektionspreis, lese ich später nach, wird als Wert definiert, der einer Sache oder Leistung mit Rücksicht auf das Gefühl des Besitzers oder Leistenden beigelegt wird. So kann ein auf dem Markt wertloser Stuhl einen hohen Affektionswert haben, weil der Besitzer mit ihm besondere Erinnerungen verbindet. Im Gegensatz dazu bezieht sich der Marktpreis, den Gerhardt anspricht, zum Beispiel auf die Tatsache, daß für Arbeitskraft – aber nicht für den Menschen als solchen – auf dem Markt durchaus unterschiedlich hohe Summen bezahlt werden.

– Aber es kommt darauf an, den Menschen immer auch als einen Zweck an sich selber zu begreifen. Und insofern kann man ihn zwar als Mittel schätzen, als Freund, als Vater, als Sohn. Aber man muß sehen, daß er vor allem ein Mensch ist. Und als dieser Mensch geht sein Wert gleichsam gegen unendlich.

Klare Aussage. Ich bin dankbar. Gerhardt macht weiter.

– Hinter der Einschätzung des Wertes eines menschlichen Lebens steht die moderne Diskussion über den Begriff der Würde. Dieser Wert der Würde kann grundsätzlich nicht verrechnet werden. Dementsprechend heißt es im ersten Artikel des Grundgesetzes, die Würde ist unantastbar. Hier hat also alles Abwägen und Verrechnen ein Ende.

Kleine Pause. Gerhardt läßt wirken, ich lasse sacken. Die im Grundgesetz formulierten Rechte können nicht einmal von einer demokratischen Mehrheit aufgehoben werden. Schon der Politiker Hermann Scheer hatte den Schutz der Würde durch die Allgemeine Erklärung der Menschenrechte der Vereinten Nationen betont und darauf hingewiesen, daß es dabei keine Einschränkung wie »soweit ökonomisch zumutbar« oder »nur, wenn mit der marktwirtschaftlichen Ordnung zu

vereinbaren« gebe. Sowohl die Menschenrechte als auch das Grundgesetz wurden vor dem Hintergrund des Zweiten Weltkriegs und des Holocaust verfaßt. Laut Brockhaus ist die Würde »die einem Menschen kraft seines inneren Wertes zukommende Bedeutung«. Dabei haben »Würde« und »Wert« interessanterweise denselben sprachgeschichtlichen Wortstamm. Im Sinne Kants wohnt die Würde dem Menschen prinzipiell inne, unabhängig von seinen sonstigen, etwa charakterlichen oder intellektuellen Eigenschaften und Fähigkeiten oder seiner sozialen Stellung. Kurzum: Jeder hat sie. Allerdings wird sie dem Menschen – Beispiel Menschenrechte – keinesfalls selbstverständlich zugestanden. Sie muß vielmehr immer wieder eingefordert und durchgesetzt werden.
Gerhardts Ausführungen sind für mich etwas verwirrend. Auf der einen Seite soll ich einen Markt- und einen Affektionspreis haben, auf der anderen Seite soll mein Wert ungefähr unendlich oder besser unverrechenbar sein?
– Das klingt aber ein wenig schizophren, oder?
Gerhardt schaut erst ein wenig erstaunt, dann ein wenig belustigt. Er schüttelt den Kopf.
– Es bedeutet, daß man diese Berechnungen nicht von außen anstellen darf. Jeder muß das selbst bestimmen. Die Selbstbestimmung setzt eine absolute Grenze. Von Schizophrenie kann da, so meine ich, keine Rede sein.
Es geht um die Berechnung des Menschen als solchem, oder, mit Kants Worten, um den Menschen als »Zweck an sich selbst«. Der Staat, so verstehe ich Gerhardt, sollte davon wohl die Finger lassen. Seinen Marktpreis hinsichtlich der Arbeitsleistung kann bzw. muß aber nicht jeder selbst bestimmen. In der Regel geschieht das von außen, ist ja schließlich ein *Markt*preis. Obwohl es andersherum ja auch eine reizvolle Vorstellung wäre.
– Und was ist mit den Ökonomen, die den Wert eines Menschenlebens, etwa aus volkswirtschaftlicher Perspektive, berechnen? Viele Ökonomen scheinen die Ethik für sich gleich mitgepachtet zu haben?

– Dieses Argument der Ökonomen ist hinreichend bekannt. Es greift aber zu kurz. Für die Ökonomen ist es bereits ein hohes ethisches Ziel, den Markt bestmöglich zu bedienen und im utilitaristischen Sinn möglichst viele Bedürfnisse zu befriedigen. Doch es kommt auf die Qualität der Güter und auf die selbstbestimmten Ansprüche der Menschen an.

Die philosophische Schule des Utilitarismus – vom lateinischen *utilitas* für Nutzen – wurde von dem englischen Philosophen Jeremy Bentham und in seiner Nachfolge von seinem Landsmann John Stuart Mill ab dem letzten Viertel des 18. Jahrhunderts entwickelt. Sie erkennt ideale Werte nur an, wenn sie dem einzelnen und vor allem der Gesellschaft nutzen, und bewertet insbesondere Handlungen positiv, die das »größte Glück der größten Zahl« fördern. Dieses allgemeine und größtmögliche Glück entspricht der Summe des Glücks der einzelnen Individuen. Eine grundsätzliche Schwierigkeit liegt in der praktischen Summierung des Einzelglücks, da der Utilitarismus die Bedürfnisse, die dem Glück zugrunde liegen, nicht bewertet. Darüber hinaus ist es für die utilitaristische Gerechtigkeitsvorstellung gleichgültig, wie der Nutzen und die Opfer auf die einzelnen Mitglieder verteilt sind, solange das Wohl in seiner Summe maximiert wird.

– Bei den Utilitaristen geht es um die Masse, und der einzelne gilt nichts. Wir müssen aber sehen, daß die vielen uns so viel wert sind, weil sie Individuen sind. Und nur auf sie kommt es an.

Sagt Gerhardt.

– Was der vulgäre Utilitarismus anrichten kann, haben uns die totalitären Bedingungen vorgeführt. »Du bist nichts, dein Volk ist alles.« Wir haben uns auch vor den ökonomistischen Varianten solcher Thesen zu schützen. Demgegenüber kommt es darauf an, den Willen des einzelnen zu sichern. Jeder muß selbst über sein Leben entscheiden können. Darin liegt die Quelle aller menschlichen Wertung.

Er lehnt sich zurück.

– Von der Ökonomie erwarten wir die Technik einer möglichst optimalen Bedürfnisbefriedigung der Menschen. Doch sie muß bestimmte Dinge respektieren, die unabhängig von der Ökonomie gelten. Da ist zum Beispiel die Eigenständigkeit des einzelnen Menschen. Da sind seine Freiheit, sein gleiches Recht und seine Würde. In dem Willen des einzelnen liegt ein absoluter Wert, der nicht angetastet werden darf.

Dann ist ja alles gut oder besser: ganz einfach. Zumindest theoretisch. Die Praxis – weiß natürlich auch Gerhardt – hat da doch noch ein paar Herausforderungen parat.

– Es wäre Phantasterei anzunehmen, daß unter den Knappheitsbedingungen, unter denen Menschen bisher immer leben mußten, das Rechnen und Kalkulieren vermeidbar wäre. Egal ob im Kapitalismus, im Sozialismus oder Kommunismus: Sobald etwas knapp ist, wird gerechnet. Das macht der einzelne, wenn er klug ist, und dazu ist der Staat nicht nur genötigt, sondern auch verpflichtet. Das ist unbehaglich, kann aber auch Sicherheit geben, weil man weiß, woran man ist.

Der Staat darf also doch? Da ist sie wieder: meine Verwirrung. Die Abwägungen, wann es vertretbar ist, zu rechnen, und wann nicht, klingen für mich nach einer Art Gratwanderung ohne Aussicht auf eine sichere Berghütte, zumindest aber nach einer gewaltigen Herausforderung für die Zukunft.

– Wir müssen bei der Verteilung elementarer Güter – wie etwa Gesundheit – dafür sorgen, daß der einzelne nicht ungerecht behandelt wird, auch wenn das vielleicht immer schwieriger wird. Wenn wir die Selbstbestimmung aus ökonomischem Kalkül abschaffen, geben wir das Grundprinzip einer Gesellschaft auf, die auf Freiheit, grundsätzliche Gleichheit und die Achtung der menschlichen Würde setzt.

In der gerechten Verteilung der knappen Güter sieht Gerhardt eine sozialpolitische Herausforderung. Sie ist für ihn mit dem Armutsproblem verknüpft. Wären alle gleich reich, würde sich die Frage gar nicht stellen. Der von vielen Ökonomen beschworenen Selbstregulierung des Marktes scheint er nicht so recht zu trauen.

– Es liegt in der Verantwortung der Politik, diese Dinge gesamtgesellschaftlich durchzurechnen und mit Steuern und entsprechenden Einschränkungen zu lenken.

Er schaut auf die Tische mit den vielen Büchern. Ganz offensichtlich denkt er an die Arbeit, die heute noch vor ihm liegt. Ich verstehe. Soll ich wohl auch. Ich mache mich bereit zu gehen. Eine Frage noch.

– Nehmen die Ansätze, alles berechnen zu wollen, zu?
– Es würde mich wundern, wenn es anders wäre. Wir haben immer feinere Methoden zur Erfassung einzelner Handlungs- und Arbeitsabläufe und können vieles viel genauer erfassen und nachrechnen.

Mit einem feinen Lächeln leitet er das Schlußwort ein.

– Aber es ist entscheidend, welchen Stellenwert man diesen Berechnungen gibt. Wir dürfen, ich wiederhole mich gern, weil es so wichtig ist, das Grundprinzip der Würde der menschlichen Person nicht aufgeben. Es ist die Bedingung aller Wertungen überhaupt

Auf dem Heimweg fasse ich zusammen: Die Würde ist eine Hürde, über die hinweg man den Wert eines Menschen nicht einfach so berechnen darf. Allerdings sind, so Gerhardt sinngemäß, nicht alle Rechnungen verdammenswertes Teufelszeug. Wo genau aber verläuft die Grenze? Das Bild von der Gratwanderung werde ich nicht los. Es bleibt, auch wenn das banal klingt, erst mal kompliziert.

Es gibt aber immer wieder Situationen, in denen es nicht möglich ist, der Frage, wie man einen Menschen bewerten soll, auszuweichen. Ich denke an die Folgen des 11. September 2001. Die Diskussion um die Entschädigung der Opfer. Allerdings hat die US-Regierung sehr wohl versucht, sich vor den konkreten Entscheidungen zu drücken. Sie hat die Verantwortung einem einzigen Mann übertragen.

15. 2880 Tote, 2680 Verletzte, sieben Milliarden US-Dollar und einer, der das Geld verteilt. Kenneth Feinberg und der 11. September 2001

Nach den Anschlägen in New York, Washington und Pennsylvania beschloß die US-Regierung sehr bald, einen Entschädigungsfonds für die Opfer mit insgesamt sieben Milliarden Dollar einzurichten. Dabei ging es nicht um Barmherzigkeit, sondern um politisches Kalkül, genauer gesagt: um die grundsätzliche Aufrechterhaltung des gesamten Luftverkehrs. Der finanzielle Schaden, der auf die betroffenen Flughafenbehörden, Fluggesellschaften und damit die Versicherungswirtschaft zukam, wurde auf bis zu 80 Milliarden Dollar geschätzt. Die Airlines waren allerdings nur mit einer Höchstsumme von 1,5 Milliarden Dollar versichert. Ihnen sowie den entsprechenden Unternehmen aus der Versicherungs- sowie Rückversicherungswirtschaft drohte der sichere Kollaps. Hinzu kam, daß sofort nach dem Terrorangriff weltweit allen Fluggesellschaften die Haftpflichtversicherungen gekündigt wurden. Als Rechtsgrundlage diente eine in allen Verträgen enthaltene Klausel zu unabsehbaren Haftungsrisiken aufgrund von Kriegseinwirkungen beziehungsweise Terrorangriffen. Die Frist bis zur Wirksamkeit der Kündigung betrug sieben Tage. Dann wäre der weltweite Flugverkehr zum Erliegen gekommen. Kein Vorstand einer Fluggesellschaft hätte es verantworten können, seine Maschinen unversichert starten zu lassen.

Wer eine Entschädigung aus dem staatlichen Fond beantragte, mußte vorab auf alle Schadenersatzansprüche gegen die Fluggesellschaften, die Stadt New York, das Pentagon und sogar al-Qaida verzichten. 97 Prozent der Opferfamilien stimmten zu, nicht zuletzt weil sie langjährige Rechtsstreitigkeiten mit am Ende möglicherweise zahlungsunfähigen Fluggesellschaften vermeiden wollten.

Mit der Verteilung des Geldes beauftragte das Justizministe-

rium einen einzelnen Mann: Kenneth R. Feinberg. Der damals 56jährige Anwalt aus Washington hatte sich zuvor als Schlichter in verschiedenen Massenentschädigungsverfahren bewährt, etwa im Prozeß um das Pflanzenvernichtungsmittel Agent Orange, das in Vietnam auch etlichen US-Soldaten bleibende Gesundheitsschäden zugefügt hatte.
Feinberg stellte als »Special Master« die genauen Regeln auf, nach denen die Opfer beziehungsweise ihre Angehörigen entschädigt werden sollten. Der Kongreß hatte lediglich verfügt, daß sich die Höhe der Zahlungen am Einkommen der Opfer orientieren sollte. Insgesamt mußten sowohl die materiellen als auch die moralischen Schäden berechnet werden. Erstere beziehen sich nach amerikanischem Recht auf alle für die Zukunft verlorenen Einnahmen des Opfers abzüglich der darauf entfallenden Steuern. Die Ausgangsfrage lautete demnach bei jedem einzelnen Toten: »Wieviel hätte das Opfer in seinem Berufsleben noch verdient?« Allerdings bestimmte Feinberg ein Einkommenslimit von 231 000 Dollar im Jahr. Was darüber lag, wurde nicht berücksichtigt, was vor allem die Hinterbliebenen einiger Investmentbanker, die mehr verdient hatten, verbitterte. Der Ausgleich der moralischen Schäden – der Verlust durch den Tod »für Familie und Gesellschaft« – entspricht in etwa dem Schmerzensgeld im deutschen Recht. In den USA sind diesbezüglich Ersatzansprüche von mehreren Millionen Dollar keine Seltenheit. Im Fall zweier Privatpiloten, die ums Leben kamen, als ihre Maschine bei der Suche nach Flüchtlingen über der karibischen See von der kubanischen Luftwaffe abgeschossen wurde, soll ein Schmerzensgeld von jeweils 80 Millionen Dollar festgelegt worden sein. Noch darüber liegen die 112 Millionen Dollar für Schmerzensgeld und Versorgungsansprüche, die ein New Yorker Gericht 2004 dem Ehepaar Elizabeth und John Reden zusprach, deren Tochter aufgrund eines ärztlichen Kunstfehlers einen schweren Hirnschaden erlitt. Im Gegensatz dazu sind nach deutschem Recht die wirtschaftlichen Schäden beim Verlust eines nahen Angehörigen in der Regel auf Beerdigungskosten

sowie den entgangenen Unterhalt für Ehegatten und Kinder bis zum Ende von deren Ausbildung beschränkt.
Nachdem bei dem ICE-Unglück in Eschede im Sommer 1998 101 Menschen ums Leben gekommen waren, zahlte die Bahn ein Angehörigenschmerzensgeld von je 30000 D-Mark, das ausdrücklich als »freiwillige Leistung« deklariert wurde. Dazu kamen Entschädigungen für Heilbehandlungen (drei Millionen Euro), Schmerzensgelder für die Überlebenden (vier Millionen Euro), Unterhaltsansprüche sowie Erwerbs-, Unterhalts- und Sachschäden (rund 20 Millionen Euro). Feinberg zahlte für jeden Toten letztlich als Basissumme 250000 Dollar, dazu 100000 Dollar für einen Ehegatten und die gleiche Summe für jedes unterhaltspflichtige Kind. Auch die Schwere der Verletzungen wurde berücksichtigt. Für einen gebrochenen Finger gab es 500 Dollar, eine Frau, die mit großflächigen Verbrennungen dritten Grades überlebte, bekam 8,5 Millionen. Die Familien der Todesopfer wurden mit durchschnittlich 2,1 Millionen entschädigt. 250000 Dollar waren das Minimum, 7,1 Millionen das Maximum.
Auf ein Honorar verzichtete Feinberg. Seine schwierigen Erfahrungen beschrieb er später in dem Buch *What is Life Worth?* Mehr als 1000 Opferfamilien traf er persönlich, sprach mit verwitweten Ehepartnern und verwaisten Kindern in der Regel 30 Minuten über ihre Leiden und ihre Ansprüche. So verrechnete er 33 Monate lang Leben gegen Geld. Hinsichtlich der Höhe der Entschädigungssummen gab es viele Klagen über Feinberg und viel Streit unter den Familien der Opfer. Die einen fühlten sich übervorteilt, andere sahen den Heldenmut ihrer Angehörigen – insbesondere der getöteten Feuerwehrleute und Polizisten – finanziell nicht ausreichend gewürdigt. Als die Witwe eines Feuerwehrmannes über die wesentlich höhere Entschädigung der Witwe eines Bankers klagte und vorwurfsvoll fragte, wie so etwas möglich sei, antwortete Feinberg: Weil Amerika so funktioniert!
Sieben Familien, schreibt er frustriert, waren nicht gewillt oder emotional in der Lage, eine Entschädigung zu beantra-

gen, bevor die Anspruchsfrist unwiderruflich ablief. Am Ende meinte der »Special Master«, man solle einen solchen Entschädigungsfond besser nicht noch einmal einrichten. Und wenn doch, dann sollte nicht mehr einer allein entscheiden, und alle sollten dasselbe bekommen.

Ich möchte von Feinberg gern wissen, was er heute über den Wert des Lebens denkt. Ich schreibe ihm eine E-Mail. Da Präsident Obama ihn aber gerade damit beauftragt hat, die Managergehälter der Firmen festzulegen, die von der Regierung »außerordentliche« Staatshilfen erhalten haben, dauert es ein bißchen mit der Antwort.

Leider ist sie ein bißchen vage. Eine Zahl schickt er nicht mit.

> »Was ein Leben wert ist, hängt meiner Meinung nach entscheidend von den Umständen und dem kulturellem Zusammenhang ab. Wenn Sie mich aber im Kontext unseres Rechtssystems fragen, hängt der Wert vom wirtschaftlichen Verlust ab, der durch den Tod des Opfers entsteht. Dazu kommt dann noch eine Summe für den Schmerz und das Leid. In den USA kommt man da oft auf Summen von über einer Million US-Dollar. Einige Kulturen definieren den Wert möglicherweise nicht in Geldgrößen. Da reicht vielleicht eine Entschuldigung, das Angebot, umsonst zu arbeiten oder andere Formen der Entschädigung. Es steht nicht geschrieben, daß sich Wert nur in Geld ausdrücken läßt. Es gibt auch andere spirituelle oder soziale Möglichkeiten, um Wert zu definieren. Das ist eine Frage der Gesellschaft, zu der das Opfer gehört.«

Dann verweist er mich noch an das Feinberg Institute for Valuing Human Life der Universität von Massachusetts in Amherst, das sich speziell auf dieses Thema konzentriert. Aber auch von dem Institut zur »Bewertung menschlichen Lebens« bekomme ich keine Antwort, die mir weiterhilft.

16. Vor 40 Jahren war er genau 40 000 DM wert. Heute schätzt er sich auf zwei bis drei Millionen Euro. Der Anatom Gunther von Hagens

Die Körperwelten-Ausstellung gastiert in Berlin. Dabei handelt es sich um plastinierte Leichen, die man sich angucken kann, wenn man dafür bezahlt. Das hat dem Erfinder der Plastinationsmethode, dem Ausstellungsmacher Gunther von Hagens, nach eigenen Angaben weltweit nicht nur mehr als 26 Millionen Besucher, sondern auch den Beinamen »Dr. Tod« eingebracht. Dieser Mann, denke ich, könnte wissen, was ein Leben wert ist. Ich bemühe mich um einen Termin, erkläre mein Anliegen. Er ist einverstanden.

Wir treffen uns am Tag nach der Ausstellungseröffnung im Berliner Postbahnhof. Rechts geht es zu den Körperwelten, links hinter die Kulissen. In einem improvisierten Organisationsbüro steht der 64jährige von Hagens im Kreis einiger Mitarbeiter. Er sieht aus wie Joseph Beuys. Dunkler, breitkrempiger Hut, Strickjacke, darüber eine Lederweste mit vielen Taschen. Hinter einer Stellwand finden wir einen Tisch und zwei Stühle. Ich habe eine Stunde, um mit ihm zu reden. Da komme ich lieber gleich aufs Wesentliche, das heißt auf meine Universalfrage:

– Was ist ein Mensch wert?

Von Hagens lehnt sich zurück, überlegt.

– Das hängt ab von seiner Stellung in der Gesellschaft. Ein verurteilter Mörder etwa muß verwahrt und gepflegt werden, ist dazu noch ein Sicherheitsrisiko, alles in allem also eine kostspielige Angelegenheit. Aber ein Erfinder zum Beispiel, der einen Betrieb hochzieht, kann je nachdem, was er volkswirtschaftlich auf die Beine stellt, auch im Alter ein paar Millionen Euro wert sein.

Meint er etwa sich selbst? Ja.

– Wie ich zum Beispiel in Guben mit dem Plastinarium, wo

die Leichen präpariert werden. Was ich da an Arbeitsplätzen geschaffen habe! Ich allein spare oder bringe dem Staat im Monat 300000 Euro.

Ich war davon ausgegangen, mit meiner Grundsatzfrage auf einen philosophierenden Anatomen zu treffen. Statt dessen sitze ich einem klassischen Unternehmer gegenüber. Auch gut. Nehme ich eben den und folge seiner Logik. Zumindest versuche ich es.

– Dann sind Sie mehr wert als ein Hartz-IV-Empfänger?

– Jede Gesellschaft ist so stark, wie die Zahl derjenigen, die abstrakte Arbeit in reale Arbeit umwandeln können. Ich bin stolz und glücklich darauf, daß ich Arbeitsplätze schaffe und die Volkswirtschaft ankurble.

Er weicht aus. Zweiter Versuch.

– Sind Sie mehr wert als jemand, der dem Staat auf der Tasche liegt?

– Ich schaffe das Geld ran für Leute, die zum Beispiel Autos kaufen. Wenn ich morgens in meinen Betrieb komme, sehe ich auf dem Parkplatz 30 bis 40 Autos. Die sind von meinem Geld bezahlt, das heißt von dem Geld, das ich den Leuten für die Leistungen gebe, die sie für mich erbringen.

Er ist offensichtlich von seinem Wert überzeugt. Schön für ihn. Jeder Mensch, meint er, sollte seinen Wert für sich selbst reflektieren, um sich seiner Stellung bewußt zu werden. Die Maßeinheit »Geld« sei dabei sehr sinnvoll, weil sie auch von den »jungen Leuten« verstanden würde. Das führe letztlich zu verantwortungsbewußtem Handeln, »weniger Faulenzerei« und im Zweifelsfall auch zu den nötigen Schuldgefühlen. Wenn von Hagens das mit dem Berechnen so gut findet, dann hätte ich auch gern eine Zahl.

– Für mich persönlich ist das einfach. Es geht um die Frage, was mein Betrieb für meine Funktion zahlen müßte. Ich bin ja ein Multifunktionsmensch. Anatom, Betriebsorganisator, Pressemann. Ich muß viel reisen. Da komme ich leicht auf einen Stundenlohn von 300 Euro. Da frage ich mich auch, wenn ich jemandem Zeit spende: Was hat der davon, was habe ich davon? Das ist interessant.

Tatsächlich, das ist interessant. Wenn von Hagens mir Gesprächszeit spendet, die 300 Euro wert ist, steigt dann mein Wert um diese Summe? Oder wird das Buch, an dem ich arbeite, entsprechend mehr wert sein? Oder ist der Leser, der ja vom Wert dieser gespendeten Zeit, oder genauer: der gespendeten Erkenntnisse, profitieren könnte, am Ende vielleicht auch mehr wert? Die entsprechende Rechenformel, vermute ich, müßte wohl noch erfunden werden. Oder auch nicht.

Aber was ist meine Zeit wert? Nach von Hagens Rechnung wohl keine 300 Euro die Stunde. Ich bin kein Betriebsleiter etc. etc. sondern ein freiberuflich arbeitender Journalist, der bisher noch keinen einzigen Arbeitsplatz geschaffen hat. Für von Hagens habe ich aber wohl einen Wert, weil ich ihn aufgrund meiner Funktion eventuell noch ein ganz klein wenig bekannter machen könnte. So gesehen kann die Stunde Zeit, könnten die 300 Euro, die von Hagens gerade bei mir anlegt, eine gute Investition sein, die möglicherweise seinen persönlichen Wert – so wie er ihn sieht – steigert. Ich habe den Eindruck, wir machen hier gerade alle ein gutes Geschäft. Doch zurück zum Thema.

– Wieviel sind Sie denn nun wert?

– Hab ich schon mal ausgerechnet in bezug auf meinen Betrieb. Wenn man will, kann man das plus minus 1000 Euro ausrechnen. Es geht natürlich auch darum, wie lange ich noch arbeiten kann. Ich bin 64. Mein Vater war bis zu seinem 85. Lebensjahr berufstätig.

Er lehnt sich zurück, denkt nach, murmelt ein paar Zahlen, dann:

– Ich bin so zwei bis drei Millionen Euro wert.

Nun, zwei bis drei Millionen ist etwas anderes als »plus minus 1000«, aber die Gesprächszeit ist schon halb rum, und ich will jetzt keine langwierigen Taschenrechneroperationen. Ich habe auch das Gefühl, das der sonst sehr auskunftsfreudige von Hagens keine allzu tiefen Einblicke in seine geschäftlichen Kalkulationen gewähren möchte. Ist ja auch keine Betriebsprüfung. Eine unpräparierte Leiche, sagt er, ist etwa 2000 Euro wert. Soviel kosten Transport, Aufbereitung und Lagerung. Mit seiner eigenen Leiche hat er große Pläne.

– Ich wünsche mir, daß mein Körper 2000 bis 3000 Jahre ausgestellt werden kann. Und durch entsprechende Vorsorge kann ich meinen postmortalen Wert steigern. Ich bin nach meinem Tod auch nicht plötzlich »null« wert. Wenn ich genügend Ausstrahlung und Fans habe, besitze ich auch einen Markenwert.

Markenwert? Das klingt spannend. Wie hoch ist eigentlich mein Markenwert? Oder wie könnte ich einen bekommen? Ich mache mir eine kleine Notiz und widme mich der nächsten Frage.

– Haben Sie durch Ihre Arbeit einen anderen Blick auf den Wert des Menschen? Vielleicht weniger Illusionen?

Die Antwort kommt schnell.

– Ich mache mir nichts vor. Ich bin mir meines Wertes und auch des Wertes der mir gespendeten Körper bewußt. Illusionen sind für mich wirtschaftlich gefährlich. Das ist natürlich ein Denktabu. Man redet nicht über Leichen, nicht über seinen Tod und auch nicht über seinen Wert. Alle denken, sie wären sehr viel wert. Wieviel genau, läßt man lieber unter den Tisch fallen. Und dann wundert man sich. Der Mensch lebt ja von seinen Illusionen. Ich betrachte das nüchtern, auch weil ich selbst mal verkauft wurde. Für 40 000 D-Mark.

– Sie wurden für 40 000 D-Mark verkauft?

– Die Bundesrepublik hat mich der DDR abgekauft. 35 000 Häftlinge waren das damals insgesamt. Mein Preis soll 40 000 D-Mark betragen haben, so sagte man es mir zumindest.

Von Hagens macht eine kleine Pause. Der Freikauf politischer Gefangener aus den Gefängnissen der DDR begann 1962. Auf eine Initiative der Evangelischen Kirche hin wurden 15 Kirchenmitarbeiter gegen eine Wagenladung Kali ausgelöst. 1963 zahlte die BRD für acht Häftlinge 340 000 Mark in bar. Ein Jahr später wurden die Geschäfte im größeren Stil abgewikkelt. Der Preis pro Häftling lag bei 40000 Mark, die in der Regel in Waren – von Südfrüchten über Kaffee bis hin zu Erdöl – gezahlt wurden. In Ausnahmefällen lag die Summe aber auch deutlich höher. Der damals beteiligte Staatssekretär Ludwig Rehlinger berichtet von insgesamt 450000 Mark, die für einen Fluchthelfer aus wohlhabender Familie gezahlt worden seien, wobei die ursprüngliche Forderung der DDR bei zwei Millionen Mark gelegen haben soll. Die Differenz zum Grundpreis, also 410000 Mark, bezahlte der Vater des jungen Mannes. 1977 erhöhte die DDR den Preis pro Häftling auf 95 847 Mark. Bis um Dezember 1989 kassierte die DDR in 26 Jahren insgesamt 3436900755 Mark für 33755 Gefangene, im Schnitt also 101 801 – gut 52000 Euro pro Häftling.

– Das hat mich damals sehr beschäftigt und auch verletzt. Ich konnte nachempfinden, wie sich diese zigtausend Soldaten gefühlt haben müssen, die von den deutschen Kleinstaaten, vor allem aus Hessen-Kassel, in den Amerikanischen Unabhängigkeitskrieg verkauft wurden. Aber ich war der Bundesrepublik auch dankbar, daß sie diese 40000 Mark für mich ausgegeben hat.
– Wie kamen die denn Ihrer Meinung nach auf die Summe von 40000 Mark?
– Ich denke, es ging um Ausbildungskosten und den Schaden, den ich angerichtet haben soll.

Plötzlich – seine Stimme stockt. Er macht eine Pause.

– Ich hab mich später oft gefragt, wie die einfach ihre Leute verkaufen konnten.

Seine Augen sind feucht. Wieder eine Pause.

– Aber ich bin glücklich. Und dankbar. Indem sie uns gekauft haben, haben sie uns auch einen Wert vermittelt. Wir galten in der DDR doch als »Abschaum der Gesellschaft«. Da tat es gut, zu wissen, daß man der BRD soundsoviel Geld wert war. Das war schließlich nicht nur wegen der freiheitlich demokratischen Grundordnung. Die dachten wohl auch, daß ich denen noch was einbringe. Das war auch immer ein Grund, wieso ich mich an der Uni politisch gegen diese verrückten linken Ideen engagiert habe. Ich erinnere mich noch genau, wie ich nach all den Schikanen die Grenze überquert habe. Das erste, was ich sah, waren eine Esso- und eine Shell-Tankstelle. Sie glauben nicht, wie ich diese Insignien des Kapitalismus noch heute liebe.

Doch, das glaube ich ihm. Die Zeit ist bald um. Zwei Fragen noch.

– Würden Sie sagen, der Mensch ist die Krone der Schöpfung?

– Nur das Gehirn. Bei allem anderen sind uns die Tiere überlegen. Schauen sie sich nur die Muskeln eines Pferdes oder eines Gorillas an. Oder die Niere irgendeiner Wüstenratte, die ihren Urin wesentlich besser konzentrieren kann. Oder bei der Fortpflanzung so einen Ziegenbock, der mehrmals am Tag erfolgreich abspritzen kann und eine ganze Herde um sich hat. Entscheidend ist nur unser Gehirn. Wir sind die einzige Spezies, die sich selbst erkennen kann.

– Gleich werde ich mir zum ersten Mal eine Ihrer Ausstellungen anschauen. Was wollen Sie mir oder auch den anderen Besuchern vermitteln?

Er überlegt.

– Selbsterkenntnis, die stärker macht. Es berührt mich, wenn ich Menschen in meinen Ausstellungen weinen sehe. Wie zum Beispiel eine Japanerin, die mir dankbar schluchzend um den Hals fiel und mir sagte, sie habe schon drei Mal versucht, sich umzubringen, und sei sich jetzt zum ersten Mal ihres Wertes bewußt geworden.

Fünf Minuten nachdem ich mich von ihm verabschiedet habe, stehe ich vor meiner ersten Körperwelten-Leiche. Sieht komisch aus. Irgendwie nach Plastik. Ich, der vor jedem Horrorfilm flüchtet, bin nicht sonderlich berührt. Vielleicht ist es Selbstschutz. Obwohl, es ist interessant, die einzelnen offengelegten Muskelstränge beobachten zu können, die Überraschung, wie groß eine Leber wirklich ist. Das Ganze ist unter dem Motto »Der Zyklus des Lebens« mit Sinnsprüchen garniert, Appellen an ein bewußtes, gesundes Leben. Der Körper als »persönliche Aufgabe«, als »Ergebnis eigener Lebensführung«.

Dazu Zitate von Kant – »Daß der Mensch in seiner Vorstellung das Ich haben kann, erhebt ihn unendlich über alle anderen auf Erden lebenden Wesen.«, Goethe, Foucault und auch von Hagens: »Je älter ich werde, um so mehr empfinde ich das Leben als große Ausnahme von der Regel des Todes.«

Im Februar 2011 ernennt Hagens einen Nachfolger und verabschiedet sich in den Ruhestand. Er leidet an der Parkinson-Krankheit.

Auf dem Heimweg überschlage ich, was ich nach Hagens Ansatz wert wäre. Ich gehe von einem Jahreseinkommen über 50 000 Euro aus. Wenn ich bis 70 weitermache, wäre das eine Restlebensarbeitszeit von 24 Jahren. Insgesamt also 1 200 000 Euro. Nun, ich habe schon schlimmere Zahlen bekommen. Allerdings – arbeiten bis zum 70. Lebensjahr? Kann ich das? Will ich das? Ich bin mir nicht sicher.

Und wie war das mit dem Markenwert von Personen?

17. Mensch als Marke. Und warum auch ich einen Markenwert haben kann

Der Begriff »Markenwert« bezeichnet den monetären Wert einer Marke. »Positive Assoziationen, die bei den Konsumenten mit einem Markenzeichen verbunden sind«, ermöglichen es einem Unternehmen, mehr Geld mit einem Produkt zu verdienen.
Um diese tollen Assoziationen hervorzulocken, werben viele Unternehmen mit bekannten Persönlichkeiten. Dabei handelt es sich um eine Art Imagetransfer: Gummibärchen werden so sympathisch wie Thomas Gottschalk. Oder auch nicht. Die Preisspanne der Honorare ist enorm. Sie reicht von etwa 50000 Euro für die sogenannte C-Prominenz, die sich vorwiegend aus Casting-Shows rekrutiert, bis zu an die 100 Millionen Pfund, die David Beckham von adidas bekommen haben soll, was aber offiziell nie bestätigt wurde.
Demnach haben also nicht nur Firmen, sondern auch Prominente einen Markenwert. BBDO, eine US-amerikanische Werbeagentur mit Vertretungen in fast 80 Ländern, hat vor ein paar Jahren versucht, entsprechende Ranglisten zu etablieren. Bei den Fotomodellen führte im Jahr 2005 Karolina Kurková mit 42,6 Millionen Euro vor Julia Stegner mit 36,5 Millionen und Heidi Klum mit 28,3. Bei den Fußballern führte im Jahr 2006 Ronaldinho mit 47 Millionen Euro vor David Beckham mit 44,9 Millionen. Der Markenwert ist dabei nach Auskunft von BBDO auf »künftig erwartete Einkommensströme ausgerichtet« und basiert vor allem auf »wissenschaftlichen Werten« wie Markenbekanntheit, Markenimage, Markensympathie und Markenloyalität.
Aktuellere Listen gibt es nicht. Der Ansatz hat sich nicht durchgesetzt. Kein Wunder, schon bei einem Unternehmen ist es schwierig, den Markenwert exakt in Geld auszudrücken. In der Praxis gibt es über 500 verschiedene, oft sehr komplexe Rechenmodelle. Je nach Ansatz beträgt der Markenwert zum

Beispiel von Coca-Cola 0,2 oder auch 64 Milliarden Dollar. Das 1988 entwickelte Verfahren der Firma interbrand hat sich weltweit offensichtlich am besten behauptet. Einmal im Jahr kursiert in den Medien die entsprechende Rangliste der wertvollsten Marken der Welt.
Und was ist mit mir? Ich bitte bei der Agentur interbrand um einen Termin.
Zuerst bekomme ich eine Absage. Sie haben ethische Bedenken. Ich hole tief Luft, frage noch mal, erkläre zum zweiten Mal, worum es mir geht, und bekomme etwas später einen Anruf von Stefan Rüssli, dem Brand Valuation Director for Central and Eastern Europe. Sein Büro ist in der Schweiz, in der nächsten Woche sei er aber in Hamburg.
Da treffen wir uns in einem eleganten Konferenzzimmer in der Innenstadt. Rüssli ist um die 40 Jahre alt und eher klein. Weißes Hemd, grauer Anzug, rotes Einstecktuch, keine Krawatte. Die Haare so kurz wie die Bartstoppeln am Kinn. Ein eher nachdenklicher Typ, kein Lautsprecher.
– Wie berechnet man den Markenwert eines Menschen?
– Spannende Frage. Da sind verschiedene Ansätze möglich.
Prima.
– Uns geht es dabei in der Regel um Unternehmen.
Mit »uns« oder »wir« meint Rüssli sich und seinen Arbeitgeber interbrand.
– Da ist die Marke das Gesicht beziehungsweise die Persönlichkeit eines Unternehmens oder eines Produkts. Sie schafft Identifikation, Orientierung und Vertrauen. Das kann man aber auch über Menschen sagen. Es geht dann um die Frage, welchen ökonomischen Nutzen, also welche Nachfragedynamik der Einsatz der Marke Mensch schafft?
Rüssli nennt als Beispiel Roger Federer. Weltbester Tennisspieler, internationale Sportlegende und – welch ein Zufall – wie Rüssli Schweizer. Dazu oder deswegen hat Federer einen monetarisierbaren Markenwert. Wenn Nike mit ihm einen hochdotierten Vertrag – Schweizer Zeitungen sprachen von etwa 85 Millionen Euro – abschließt, dann geht Nike natür-

lich davon aus, daß man aufgrund dieser Investition mehr Produkte verkaufen kann. Und dieser Mehrverkauf gibt, so Rüssli, einen deutlichen Hinweis auf Federers Markenwert. Dazu kommt dann die Marktforschung, denn Nike müsse seine Kunden verstehen und wissen, *wie* sich der Käufer für ein Produkt entscheidet. Es geht darum, herauszufinden, welchen Einfluss Federer auf das Image von Nike haben könnte und wie sich das wiederum auf den Umsatz auswirken würde.

– Und dieser prognostizierte Mehrverkauf ist dann Federers Markenwert?
– Nicht ganz. Weil, und das ist der zweite Punkt, Federer durch seine Erfolge zusätzlich einen Marktpreis hat, der erst mal unabhängig von dem ist, was er einbringt. Bei den Vertragsverhandlungen wird so was dann abgewogen und knallhart kalkuliert.
– Kann man Federers Markenwert unabhängig von so einer Nike-Geschichte bemessen?

Rüssli schüttelt den Kopf.

– Nein, eigentlich nicht. Es gibt zwar solche Versuche. Aber wir sind da sehr skeptisch, weil das immer fallspezifische Werte sind.

Eine, wenn nicht *die* entscheidende Rolle spielt der Bekanntheitsgrad. Wenn durch eine Persönlichkeit mehr Menschen angesprochen werden, ist sie auch wertvoller. Aber auch Wiedererkennbarkeit, Beliebtheit und vor allem Glaubwürdigkeit sind, so Rüssli, enorm wichtig. Er nennt Britney Spears als Negativ-Beispiel. Ihre Skandale hätten ihren Markenwert fast ruiniert. Mittlerweile habe ihr Markenmanagement das aber erfolgreich umsteuern können. Ihr Wert steige wieder.

– Wenn Tennis mal out wäre, und Federer hat sich noch nicht vom reinen Tennisstar zur Celebrity entwickelt, dann wäre der Markenwert *at risk*. Für ihn beziehungsweise seinen Markenwert ist es wichtig, daß er sich weiterentwickelt, daß er nach dem Ende seiner sportlichen Karriere an andere Themen anknüpft, sich etwa bei Stiftungen oder im Charity-Bereich engagiert. Er muß den nächsten Schritt machen, vom reinen Tennisstar zur abgerundeten Persönlichkeit.

– Soziales Engagement als Imagetransfer zur Entwicklung der eigenen Marke?

Rüssli nickt.

– Unbedingt. Einen Markenwert gibt es ja nicht nur aus der Monetarisierungsperspektive, sondern auch auf einer psychologischen Ebene.

Eine Marke kann eine hohe Akzeptanz, Beliebtheit und Attraktivität besitzen, ohne daß das mit einem Vermarktungspotential verknüpft ist. Rüssli nennt als Beispiel den Papst. Der sei eine starke Marke, aus der sich aber kein finanzieller Nutzen ableiten ließe. Die Weihwasser-Industrie, denke ich, würde das aber eventuell sehr begrüßen.

– Die Frage nach dem Markenwert von Personen ist auch deswegen sehr interessant, weil viele starke Marken den Ursprung in einer Persönlichkeit haben. Nehmen Sie McDonald's.

Mit meinem strikten Veto gegen diese Form von Ernährung mache ich mich in meiner Familie regelmäßig unbeliebt. Aber die Brüder Richard und Maurice McDonald's gab es wirklich. 1940 eröffneten sie ihre erste Hackfleischbude in San Bernardino, Kalifornien. Die Marke McDonald's beruht, so Rüssli, auf diesen beiden Persönlichkeiten. Mittlerweile wird sie, wie die meisten anderen Marken auch, von Managern weiterentwickelt. Wenn es aber noch mehr Unternehmer gäbe, die mit ihrer Persönlichkeit und ihrem Namen für ihre Produkte einstünden, weil sie das persönliche Risiko übernähmen, dann wäre, sagt Rüssli, Markenberatung, wie er sie betreibt, weitgehend überflüssig. Bei »Mensch, Marke und Wert« muß ich Tiger Woods denken. Als Ende 2009 seine Ehefrau und kurz darauf die ganze Welt erfuhr, daß der Saubermann doch nicht sauber beziehungsweise treu gewesen war, taxierten Wissenschaftler der Universität Berkeley allein die Verluste, die seine Werbepartner aufgrund möglicher Kurseinbrüche würden hinnehmen müssen, auf bis zu zwölf Milliarden Dollar. Oder Steve Jobs, der Gründer und Chef von Apple. Sein schwankender Gesundheitszustand wirkt sich regelmäßig direkt auf die Aktie des Unternehmens aus. Sollte er überraschend zurücktreten, könnte der Börsenkurs nach Aussage von Analysten um bis zu 30 Prozent fallen, was einem zumindest kurzfristigen Verlust von etwa 45 Milliarden Dollar gleichkäme. Rüssli hat sich wieder zurückgelehnt. Eine Frage muß ich noch stellen. Sie ist mir ein bißchen peinlich.

– Also wenn ich Sie jetzt frage, ob ich einen Markenwert habe, dann sagen Sie ja sicher nein …
– Das hängt von der Perspektive ab.

Ich bin überrascht. Ich könnte also tatsächlich … Ich in der Werbung? Nie wieder arbeiten? Für Lufthansa lächeln und erste Klasse fliegen? Reklame für Luxushotels, in denen ich dann auch wohne, für Whisky-Brennereien, die mir ihre Fässer in den Keller rollen, ein neues Sofa? Obwohl – eigentlich bin ich ja gegen Werbung. Zumindest bisher. Greenpeace und amnesty international wären allerdings okay.

– Es muß ja kein monetärer Markenwert sein. Es gibt eben auch einen ideologischen oder psychologischen Markenwert.

Rüssli befreit mich von meinen inneren Konflikten als potentiellem Markengesicht.

– Man könnte aber auch sagen, aus monetärer Hinsicht leistet die Marke »Jörn Klare« einen ökonomischen Beitrag für seinen Arbeitgeber oder für seine eigene Rechnung. Denn seine Persönlichkeit hat neben dem Technischen oder Handwerklichen eine bestimmte Bedeutung.

Die Marke »Jörn Klare«, »seine Persönlichkeit« … Will er mir schmeicheln?

– Es wäre möglich, meinen Markenwert zu beziffern?
– Ich halte da zwar nichts von. Aber grundsätzlich ist das eine Überlegung wert. Das basiert darauf, daß man »Marke« mit »Persönlichkeit» gleichsetzen kann. Und ich würde mal behaupten, daß ihre »Persönlichkeit« in ihrer Arbeit eine Rolle spielt.

Hoffe ich zumindest.

– Zum Beispiel wenn es darum geht, ob Sie einen Auftrag oder eine feste Stelle bekommen.

– Wie denn das?
– Als Auftraggeber oder Arbeitgeber überlege ich mir doch Kriterien für die Person, die ich suche. Lebenslauf, Ausbildung, Referenzen. Da komme ich um Persönlichkeit nicht herum. Vielleicht ist mir die sogar besonders wichtig. Dann habe ich also vier Faktoren. Die setze ich gleich 100 Prozent Dann rechne ich aus, wie groß daran der Anteil des Kriteriums »Persönlichkeit« ist. Ich behaupte mal einen Fall, wo das 25 Prozent ausmacht. Und nehmen wir an, Sie kriegen dann den Auftrag und dafür 10 000 Euro.

Ich habe noch nie 10 000 Euro für einen einzigen Auftrag bekommen.

– Demnach wären dann 25 Prozent von diesen 10 000, also 2500 Euro, auf ihre Persönlichkeit, das heißt ihre Marke zurückzuführen.
– Persönlichkeit macht 25 Prozent aus?
– Nein, das ist nur ein stark vereinfachtes Beispiel. Das hängt in so einem spezifischen Fall mit den Kriterien des Auftraggebers zusammen. Das kann man mit bestimmten Fragen herausfiltern. Als Marke müssen Sie nicht nur stark, glaubwürdig und relevant sein, damit es Nachfrage gibt. Sie müssen auch »anders« sein, sich von anderen abheben oder zumindest unterscheiden.

Ich ahne, warum sich manche Prominente so auffällig idiotisch benehmen. Vielleicht sind die gar nicht so doof und wollen nur eine Marke sein. Was aber auch wieder doof wäre.

– Grundsätzlich gibt es so viele Persönlichkeiten, wie es Menschen gibt. Es gibt keinen zweiten Federer, Klare oder Rüssli. Das ist faszinierend.
– Heißt das: 6,9 Milliarden Menschen gleich 6,9 Milliarden Marken?
– Im Grunde ja. Natürlich abhängig vom Kontext. Aber Differenzierung heißt »anders sein«. Und weil jeder anders ist, hat er grundsätzlich das Potential für einen Markenwert. Es kommt dann aber auf die entsprechende Zielgruppe an. Grundsätzlich ist das monetäre Potential für jeden vorhanden.

– Könnten wir das für mich mal ausrechnen?
Rüssli schaut bedauernd auf mich, dann auf seine Uhr.
– Das ist nur in einer konkreten Situation möglich.
Eine konkrete Situation kann ich nicht bieten. So endet das Gespräch mit der theoretischen Erkenntnis, daß ich einen potentiellen Markenwert habe, der sich aber leider nicht monetarisieren läßt.
Später lese ich noch von einer Marktforschungsstudie aus den USA, die behauptet, daß ein durchschnittlicher Facebook-Fan für werbetreibende Unternehmen 103 Euro wert sein soll. Vor allem weil er für ein Unternehmen, das er als Favorit gespeichert hat, neue Kunden gewinnt. Doch auch diesen Wert kann ich nicht für mich in Anspruch nehmen: Ich bin nicht bei Facebook.

18. 2,40 Dollar für einen Toten pro verkauftes Auto. Was darf Sicherheit kosten? Und wie man sich dabei auch mal verrechnen kann

Am 1. Juni 2009 stürzte ein Airbus A 330 der Air France auf dem Flug AF 447 von Brasilien nach Frankreich mit 228 Menschen in den Atlantik. Nach dem »Montrealer Abkommen über die Haftung von Fluggesellschaften« aus dem Jahr 1999 (der Novellierung des entsprechenden »Warschauer Abkommens« von 1929) sind Luftfahrtunternehmen verpflichtet, »den Schaden zu ersetzen, der dadurch entsteht, daß ein Reisender getötet oder körperlich verletzt wird«. Bis zu etwa 100 000 Euro müssen bezahlt werden, egal ob die Fluggesellschaft an dem Unfall eine Schuld trägt oder nicht. Die Höhe der Summe »entspringt einem politischen Kompromiß im Rahmen der völkerrechtlichen Verhandlungen«, wie mir das Bundesjustizministerium auf Anfrage mitteilt. Bei bewiesener Verantwortung ist die zu ersetzende Schadenshöhe unbegrenzt. Dabei fallen die Entschädigungen für die Opfer unterschiedlich hoch aus, da sie sich, wie in anderen Versicherungsfällen auch, nach den Versorgungsansprüchen etc. der Hinterbliebenen richten. Es gelten jeweils die Maßstäbe des Landes, in dem das Opfer lebte, wobei es aufgrund der schon erläuterten unterschiedlichen Rechtssysteme zu eklatanten Unterschieden kommen kann.

So wurde Air France bei den ersten Entschädigungsprozessen 2010 in Rio de Janeiro zur Zahlung von 840 000 Euro an die Hinterbliebenen einer brasilianischen Staatsanwältin verurteilt, während ein Gericht in Frankreich den Angehörigen einer französischen Stewardess 20 000 Euro zusprach.

Nach dem Absturz der Air-France-Maschine wurde deutlich, daß defekte Geschwindigkeitsmesser für den Absturz zumindest mitverantwortlich waren. Das französische Gericht erkannte im oben erwähnten Prozess den Tatbestand der fahrlässigen Tötung. Der Hersteller Airbus hatte die Fluggesellschaft schon zweieinhalb Jahre zuvor über entsprechende Probleme informiert. Der Empfehlung, die Sensoren auszutauschen, war Air France bei dem betroffenen Flugzeugtyp jedoch nicht gefolgt. Auch ein spezielles Sicherheitsprogramm, das pro Maschine 300 000 Euro gekostet hätte, wollte die Gesellschaft nicht haben. All das führte zu der Spekulation, Air France habe möglicherweise aus Kostengründen auf eine entsprechende Umrüstung verzichtet und damit letztlich den Tod von 228 Menschen in Kauf genommen.

Ein schrecklicher Verdacht, den die Gesellschaft mit dem Hinweis zu entkräften versuchte, Airbus habe die Austausch-Empfehlung später wieder zurückgenommen, dennoch habe man schon vor dem Unglück beschlossen, die entsprechenden Sensoren auszutauschen. Knapp zwei Monate nach dem Unglück forderte dann auch Airbus auf Empfehlung der Europäischen Agentur für Flugsicherheit (EASA) wieder den Austausch der Sonden. Ich möchte Air France beziehungsweise Airbus hier nicht unterstellen, daß sie aus Kostengründen Sicherheitsaspekte vernachlässigt haben. Ich gehe lieber davon aus, daß es ihnen in erster Linie um das Wohl ihrer Kunden geht und wirtschaftliche Aspekte bei Sicherheitsfragen keine Rolle spielen.

Daß diese Annahme jedoch nicht immer richtig sein muß, zeigt ein Gerichtsverfahren in Kalifornien, das im Jahr 1999 mit einem spektakulären Sieg der klagenden Unfallopfer endete. Am Heiligabend 1993 hatten sechs Menschen in Los Angeles schwere Verbrennungen erlitten, nachdem ihr Auto, ein Chevrolet Malibu Baujahr 1979, nach einem Unfall in Flammen aufgegangen war. Für die unzureichend gesicherte Treibstoffversorgung machte die Klägerin Patricia Anderson, die mit ihren vier Kindern und ihrem Freund in dem Wagen gesessen hatte, den Hersteller General Motors (GM) verantwortlich. GM wies alle Schuld von sich, betonte, das Treibstoffsystem des Fahrzeugs sei sicher und man habe alle gesetzlichen Standards erfüllt oder übertroffen, und lehnte daher jede Schadensleistung ab.

Der Prozeß nahm eine entscheidende Wende, als ein internes Memorandum des GM-Ingenieurs Edward Ivey aus dem Jahr 1973 auftauchte. Ivey war der Konstruktionsmangel bekannt. Doch anstatt die verkauften Autos zurückzurufen und das Problem zu beheben, griff er zum Taschenrechner und nahm eine Kosten-Nutzen-Rechnung vor. Er ging von jährlich 500 Opfern aus, die in von GM produzierten Autos verbrennen würden. Jedem Toten maß er einen Wert von 200 000 Dollar zu, wobei er sich auf entsprechende Zahlen der Highway Traffic Safety Administration berief, die seit Beginn der fünfziger Jahre Kosten-Nutzen-Analysen zur Verkehrssicherheit durchführt. Ivey stellte fest, daß 41 Millionen GM-Fahrzeuge auf US-Straßen unterwegs waren. Dann multiplizierte er die 500 Toten mit den 200 000 Dollar und dividierte das Produkt durch die 41 Millionen Fahrzeuge.
Er kam auf 2,40 Dollar. Soviel würden die Toten nach Iveys Rechnung pro Fahrzeug »kosten«, wenn es zur maximalen Summe an Schadenersatzansprüchen käme. Das bedeutete, daß eine Produktionsumstellung oder Nachrüstung zur Vermeidung der Gefahr weniger kosten mußte als 2,40 Dollar pro Fahrzeug. Ansonsten würde GM nämlich »unnötige« Investitionen tätigen. Für die sicherere Montage der Benzintanks kalkulierte GM aber mit 8,59 Dollar pro Auto. Die Sicherheit und das Leben von nach Iveys Schätzung 500 Menschen hätten GM also 6,19 Dollar pro Fahrzeug gekostet – eindeutig ein Verlustgeschäft. Der Hersteller verzichtete auf die Sicherheitsmaßnahmen.
Doch die Autobauer hatten nicht mit den Geschworenen im Fall Patricia Anderson gerechnet. Die verurteilten GM zur Zahlung von unglaublichen 4,9 Milliarden Dollar. Eine Rekordstrafe, die von Richter Ernest G. Williams später auf immerhin noch 1,2 Milliarden Dollar reduzierte wurde.
Eine enorme Summe, aber kein Happy-End, denn Anderson, vor allem aber ihre Kinder sind durch die Brandwunden für ihr restliches Leben entstellt. Die Medien feierten das Urteil als »Sieg der Gerechtigkeit«, während GM vor allem Schadenfreude erntete.

Doch was ist GM eigentlich vorzuwerfen? Daß sie überhaupt eine solche Kalkulation vorgenommen und entsprechend gehandelt haben? Oder daß sie falsch, das heißt mit falschen Zahlen gerechnet haben? Hätte Ivey den Wert eines Menschen nicht mit 200000, sondern, sagen wir, mit 738000 Dollar kalkuliert, hätten die Toten pro GM-Fahrzeug neun Dollar »gekostet«. Damit hätte sich die Umrüstung zumindest auf der Basis der Ivey-Kalkulation »rentiert«.

Sollte man Kosten-Nutzen-Rechnungen bei Sicherheitsinvestitionen also besser unterlassen? Sollte der Gesetzgeber sie vielleicht sogar – wie auch immer – verbieten? An Sicherheit darf auf keinen Fall gespart werden – egal was es kostet? Soll man all das, was an schützender High-Tech etwa in einer großen Luxuslimousine steckt, auch in jeden Kleinwagen einbauen? Aber wer kann sich solche Autos dann noch leisten? Also doch kalkulieren? Mit dem »richtigen« Wert für ein Menschenleben? Gut. Aber was war noch mal der richtige Wert?

Als im Frühjahr 2010 Toyota und General Motors (!) wegen technischer Mängel Millionen Fahrzeuge in die Werkstätten rufen müssen, erklärt der ADAC-Ingenieur Helmut Klein das in der *Süddeutschen Zeitung* mit dem Bestreben, die Kosten zu senken: »Kostenverantwortliche setzen in vielen Fällen lieber auf günstigere Lösungen als auf technisch perfekte.«

Ich hole tief Luft, dann schreibe ich an VW, Mercedes, Audi, Porsche, BMW und Ford. Ich möchte wissen, wie sie Sicherheitsinvestitionen kalkulieren, ob beziehungsweise nach welchen Methoden sie Kosten-Nutzen-Rechnungen vornehmen und inwieweit sie dabei mögliche Personenschäden monetär kalkulieren.

Die Antworten, die ich bekomme, sind unter der Rubrik »Eigenwerbung« zu verbuchen. Keiner der Hersteller bekennt sich zu Kosten-Nutzen-Rechnungen in Sicherheitsfragen. Daimler schreibt, daß man auf solche Fragen grundsätzlich keine Antworten gebe. Ein Sprecher von VW schreibt, Kosten-Nutzen-Rechnungen »müßten ja im Grunde unsere Kunden für sich selbst machen, um dann zu entscheiden, wieviel sie in Sicherheit investieren«. Ein Gedanke, der offensichtlich auch dem Mann von BMW Sorgen macht, der beobachtet hat, daß in Zeiten der konsumhemmenden Wirtschaftskrise Sicherheitsaspekte beim Autokauf immer öfter vernachlässigt werden.

Soweit zum Wert eines Menschenlebens im Kontext von Sicherheitskalkulationen. Was ich allerdings bei all den Recherchen gern mal wieder gehabt hätte, wäre eine Zahl nur für mich gewesen, ein ganz persönlicher Wert. In einer Zeitungsannonce bleibe ich an dem Satz »Für alle, die ihr Eigenkapital im Kopf tragen« hängen. Damit wirbt die *Frankfurter Allgemeine Zeitung* für ihren Stellenmarkt. Das dazugehörige Stichwort auf meinem Zettel lautet »Humankapital«. Ich wüßte gern, ob ich so was brauche? Ob ich vielleicht schon eins habe? Und wenn ja, was ich humankapitalistisch wert bin?

19. »Wenn man Zahlen foltert, gestehen sie alles.« Gespräch mit zwei Humankapitalisten

Ich besuche eine Konferenz, von der ich mir zu diesen Fragen eine Antwort erhoffe. Es ist ein Forum, gar ein »Zukunftsforum« unter der Überschrift »Innovationsfähigkeit«. Ein heller, gut 100 Quadratmeter großer Seminarraum im Untergeschoß des Berliner Congress Centers am Alexanderplatz. Die Veranstaltung beginnt mit dem Power-Point-Klassiker »Probleme mit der Technik«. Nach wenigen langen Minuten und vielen tollen Tipps funktioniert es. Ein eleganter Professor vom Bundesinstitut für Berufsbildung gibt eine Einführung zum Thema »Wandel der Beschäftigung – Lebensarbeitskonzepte und Personalmanagement«. Dabei geht es um »Veränderungsbereitschaft« und »lebensereignisorientiertes Personal- beziehungsweise Selbstmanagement« vor allem auch von Freiberuflern mit »brüchiger, nicht linearer Erwerbsbiographie«. Das sind so Leute wie ich. Ganz beiläufig – quasi ein Auftritt über die Hintertreppe – fällt er, der Begriff, auf den ich gewartet habe: Humankapital.

Später taucht er noch einmal bei einem anderen Professor auf, als der einen Bericht der Weltbank zitiert, der wegen der hohen privaten Renditen Studiengebühren verlangt, aber auch einräumt: »Da Humankapital nur begrenzt beleihbar ist, soll der Staat Darlehen bereitstellen.« Selbst benutzt der Professor den Begriff nicht. Vielleicht weil er keinen Ärger will.

Im Jahr 2004 wurde »Humankapital« nämlich von der Gesellschaft für deutsche Sprache zum »Unwort des Jahres« erklärt. Die Jury beklagte, der Begriff habe sich ganz offiziell »auch in nichtfachlichen Bereichen ausgebreitet und damit die primär ökonomische Bewertung aller denkbaren Lebensbezüge« gefördert, »wovon auch die aktuelle Politik immer mehr beeinflußt wird. Humankapital degradiert nicht nur Arbeitskräfte in Betrieben, sondern Menschen überhaupt zu nur noch ökonomisch interessanten Größen.« Die deutschen

Ökonomen waren über diese Auszeichnung nicht sonderlich erfreut. Ihnen sprach die *Frankfurter Allgemeine Zeitung* aus der Seele, die die Unwort-Jury zu den »geistigen Totengräbern unserer Volkswirtschaft« ernannte. Doch worum geht es eigentlich?

Der Humankapitalansatz, Hannes Spengler nannte ihn »Produktivitätsansatz«, definiert den Wert eines Lebens strenggenommen über das Markteinkommen, das in diesem Leben erzielt wird. In Erweiterung dieser sogenannten »Bruttomethode« werden bei der Berechnung des Netto-Humankapitals vom zukünftigen Arbeitseinkommen noch die zukünftigen Ausgaben eines Individuums abgezogen. In den USA dient er, das wurde bei der Geschichte um Kenneth Feinberg und den 11. September deutlich, als Grundlage zur Berechnung von Entschädigungszahlungen.

Die Grundlagen der modernen gesamtwirtschaftlichen (makroökonomischen) Humankapitaltheorie wurden Mitte des letzten Jahrhunderts vor allem von den Wirtschaftswissenschaftlern und späteren Nobelpreisträgern Gary Becker (1964) und Theodore William Schultz (1978) gelegt. Sie betonen die Bedeutung von Bildung und Wissen für das langfristige Wachstum einer Volkswirtschaft. In diesem Zusammenhang läßt sich das vergleichsweise schlechte Abschneiden deutscher Schüler bei international vergleichenden Studien zum Bildungserfolg – Stichwort »Pisa« – als Hinweis auf massive Probleme bei der nationalen Humanvermögensbildung verstehen. Der Brockhaus definiert »Humankapital« sehr allgemein als die »Gesamtheit der in der Regel wirtschaftlich verwertbaren Fähigkeiten, Kenntnisse und Verhaltensweisen von Personen oder Personengruppen«.

Nach dem zweiten Professor kommt auch noch der Mitarbeiter einer Zeitarbeitsfirma als Referent aufs Podium. Der wirkt von der Physiognomie etwas grobschlächtiger als die Akademiker um ihn herum und sagt Sätze wie: »Die Ressource Mensch ist eine Dienstleistung, die Unternehmen zur Verfügung gestellt wird.« Und wenn die Geschäfte nicht so gut laufen, dann gibt es wie bei Computern oder Waschmittel auch schon mal »15 Prozent Rabatt auf alle Hilfs- und Fachkräfte«, wie ich einige Tage später in einer Anzeige eines anderen Unternehmens der Branche lese.

Demnach bin natürlich auch ich eine Ressource. Eine Ressource mit einem ökonomischen Wert. Jetzt wüßte ich gern, wie hoch der ist.

Im Jahr 2002 veröffentlichte dazu die bei der Deutschen Bank angesiedelte Alfred-Herrhausen-Gesellschaft eine interessante Studie. Unter dem Titel »Wieviel Bildung brauchen wir? Humankapital in Deutschland und seine Erträge« wurde eifrig gerechnet. Das Humankapital liegt hierzulande – Stand 2002 – demzufolge bei 230 000 Euro pro Person. Womit der »Durchschnittsbürger mehr Humankapital besitzt als andere Vermögensgegenstände«. Die Summe ergibt sich aus den Beträgen, die – von den Eltern, dem Staat und einem selbst – in Bildung investiert werden, wobei die »ersten 20 Jahre des Lebens der Akkumulation von Humankapital dienen«. Was danach gelernt wird, reicht – so die Autoren der Studie – gerade aus, um das Vergessen wettzumachen. Insgesamt soll der Wert des Humankapitals in Deutschland stagnieren. Das klingt nach einer bösen Falle.

Ein Hochschulstudium lohnt sich der Studie zufolge nur bedingt. Wer sich zum Beispiel für Germanistik oder Anglistik entscheidet, bereitet der Volkswirtschaft ein Renditeminus von 6,76 Prozent, wohingegen bei einem Betriebswirtschaftler ein Plus von 4,51 Prozent ermittelt wurde. Schlußfolgerung: »Ein Studium, dessen Ertragsaussichten die Investition nicht rechtfertigen, unterbleibt besser«. Der Wunsch nach nicht von der Rendite gesteuerter persönlicher Entwicklung – ich bemühe mich, den Begriff »Selbstverwirklichung« zu vermeiden – ist demnach eine Fehlkalkulation, die »brachliegendes Humankapital« erzeugt.

Dieser Ansatz, diese Rechnung beschreibt mich, so fürchte ich, als ein Minus. Auf Anfrage erklärt mir einer der Autoren der Studie, es habe in den letzen paar Jahren wieder einen

»großen Entwicklungssprung im Bereich der Humankapitalmessung und -bewertung gegeben«. Tatsächlich verkündet 2010 eine Studie der Organisation für wirtschaftliche Zusammenarbeit und Entwicklung (OECD), daß der Staat durchschnittlich zwar etwa 40 000 Euro in das Studium eines Uni-Absolventen investiert, später aber über höhere Steuereinnahmen und Sozialabgaben sowie ein geringeres Arbeitslosigkeitsrisiko knapp 190 000 Euro zurückfließen, womit der Gewinn dieser Kalkulation bei 150 000 Euro liegt.
Im Foyer des Congress Centers treffe ich die Professoren Christian Scholz und Volker Stein von der Universität Saarbrücken beziehungsweise Siegen. Beides Betriebswirte, beide mit dem Schwerpunkt Personalmanagement. Sie haben die »Saarbrücker Formel« erfunden. Mit der Saarbrücker Formel, sagen sie, kann man das Humankapital messen.

Die Grundform der Saarbrücker Formel von Christian Scholz, Volker Stein und Stefanie Müller*

HC-Wertbasis (Marktgehälter) | HC-Wertverlust (Wissenserosion) | HC-Wertveränderung (Motivation) Mehrung/Minderung durch Commitment - Context - Retention

$$HC := \sum_{i=1}^{g} \left\{ \left[FTE_i \cdot l_i \cdot \frac{w_i}{b_i} + PE_i \right] \cdot M_i \right\}$$

HC-Wertkompensation (Personalentwicklung)

Legende
HC: Humankapitalwert
i: Index der betrachteten Mitarbeitergruppe
FTE: Full Time Equivalents (Vollzeitmitarbeiter)
l: Marktgehalt
w: Berufsbezogene Wissensrelevanzzeit
b: Beschäftigungsdauer
PE: Personalentwicklungskosten
M: Motivationswert

* Die Graphik ist der Studie »Humankapitalisten und Humankapitalvernichter. Das Humankapital der DAX-30-Unternehmen im Vergleich der Jahre 2005 und 2006« von Christian Scholz, Volker Stein und Stefanie Müller entnommen.

Es ist nicht die erste Methode, von der das behauptet wird, aber eine der neuesten. Scholz und Stein trommeln erfolgreich für ihre Akzeptanz. Wir sitzen in der offenen Cafeteria. Der Blick hinaus fällt auf ein großes, häßliches Einkaufszentrum. Scholz ist ein kräftiger, selbstbewußter Typ um die Fünfzig, ganz in Schwarz gekleidet. Es würde mich nicht wundern, wenn er zu seinem iPhone auch noch einen Porscheschlüssel auf den Tisch legen würde. Stein hat weniger und ganz kurze Haare, ist jünger und verbindlicher. Eher ein Audi-Typ. Er hat beim Kollegen Scholz studiert und hört lieber zu.

Scholz stellt erst mal klar, daß er mit den Medien schon viele schlechte Erfahrungen gemacht hat. Es habe viele Mißverständnisse und »Scheinheiligkeiten« gegeben, und er wisse sehr wohl, wie leicht man den Humankapitalansatz diskreditieren könne. Er lacht. Es klingt ein wenig süffisant. Wegen des ganzen Ärgers hat er lange mit überhaupt keinem Journalisten geredet. Und, ach ja, eine entsprechende »schwarze Liste« führt er auch. Dann will er, noch bevor ich etwas fragen darf, genau wissen, was ich genau wissen will und warum und wozu. Mit dem Kollegen Stein kommentiert er meine Antworten, insbesondere die darin vermuteten »Untertöne«. Meine Auskünfte werden zu Rechtfertigungen. Scholz notiert alles auf einem DIN-A4-Blatt, auf dessen Rückseite ich, wohl nicht ganz zufällig, ein Foto von mir aus dem Internet entdecke. Dann bin ich dran. Ich fange lieber vorsichtig an.

– Wie lautet Ihre Definition von Humankapital?
– In der Betriebswirtschaftslehre bezeichnet der Begriff Humankapital nicht den generellen Wert eines Mitarbeiters, sondern den Wertansatz aller Mitarbeiter aus der Sicht eines Unternehmens. Das ist ein radikaler Unterschied. Es geht uns also nicht um die Frage: Was ist ein einzelner Mensch wert?

Ach so. Und deswegen das ganze Theater? Ich bin ein bißchen enttäuscht. Scholz zieht durch.

– Mitarbeiter sind vielmehr ein Asset für das Unternehmen, also ein produktiver Faktor. Nehmen Sie ein Unternehmen

X, das hat verschiedene Assets: Gebäude, Patente, Marken, Geld …

Blick zu Stein. Der übernimmt. Eingespieltes Team, die beiden.

– … und Mitarbeiter. Wir sehen den Wert der Belegschaft genau im Einklang mit den Bewertungsansätzen anderer produktiver Faktoren: »Humankapital« ist ein Wert, auf den das Unternehmen teilweise zurückgreifen kann.

Ich schaue fragend.

– Daher ist das ein Wert, den man bewerten muß, auch im Interesse der Mitarbeiter. Die haben nichts davon, wenn sie sich dagegen wehren. Und wer sie dagegen aufreizt …

– Wogegen? Daß ihr Humankapital bewertet wird?

– Ja. Alle die sich dagegen wehren, tragen letztlich Mitschuld an dem, was wir gerade erleben.

– Was erleben wir denn?

– Entlassungen. Der Mitarbeiter hat einen Euro-Wert genau wie die Marken Pepsi Cola oder Sony. Man kann diesen immateriellen Vermögenswert vielleicht schwer bestimmen, aber er ist da. Und wir versuchen das, und da stehen wir teilweise sehr allein, aber das überleben wir …

Eine Metapher. Klingt nach Western. Ich das Greenhorn, vor mir sitzen die Cowboys.

– … diesen Wert nicht nur pauschal in irgendeiner Sonntagsrede zu bestimmen. Da sagt jeder: »Mitarbeiter sind wichtig, sind unser Kapital und toll.« Aber das hilft niemandem. Wir versuchen, diesen Wert knallhart als Euro-Zahl zu bestimmen mit allem, was dazugehört. Denn wenn wir es nicht machen, ist ein solcher Wert nicht mehr handlungsleitend.

Stein übernimmt wieder:

– Trotz aller Sonntagsreden kommt es dann dazu, daß Unternehmen sagen, Kollege X ist nichts wert oder nur ein Kostenfaktor, den man am besten einspart oder abbaut. Uns geht es aber darum, klarzumachen, daß ein Unternehmen den Wert seines gesamten Potentials Humankapital – wir würden sagen wertschöpfend – nutzt, diesen Wert nicht vernichtet und im Idealfall sogar steigert. Uns geht es um professionelles Personalmanagement.

Kleine Pause, meine Chance.

– Und wie macht das die Saarbrücker Formel?

– Die Bewertung von Humankapital ähnelt der Bestimmung eines Markenwertes. Das kann man mit oder ohne Euro-Zahlen machen. »Ohne« heißt: Man sammelt viele Indikatoren zur Personalarbeit, präsentiert die schönsten davon und alle finden es toll. Das kommt für uns nicht in Frage.

Klar. Ich will auch nichts schönrechnen. Ich will auch Euro-Zahlen.

– Wenn man also in Euro rechnet, gibt es zwei Ansätze: Früher haben die Beratungsfirmen ein Unternehmen genommen, den Umsatz ermittelt, die Kosten bestimmt, und am Ende gab es einen Überschuß von, sagen wir mal, 30 000 Euro. Der wurde dann durch die Zahl der Mitarbeiter – nehmen wir mal 1000 – dividiert. Und dann war jeder Mitarbeiter im Schnitt 30 Euro wert.

– 30 Euro für einen Mitarbeiter ist aber recht wenig, oder?

– Das nur als Beispiel.

Ach so.

– Oder,

Jetzt kommt's. Die Saarbrücker Formel, die Human Resources.

– und das ist der zweite Ansatz: Das Humankapital ist ein eigenständiger Wert wie die anderen Vermögenswerte auch. Es gibt ein Mengengerüst – die Zahl der Mitarbeiter. Ich gucke mir die Referenzgehälter an. Dann kann man viel über Wissensmanagement arbeiten, um rauszukriegen: Was haben die Leute eigentlich für ein Wissen im Kopf? Da ist die Wissenschaft schon ziemlich weit. Es gibt so was wie Wissensrelevanzzeiten oder Halbwertszeit des Wissens.

Das ist weniger eine schöne Umschreibung für das schlichte »Vergessen«, sondern der Tatsache geschuldet, daß unser Wissen rasant wächst oder geradezu explodiert. Angeblich

wird im Schnitt in jeder Minute eine neue chemische Formel formuliert, alle drei Minuten ein neuer physikalischer Zusammenhang entdeckt und alle fünf Minuten eine neue medizinische Erkenntnis gewonnen. So hat die Hälfte des allgemeinen Schulwissens nach Aussage des Weiterbildungsexperten Kurt Nagel aus Würzburg nach 20 Jahren keine Bedeutung mehr. Die Halbwertszeit des Hochschulwissens liegt demnach bei zehn und die des berufsbezogenen Wissens sogar nur bei fünf Jahren. Im Durchschnitt. Bei EDV-Fachleuten soll schon nach zwölf Monaten die Hälfte der Kenntnisse unbrauchbar sein.
– Für jeden Beruf gibt es da eigene Kennwerte.
Stein meldet sich wieder.
– Natürlich verliert das Wissen bei einem Programmierer schneller an Wert als bei einem Dolmetscher. So kann man also den Zeitwert des Wissens ermitteln. Da rechnen wir dann als entscheidenden Punkt noch die Personalentwicklung mit rein. Das heißt, wenn ich als Führungskraft in die Fortbildung meiner Belegschaft investiere, dann erhöht das den Wert der Mitarbeiter. Oder wenn Sie in sich selbst investieren, Stichwort Sprachkurs oder Bildungsreise nach Afrika oder Schottland, dann erhöht das auch Ihren Wert.
Daß Scholz von Afrika und Schottland spricht, ist wohl kaum ein Zufall. Da war ich im letzten Jahr nämlich tatsächlich für Recherchen zu Radioproduktionen, über die man sich im Internet informieren kann. Alles ein bißchen seltsam. Aber daß diese Reisen meinen Wert erhöhen könnten, finde ich sehr interessant.
– Und dann haben wir ein recht ausgeklügeltes System, wo wir auch rauskriegen, inwieweit die Mitarbeiter Commitment-Werte an den Tag legen.
Wieder forme ich mit meinen Stirnfalten ein Fragezeichen. Scholz sieht es und hilft.
– Also ob sie bereit sind, engagiert zu arbeiten. Denn es ist ja schon wichtig, ob sie sich motiviert für ihr Unternehmen einsetzen oder nicht. Und ob sie auch bereit sind, weiterhin

im Unternehmen zu verbleiben. Das Gesamtergebnis ist dann ein ganz regulärer Euro-Wert für das Humankapital des Unternehmens, der sich berechnen läßt. Der Aufwand ist minimal.

– Wie geht denn das mit der Motivation? Wie kann man die berechnen? Gibt es dann zwei Gramm Motivation?

– Das ist leicht. Ich kann den Motivationsgrad bestimmen. Das machen wir schon seit 20 Jahren. Da gibt es ein paar ganz clevere Fragen, die man den Mitarbeitern stellt und die von ihnen anonym beantwortet werden.

Bei den Fragen handelt es sich um eine Selbsteinschätzung auf einer fünfstufigen Skala zu Aussagen wie »Bei mir in meinem Tätigkeitsbereich/direkten Umfeld herrscht ein Klima, das mich motiviert und neue Ideen weckt« Oder: »In den letzten vier Wochen habe ich mindestens einmal darüber nachgedacht zu kündigen.«

– Heraus kommt ein Commitment-Grad, der den zuvor ermittelten Euro-Wert der Belegschaft entsprechend rauf- oder runterwertet. Wenn die Mitarbeiter ihr Leistungspotential nur zu 50 Prozent nutzen, dann ist es eben auch nur die Hälfte wert.

– Und wenn einer überhaupt keine Lust hat zu arbeiten?

– Dann hat er kein Humankapital. Wenn Sie Mitarbeiter haben, die zwar toll, aber nicht motiviert sind, dann haben Sie eben ein dementsprechend niedriges Humankapital. Das ist ja logisch.

Klar, ist logisch. Arbeit sollte Spaß machen.

– Und wie kann man Wissen bewerten?

– Über die jeweilige Ausbildung.

Stein übernimmt die Antwort.

– Die Ausgangsfrage lautet: Was wurde gelernt? Und dann gibt es entsprechende Statistiken, Berufskennziffern und Normen. Die sagen uns, was die Abschlüsse wert sind.

Mhm. Gelernt habe ich schon viel – würde ich zumindest behaupten –, aber wenig abgeschlossen.

– Das läßt sich sehr schön über die jeweiligen Marktwerte

bestimmen. Man kennt ja die Mittelwerte der Gehälter und kann so zum Beispiel auch sagen, was eine Promotion wert ist.

Ich habe nicht promoviert. Ich habe aber viel gelesen, bin viel gereist, habe viele interessante Menschen getroffen. Was ist mit diesen Erfahrungen? Sie sind nicht standardisiert. Soll man das über die Reisekosten machen? Ich hoffe nicht. Das muß nämlich bei mir immer möglichst preiswert gehen. Allerdings, wer billig reist, macht auch mehr Erfahrungen. Oder? Schwierig.

– Wie kann man eine Afrikareise bewerten?

Scholz guckt ein wenig irritiert. Der Wert einer Afrikareise läßt sich wohl auch für ihn nur schwer »standardisieren«.

– Wir wollen mit unserem Ansatz ganz bewußt nicht jeden Einzelfall spezifisch bewerten. Das artet in ewige Diskussionen aus – etwa, ob die Bildungsreise nach Schottland mehr wert ist als die nach Afrika. Das bringt nichts.

Obwohl – interessante Frage. Schottland, das war zum Beispiel super Whisky und mieses Wetter. Afrika war super Wetter und komisches Essen. Aber wie soll man das jetzt vergleichen? Scholz hat daran kein Interesse.

– Entscheidend ist, daß man einen Ansatz hat, der das vorhandene Wissen der Mitarbeiter als Wissensblock erhebt. Daß man dann guckt, gibt es hier Wissenserosion, was bröckelt ab? Wird das Abgebröckelte durch Personalentwicklung wieder aufgefangen?

– Aber wenn das Wissenspotential so standardisiert ist, was ist dann mit einem guten, interessanten Typen, der Leistung bringt, aber keine Abschlüsse hat?

Ja, ich meine mich.

– Fällt der dann unter den Tisch?

– Natürlich fällt der unter den Tisch, zumindest als Einzelperson. Es fällt immer was unter den Tisch. Da gibt es tausend Sachen. Sonst geht der Bewertungsaufwand ins Unendliche. Wir haben uns für zwei oder drei ganz grundlegende Werte entschieden. Und für die Bewertung ganzer Mitarbeitergruppen.

– Kann man Humor bewerten?

– Vielleicht in zehn Jahren.

Ein Scherz. Oder? Ich bin mir nicht ganz sicher, traue mich aber auch nicht, nachzufragen.

– Jede Bewertung ist ja abhängig von ihrem Bewertungszweck. Uns geht es um die Frage, ob ein Unternehmen mit seinem Humankapital gut umgeht. Was es daraus macht, ob das professionell gesteuert wird.

Im Jahr 2008 veröffentlichen Scholz und Stein zusammen mit ihrer Mitarbeiterin Stefanie Müller eine Studie, in der sie das jeweilige Humankapital der 30 DAX-Unternehmen für das Jahr 2006 berechneten und miteinander verglichen. Weit vorn an der Spitze stand dabei die Softwarefirma SAP mit einem Pro-Kopf-Humankapital von 101 410 Euro. Weit abgeschlagen am Ende lag die Hypo Real Estate (HRE) mit einem Pro-Kopf-Humankapital von 6317 Euro. »Das Bewertungsergebnis«, schrieb Stein dazu in einem Kommentar, »spiegelt die jeweilige Personalstrategie wider, die originär den Umgang mit dem zu nutzenden Humanvermögen bestimmt.«

Ein Jahr später taumelte die HRE Richtung Abgrund, vor dem sie nur an die 100 Milliarden Euro Steuergelder und die anschließende Verstaatlichung retteten. Für die Forscher Scholz und Stein war das so was wie »Bingo«.

– Wir wußten schon vor der Finanzkrise, daß es bei dem Unternehmen eine Katastrophe geben würde, schon allein, weil die Werte für das Humankapital absolut verheerend waren. Das hat aber keinen interessiert. Nebenbei bemerkt: Wir haben bei denen nicht die Gehälter gemessen.

– Und wer ist der nächste Absturzkandidat?

Frage an die Propheten.

– Im Moment haben wir keine neue Studie. Wir wissen es nicht.

– Wie kann ich mein Humankapital steigern?

– Gesund bleiben und weiterbilden.

– Und wie könnte ich es berechnen? Vielleicht doch irgendwie mit Ihrer Formel?

– Das ist nicht vorgesehen. Punkt. Wir wollen keine konkrete Euro-Zahl pro Person.

Ich will aber eine konkrete Euro-Zahl für mich. Scholz sieht es mir an.

– Natürlich kann sich jeder seine relevanten Komponenten bewußt machen: Was ist mit meiner Wissensrelevanz? Was ist mit meiner Personalentwicklung? Auch wenn wir nicht wollen, daß jemand die Formel für individuelle Berechnungen nutzt, ist das natürlich möglich. Wir können Sie letztlich nicht daran hindern, Ihr Humankapital auszurechnen. Wenn man Zahlen foltert, gestehen sie alles.

Interessanter Gedanke von Stein. Ich bin aber nicht so für foltern. Vielleicht geht es ja auch mit rechnen. Also ich bin bereit. Scholz warnt mich.

– Aber jeder, der das bisher gemacht hat, war entsetzt. Da kommen keine astronomischen Werte raus, nicht unendlich, wie es die Ethiker gerne hätten. Wir bewerten ja Personen auch nur aus Sicht des Unternehmens. Es geht um die Bewertung der Nutzungsrechte an ihnen. Das heißt, ihr Wert ergibt sich daraus, was ihr Nutzwert für das Unternehmen ist. Das klingt martialisch. Aber so ist es.

Wow. Ich bedanke mich und trete den Rückzug an. Mir brummt der Schädel. Zu Hause greife ich erschöpft zu meiner Lieblingsentspannungsmethode, dem Sportteil meiner Tageszeitung. Diesmal klappt das aber nicht mit der meditativen Wirkung der Bundesligatabelle, weil ich mich mit meinem neuen Wissen einen Moment zu lange mit den Ablösesummen für Fußballprofis beschäftige. Denn die diskutierten Beträge sind ja schließlich auch »gängige und handelbare Bewertungen von Humankapital«, wie ich gleich in einem Fachbuch nachschlage. Dabei geht es nicht um das Recht am Spieler selbst, sondern um dessen Leistungskraft, die in Form einer Lizenz gehandelt wird. Die Ablösesummen sind also Investitionen in die Anschaffungskosten für das Humankapital eines Sportlers, mit dem wiederum Geld verdient werden soll. Aktueller Rekord sind die 93 Millionen Euro, die Real Madrid im Sommer 2009 für den Portugiesen Cristiano Ronaldo an Manchester United zahlte. Davon, das ahne ich jetzt schon, bin ich ein gutes Stück entfernt.

20. Die Probe aufs Exempel. Rechnungen mit der Saarbrücker Formel. Und die Frage, ob man Frauen und Kinder wirklich zuerst retten soll

Ein paar Tage später probiere ich es. Ich möchte meinen Wert mit der Saarbrücker Formel bestimmen. Doch die Formel überfordert – vorsichtig ausgedrückt – mein mathematisches Verständnis. Ich wende mich noch mal an Scholz und Stein. Trotz ihrer Bedenken gewähren sie mir Zugang zu einer Schulungssoftware »zur komplexitätsreduzierten Anwendung der Saarbrücker Formel«. Das finde ich großzügig.

Allerdings muß ich ein wenig tricksen, da die Formel, auf der die Software beruht, nun mal auf Belegschaften beziehungsweise Gruppen ausgelegt ist. Bei der Frage nach dem Namen des Unternehmens gebe ich meinen eigenen ein. Bei der Frage nach der Anzahl der Gruppenmitglieder »1«. Die umfangreiche Liste der einzelnen Berufe reicht von »Abgeordneter beziehungsweise Minister« bis zum »Zucker-, Süßwaren-, Speiseeishersteller«. Da es aber keinen »Journalisten« gibt, entscheide ich mich für »Publizist«. Dafür wird mir ein durchschnittliches Marktgehalt von 58.866,19 Euro zugeschrieben. Das ist etwa 20 Prozent mehr, als ich in der Regel verdiene. Nun gut, nehme ich.

Meine Wissensrelevanzzeit wird mit 13,00 Jahren festgelegt. So lange soll mein berufsspezifisches Wissen »ohne weitere Qualifizierungen voll wertschöpfungsrelevant« sein. Prima.

Dann behaupte ich, seit 15 Jahren – etwa so lange arbeite ich als Journalist – im Unternehmen tätig zu sein. Meine Wochenarbeitszeit schätze ich moderat auf 40 Stunden. Bei Ausbildungsniveau klicke ich »Abitur« an. Als die Frage nach »Personalentwicklungsmaßnahmen« auftaucht, muß ich überlegen. Schließlich empfinde ich mich in permanenter Weiterbildung. Könnte ich hier die Kosten für die vielen weiten und schönen Recherchereisen eintragen? Ich verzichte und begnüge mich mit 1000 Euro für verschiedene Sprachkurse. Schließlich geht es um mein *Commitment* (»Ausdruck, der die Bereitschaft der Mitarbeiter, sich für die gegenwärtige Aufgabe einzusetzen, beschreibt«) meinen *Context* (»Sammelbegriff für diverse Aspekte der Arbeits- und Führungssituation«) und die *Retention* (»Neigung der Mitarbeiter, sich längerfristig an das Unternehmen zu binden«). Bei allen dreien erlaube ich mir – als mein eigener Chef – die Höchstwerte einzutragen. Dann darf ich auf »Ergebnis« klicken, bekomme die Rechnung und staune. Meine »Wertbasis« liegt bei 57 353 Euro. Mein »Wertverlust« von 7647 Euro wird durch den Gewinn bei der »Personalentwicklung« von 6500 Euro zu einem großen Teil wettgemacht. Als außerordentlich rentabel erweisen sich die hohen Werte, die ich mir bei *Commitment*, *Context* und *Retention* zuerkannt habe, nämlich je 18 735,33 Euro.

All dies zusammengenommen ergibt 112 411 Euro. Das ist mein – mit zugegebenermaßen viel Spielerei – ermittelter *Humankapitalwert*. Ich bin beeindruckt. Für einen Moment. Dann kommt die Frage: Ist das nun viel oder wenig? Gut oder schlecht?

Ich gehe in der Software zurück, spiele mit den Werten, gebe mir einen Hochschulabschluß. Schon bin ich 190 530 Euro wert und denke: Ach hätte ich doch ... Ich mache aus mir einen Buchhändler mit Abitur – 90 983 Euro, einen Detektiv – 93 607 Euro, einen Maschinenschlosser – 71 669 Euro, einen »Hilfsarbeiter ohne nähere Tätigkeitsangabe« – 48 576 Euro und vieles, vieles mehr.

112 411 Euro. Was bedeutet das? Ich denke an Professor Scholz. Demnach wären diese ermittelten 112 411 Euro mein Nutzwert für das Unternehmen, und – da ich ja das Unternehmen selber bin – also für mich. Wenn ich mich also entlasse, die Nutzungsrechte an mir aufgebe, dann würde ich 112 411 Euro in den Wind schießen, sozusagen vernichten. Das wäre doch schade, oder? Außerdem kann ich mich ja auch gar nicht richtig entlassen. Das schöne Kapital würde dann nur brachliegen. Aber das klingt fast noch schlimmer. Andererseits

könnte ich natürlich auch versuchen, meinen Nutzwert zu mehren. Ich könnte mein Leben hinsichtlich möglicher Effizienzsteigerungen analysieren. Tolle Ratgeber dazu gibt es ja genug. Ich könnte prüfen und schauen, wo sich Gewinnpotentiale realisieren oder besser noch maximieren lassen. Das wäre konsequent. Ich als Aktie. Und noch konsequenter wäre es, dies nicht nur in meinen beruflichen, sondern auch in meinen privaten »Tätigkeitsfeldern« zu tun. Die Trennung wird doch ohnehin immer unschärfer. Wenn ich vor allem eine Ressource bin, dann sollte ich doch Persönlichkeitsentwicklung vor allem als Kapitalbildung begreifen. Ich muß das nur noch stärker verinnerlichen und mich natürlich auch immer neu bewerten. »Der *Homo oeconomicus*«, schreibt der Philosoph Michel Foucault, »ist ein Unternehmer, und zwar ein Unternehmer seiner selbst [...], der für sich selbst sein eigenes Kapital ist, sein eigener Produzent, seine eigene Einkommensquelle.«

Das muß aber nicht so sein. Ich muß meine geistige und seelische und körperliche Entwicklung nicht aus der Perspektive der Gewinnmaximierung betrachten oder gar planen. Ich muß keine Aktie sein. Das ist meine Entscheidung. Ich denke da an mein Gespräch mit dem Philosophen Volker Gerhardt über Kant. Wenn mich demnach ein Arbeitgeber als Produktionsfaktor betrachtet und meine Arbeitskraft, mein Arbeitspotential und somit letztlich auch mein Humankapital bewertet – ob nun nach einer Saarbrücker, einer Osnabrücker oder einer Hunsrücker Formel – dann muß das kein Angriff auf meine Würde sein. Es ist vielleicht unangenehm, aber es ist nicht unbedingt illegitim. Nach irgendeinem Kriterium muß ja mein Lohn, mein Einkommen, mein Honorar bemessen werden. Das zu leugnen, wäre wohl weltfremd. Wobei aber nicht zu leugnen ist, daß gesellschaftliche Systeme denkbar sind, in denen solche Bewertungen weniger dominant sind als in dem unseren. Aber das ist ein anderes – und auch recht großes – Thema.

Und man darf auch nicht vergessen, daß ein Arbeit- oder Auftragsnehmer unabhängig von der betriebswirtschaftlichen Bewertung mit Respekt behandelt werden muß, daß er eben jenseits seines Marktwertes seine Würde hat. Daß der Mensch also, um es nach Gerhardt mit Kant auszudrücken, nicht nur ein Mittel, sondern auch Zweck an sich ist, mit einem quasi unendlichen Wert. Und deshalb ist es dringend geboten, den Menschen davor zu schützen, daß er in der Arbeitswelt auf sein nacktes Humankapital reduziert wird. Da braucht es schon ein sozial austariertes Arbeitsrecht. Wo die reine Effizienzorientierung Verlierer schafft, müssen diese Menschen durch soziale Sicherungssysteme aufgefangen werden. Das ist ein Gebot der Solidarität und letztlich auch eine Frage des Umgangs mit der Würde des anderen.

Aber in diesem Zusammenhang fällt mir noch etwas ein: »Frauen und Kinder zuerst!« – das klassische Leitmotiv jeder Katastrophenrettung, zumindest in den Filmen, die ich kenne. Nach dem Humankapitalansatz wäre das die pure Verschwendung. Aber wie funktioniert das außerhalb der Filme, im echten Leben?

Ein Stichwort dazu stammt ursprünglich aus der Militärmedizin und lautet »Triage«, was aus dem Französischen kommt und soviel wie Sichtung, Einteilung oder auch Auswahl bedeutet. So steht die Triage für die Aufgabe, etwa bei einem Massenunfall so schnell wie möglich zu entscheiden, wer wie behandelt wird und wer im Zweifelsfall – das heißt bei zu knappen materiellen und/oder personellen Mitteln – eben keine Behandlung bekommt. Zur konkreten Auswahl gibt es verschiedene Handlungsmodelle, die es den Medizinern erlauben sollen, derart existentielle Entscheidungen innerhalb von Minuten zu fällen. Allgemein sollen möglichst viele Personen das Ereignis mit möglichst wenig Schaden überstehen. Zu aufwendige Maßnahmen sollen bei weniger schwer Geschädigten ebenso vermieden werden wie bei den vermeintlich »aussichtslosen« Fällen. Zumindest so lange, bis ausreichende Ressourcen zur Verfügung stehen.

Laut Auskunft eines zuständigen Mitarbeiters des Berliner Senats für den Katastrophenschutz gibt es darüber hinaus »selbstverständlich keine Vorgaben, bestimmte Bevölkerungsgruppen bei einem Schadensereignis bevorzugt zu retten«. Bei der Bekämpfung einer Pandemie sollen aber »medizinisches Personal, Feuerwehr und Polizei sowie Menschen mit chronischen Grunderkrankungen und Schwangere« zuerst geimpft werden. Bei der Schweinegrippe gehörte aber auch die Bundesregierung zum Kreis der Bevorzugten. Den Ministern stand wie allen wichtigen Beamten und Bundeswehrsoldaten sogar ein besonderer Impfstoff ohne umstrittene Hilfsstoffe zur Verfügung. Ich finde, das geht in Ordnung. Das ganze Kabinett, die gesamte deutsche Verwaltungselite im Schweinegrippenfieber – das muß nicht sein.

21. Wieder bei meinem Körper. Was er produziert. Und was man davon verkaufen kann

Der Wert der chemischen Substanzen meines Körpers, den mir die Apothekerin so nett ausgerechnet hat, läßt sich schwer realisieren. Genaugenommen ist es unmöglich, das in Geld umzusetzen, zumindest zu meinen Lebzeiten. Allerdings produziert mein Körper als lebender Organismus das eine oder andere, wofür es durchaus zahlungswillige Interessenten gibt.
Zum Beispiel meine Haare. Sie wachsen pro Monat etwa einen Zentimeter. Der gängige Marktpreis für ein Gramm Haare liegt bei einem Euro. Sie müssen jedoch eine Mindestlänge von etwa 30 Zentimetern haben, dann kann man sie zur Herstellung von Perücken verwenden. Nun ist es aber leider so, daß ich in einem Alter bin, in dem ich meine Haare selber brauche. Für eine Haarsträhne von Justin Bieber wurden im März 2011 allerdings mehr als 40 000 Euro gezahlt, während eine Locke von Elvis im Oktober umgerechnet nur 12 300 Euro einbrachte, was aber wohl eher in die Kategorie »Reliquie« fällt.
Eine andere durchaus gefragte Substanz ist Blut. In Deutschland gibt es gut eine Million Menschen, die jährlich insgesamt bis zu fünf Millionen Mal Blut spenden.
Sie tun das beim Roten Kreuz, einer staatlich-kommunalen Einrichtung oder einem privatwirtschaftlichen Unternehmen. In der Regel wird etwa ein halber Liter abgezapft. Der Körper braucht dann zwei Wochen, um die abgegebenen Blutzellen zu ersetzen. Für das Plasma-Eiweiß benötigt er nur zwei Tage, daher kann Plasma wesentlich häufiger abgegeben werden. Entsprechend dem Transfusionsgesetz ist es erlaubt, dem Spender eine Aufwandsentschädigung zu zahlen. Laut einer Empfehlung des Arbeitskreises Blut des Bundesministeriums für Gesundheit sollen es aber nicht mehr als 25 Euro pro Spende sein. Wer sich also auf die Plasmaabgabe konzentriert, kann zweimal in der Woche spenden und so im Monat bis zu

200 Euro kassieren. Das ist ein gerade bei Studenten beliebter Nebenverdienst, der jedoch durch jährliche Spendenobergrenzen limitiert wird.
Wer zum Deutschen Roten Kreuz (DRK) – mit 80 Prozent Marktanteil der größte Blutspendensammler – geht, bekommt allerdings keine Aufwandsentschädigung, kann sich dafür aber in einer Internetgalerie der »Lebensretter« selbst darstellen. Auf der anderen Seite verlangt das DRK von den Abnehmern des weiterverarbeiteten Blutes Geld. Jährlich werden dabei bis zu einer Milliarde Euro umgesetzt. Und auch wenn es sich beim Quasi-Monopolisten DRK satzungsgemäß um eine gemeinnützige GmbH handelt, bewegt er sich doch auf einem wirtschaftlich durchaus interessanten Markt, was auch schon den Argwohn des Kartellamtes erregte. Das betrachtet das DRK nämlich als ein normales Unternehmen und untersagte zum Beispiel 2006 die Übernahme zweier Blutspendedienste in Süddeutschland.
Für mich hat die Sache aber einen großen persönlichen Haken: Wenn ich Blut sehe, wird mir schwindelig. Und wenn es mein eigenes ist, dann lege ich mich lieber ganz schnell freiwillig hin, bevor es unfreiwillig passiert.
Rein theoretisch könnte ich auch versuchen, meine Gene zu versilbern. Es gibt eine ganze Reihe von Patenten auf menschliche Gene, die das möglich machen. Exemplarisch ist die Geschichte von John Moore, einem Geschäftsmann aus Seattle. Nach einer erfolgreichen Leukämiebehandlung in den siebziger Jahren wurde er jahrelang von seinen Ärzten zu Nachsorgeuntersuchungen gebeten, bei denen ihm Gewebe und Körperflüssigkeiten entnommen wurden. Aus diesem Material entwickelten die Ärzte eine Zelllinie, die sie patentieren ließen. Das besondere und wertvolle an Moores Zellen ist, daß sein Körper ein spezielles Enzym schnell und in großen Mengen produzieren kann, das für die Bekämpfung eines bestimmten Krebstypus entscheidend ist. Die Ärzte verkauften ihr Patent für einen Millionenbetrag an den Pharmakonzern Sandoz. Der Wert des Patents wurde später mit drei Milliarden

US-Dollar taxiert. Moore, den die Ärzte über die ganzen Vorgänge nicht informiert hatten, wurde mißtrauisch und zog vor Gericht. Seine Klage scheiterte, weil sich der Oberste Gerichtshof in Kalifornien nicht dazu durchringen konnte, Moore als ursprünglichen Eigentümer der Zellen anzuerkennen. Später einigte er sich mit Sandoz außergerichtlich auf eine Summe von angeblich etwa 300 000 US-Dollar.

Ich glaube auch, daß ich tolle Gene habe. Allerdings kenne ich sie nicht so genau, und daran möchte ich eigentlich auch nichts ändern, schon weil ich Überraschungen liebe. Und damit bin ich bei einer weiteren naheliegenden und potentiell verwertbaren Substanz, die ich regelmäßig produziere. Mein allerprivatestes Erzeugnis, in dem soviel von mir drinsteckt, wie nur irgend möglich: mein Sperma.

Sperma kann man spenden beziehungsweise verkaufen. In Berlin zum Beispiel bei der Berliner Samenbank. Dort rufe ich an und vereinbare einen Termin. Vorher gehe ich aber noch ins Internet. Zwar bin ich mit meinem Sperma in gewisser Weise vertraut. Mein konkretes Wissen ist allerdings ein wenig beschränkt.

Also: Ein männlicher Körper kann entlang seiner etwa 300 Meter langen Spermienkanäle am Tag bis zu 100 Millionen Spermien produzieren. Ein Ejakulat beziehungsweise Samenerguß von im Schnitt zwei bis sechs Millilitern besteht aber nur zu etwa zehn Prozent aus Spermien. Den Rest bezeichnet man als Seminalplasma. Laut den von der Weltgesundheitsorganisation WHO festgelegten Werten gelten etwa 20 Millionen Spermien pro Milliliter, von denen etwa die Hälfte lebendig ist, als normal. Noch lange nach dem Zweiten Weltkrieg war die Befruchtung mit gespendetem Sperma verboten. Der Deutsche Ärztetag akzeptierte die Behandlung erst 1970. 1986 beschloß der Deutsche Juristentag, daß die entsprechende künstliche Befruchtung »als solche nicht gegen die Menschenwürde verstößt« und ein weiteres Verbot weder mit dem Sittengesetz noch dem Grundgesetz begründet werden könne. Eine eindeutige gesetzliche Regelung fehlt jedoch bis heute.

22. 105 Euro für zwei private Milliliter. Ein Besuch bei der Samenbank

Die Berliner Samenbank liegt in der Kronenstraße in Mitte. Ich habe Probleme, den richtigen Eingang zu finden. Die Hinweisschilder sind wohl mit Rücksicht auf die Botschaft des muslimischen Sultanats Brunei auf derselben Etage nur sehr dezent angebracht. Schließlich stehe ich doch vor der richtigen Tür, klopfe, trete ein und treffe auf eine freundliche Frau, die mich ein wenig skeptisch anschaut. Auf ihrem Poloshirt steuern etwas oberhalb des Herzens ein paar stilisierte Spermien auf direktem Weg eine stilisierte Eizelle an.
Kurze Begrüßung. Ich bekomme ein rosafarbenes Informationsblatt und einen Fragebogen. Der behandelnde Arzt, so lese ich, unterliegt der Schweigepflicht. Allerdings hat das potentielle, mit meinem Sperma gezeugte Kind das Recht, die Wahrheit über seine Abstammung zu erfahren. Da nützt auch das »Anonymitätsbegehren des Samenspenders« nichts. Es könnte auch sein, daß mein Samenkind Teile meines Erbes beansprucht. Es läßt sich auch nicht ganz ausschließen, daß da mal Unterhaltsansprüche auf mich zukommen. Während in Deutschland Anfang 2011 ein gutgläubiger Spender knapp von einer entsprechenden Klage verschont blieb, erwischte es in Schweden und England schon Männer, die jeweils einem lesbischen Paar aus Gefälligkeit Sperma überlassen hatten.
Anderseits verzichte ich auf alle möglichen Forderungen an die Empfängerin meiner Samenspende, an ihren Ehemann sowie an das mit meinem Sperma gezeugte Kind. Auch ob es so ein Kind überhaupt gibt, das heißt, ob die Weitergabe meines Samens den erhofften Erfolg gebracht hat, werde ich im Normalfall nicht erfahren. Für »eine Samenprobe optimaler Qualität« muß »der letzte Samenerguß mindestens drei Tage, aber auch nicht mehr als sechs Tage zurückliegen«. Ich soll mindestens alle zwei Wochen und ein halbes Jahr lang spenden. Ich denke, das wäre machbar. Dann möchten sie wissen, wie es

um meine Bildung und Hobbys steht und zu welcher Ethnie ich gehöre. Ein Foto wollen sie auch noch. Zusätzlich noch in einer anderen Einrichtung spenden darf ich übrigens nicht.

– Warum nicht?

– Na ja. Es gibt keine zentrale Spendererfassung. Und mehr als 15 Kinder sollten pro Spender auch nicht gezeugt werden. Sonst verliert man ja irgendwann den Überblick.

Für eine kleine Schrecksekunde habe ich eine beklemmende Vision: Ich stehe allein auf einer Wiese, 15 sabbernde Zwerge, die »Papa, Papa« rufen, rennen, krabbeln und stolpern auf mich zu, dahinter die Eltern – und ich kann nicht weg. In den USA gibt es laut Medienberichten einen anonymen Rekord-Samenspender mit der Nummer 401. Es soll sich um einen blonden, blauäugigen Akademiker mit deutschen Wurzeln handeln, dessen Sperma bisher mindestens 25mal bei insgesamt 18 Frauen erfolgreich eingesetzt wurde. Sein Nachwuchs trifft sich regelmäßig, auch in Fernsehsendungen. Die meist blonden Kinder sollen sich ausgesprochen ähnlich sehen. Da einige Mütter eingefrorenen Samen von »401« lagern, ist mit weiterem Nachwuchs zu rechnen.

Zu lange sollte man für eine Spende nicht brauchen, sagt die Frau noch. »Wenn einer eine Stunde benötigt, dann ist das auch nicht so gut. Soviel Anstrengung, das macht keinen Sinn.« Und dann – endlich – geht es ums Geld. Pro Spermabecher bekomme ich 105 Euro. Mir fällt da ein Zuchthengst in den USA ein, der für jede »Spende« angeblich weit über 500 000 Dollar bekommt, aber das ist vielleicht der falsche Vergleich. Bei der Berliner Samenbank würde ich für jede Spende die erste Rate von 35 Euro innerhalb eines Monats bekommen, den Rest dann nach diversen Kontrolluntersuchungen nach einem guten halben Jahr. Stellt sich aber schon bei einem ersten kurzen Qualitätstest heraus, daß meine Spermien zum Beispiel zu unbeweglich sind, gehe ich mit lediglich 25 Euro nach Hause. Ich gehe mal davon aus, daß alles was taugt und ich entspannt zweimal die Woche Sperma spende. Das macht dann 210 Euro in der Woche, 840 Euro im Monat,

und 10 920 Euro für die 52 Wochen eines Jahres. Nebenbei. Für – Anfahrt abgerechnet – eine halbe Stunde Arbeit. Obwohl »Arbeit«? Na ja. Jetzt mal keine Witze. Immerhin liefere ich nicht irgend was, sondern das, was ich bin, beziehungsweise eine Art »Bauplan«. So gesehen kommt mir die Summe eher wenig vor. Aber was wäre in diesem Fall viel beziehungsweise angemessen oder gar »fair«? Die Frau kontrolliert derweil meinen ausgefüllten Fragebogen.
– Sie kommen nicht in Frage.
– Was?
– Sie dürfen nicht spenden.
– Warum?
– Sie sind zu alt.
– Ich bin 46!
– Ja, genau. Das ist zu alt.
Am Telefon hatte ich mich noch vor einer Antwort auf die Frage nach meinem Alter drücken können. Ich versuche zu erklären, daß ich mich mit 46 durchaus noch potent fühle, mir kommt gar was von »der Blüte des Lebens« in den Sinn. Hat aber keinen Zweck. Sie ist unerbittlich.
– Sie dürfen nicht jünger als 20 und nicht älter als 38 Jahre sein.
– Aber wieso?
Mein letzter Versuch. Sie schaut mitleidig.
– Das fragen sie besser Dr. Peet.
Ich nehme den Aufzug nach oben, setze mich in den großzügigen Empfangsraum der PraxisKlinik für Fertilität, der auch die Berliner Samenbank angeschlossen ist, und warte auf David Peet, einen der beiden geschäftsführenden Ärzte.
In Deutschland sind zehn bis 15 Prozent aller Paare ungewollt kinderlos. Die Klinik scheint gut zu laufen. Breite Ledersessel im Wartezimmer, Deckenvenilator, heller Parkettboden, mittelmäßige Kunst an den Wänden. Aus den eingelassenen Deckenlautsprechern rieselt musikalisches Junkfood. Die paar Topfpflanzen wirken nur bedingt fruchtbar. Auf einer Glastür, hinter der ein Flur mit mehreren Zimmertüren liegt, steht

IVF-Trakt. IVF steht für »In-vitro-Fertilisation«. Das ist Lateinisch und bedeutet soviel wie »Befruchtung im Glas«. Genau in einem solchen werden Eizellen mit ausgesucht schnellen und mobilen Spermien zusammengebracht. Kommt es zu einer erfolgreichen Vereinigung, wird die befruchtete Eizelle anschließend im Brutschrank kultiviert und auf ihre Qualität überprüft. Wenige Tage später werden maximal drei Embryonen in den Uterus der Frau transferiert. Die restlichen können in flüssigem Stickstoff tiefgefroren und jahrzehntelang gelagert werden. In Deutschland ist das aber nur in Ausnahmefällen erlaubt. 14 Tage nach der Befruchtung kann ein Schwangerschaftstest gemacht werden. Sollten, etwa wegen einer Hormontherapie, mehr als drei Embryonen im Mutterbauch heranwachsen, gibt es die Alternative des Fetozids, das heißt überzählige Föten werden mit einem Nadelstich ins Herz abgetötet.

Das erste sogenannte Retortenbaby der Welt war die am 25. Juli 1978 in Manchester geborene Louise Brown. Louises Eltern gelang es, das sensationelle Ereignis erfolgreich zu vermarkten, indem sie einen Exklusivvertrag mit einem Londoner Boulevardblatt abschlossen, der sie um eine halbe Million Pfund reicher machte. Das erste deutsche Retortenbaby kam im April 1982 in Erlangen zur Welt. Etwa 40 000 Frauen bemühen sich hierzulande jährlich um Nachwuchs aus dem Reagenzglas. Weltweit wurden so bisher schätzungsweise 1,5 Millionen Kinder gezeugt.

Die gängigste Methode zur künstlichen Befruchtung ist aber die bereits 1884 erstmals vollzogene Insemination. Der männliche Samen wird in diesem mittlerweile als Low-Tech angesehenen Verfahren direkt in den Genitalbereich der Frau – meist nach einer hormonellen Stimulation – übertragen.

Insgesamt liegt die Wahrscheinlichkeit, nach künstlicher Befruchtung ein Kind auszutragen, bei 20 bis 40 Prozent. Über 100 000 Kinder sind in Deutschland bereits auf diesem Wege entstanden.

– Natürlich ist Ihr Samen noch was wert!

David Peet beruhigt mich. Der Arzt ist ein sehr sportlich wirkender Endvierziger mit einem Teint, der wohl vom Golf- oder zumindest Tennisplatz stammt. Sein Büro ist groß und sehr aufgeräumt. An den Wänden hängen Diplome aus den USA.

– Aber mit dem Alter steigt das Risiko genetischer Erkrankungen. Irgendwo müssen wir eine Grenze ziehen.

Ich nicke, will auch gar nicht mehr darüber reden. Ein bißchen Stolz habe ich ja auch noch. Ich hätte aber ein paar Fragen zum Geschäft.

– Wenn ich bei Ihnen Samen kaufe, was erfahre ich dann über den dazugehörigen Spender?

– Blutgruppe, Haarfarbe, Augenfarbe, Größe, Gewicht, Statur, ethnische Herkunft, Hobbys und Beruf. Dazu die Fotos. Damit können wir erst mal eine Vorauswahl erstellen, so daß das Kind vom Aussehen her tatsächlich von dem neuen Vater stammen könnte. Die Kunden können dann noch entscheiden, ob es ein fußballspielender Handwerker oder ein klavierspielender Architekt sein soll.

Ich bin beeindruckt.

– Schon mal Reklamationen bekommen?

Peet schüttelt wieder den Kopf, lehnt sich zurück.

– Nee. In der Regel heißt es: »Ganz der Vati!«

Im Internet gibt es Onlinekataloge meist dänischer oder US-amerikanischer Samenbanken mit detaillierten Informationen zum Spender. In Deutschland ist das nicht gestattet. Peet stört das nicht.

– Bei den Webseiten in den USA muß man sich ja schon wundern, wie viele blendend aussehende, hochgebildete, musisch begabte Akademiker sich da in den Katalogen tummeln. Ich kann mir nur schwer vorstellen, daß all das verkaufte Sperma wirklich von diesen Spendern stammt.

Zur Befruchtung brauchen die Spermien Eizellen. Auch die kann man kaufen. Aber nicht in Deutschland. Hier – ebenso in Österreich und der Schweiz – ist das Spenden von Eizellen sowie die Leihmutterschaft, das Einsetzen der befruchteten Eizelle in den Körper einer anderen Frau, verboten. Begründet wird das Verbot vor allem mit ethischen Bedenken gegen die unnatürliche Aufspaltung der Mutterschaft in eine genetische, biologische und soziale. Darüber hinaus wird auf die medizinischen Risiken für die Spenderinnen verwiesen. Denn die Gewinnung von Eizellen ist ein komplizierter Prozeß »mit hoher Eingriffstiefe«. Durch medikamentöse Behandlung wird die Reifung der Eizellen im Körper der Spenderin stimuliert, wobei es zu lebensgefährlichen Nebenwirkungen kommen kann, zumal die verabreichten Präparate im Verdacht stehen, krebserregend zu sein. Dazu kommen die mögliche Infektionsgefahr bei der Punktion der Eizellen sowie das grundsätzliche Risiko bei der Narkose.

In vielen anderen Ländern, etwa den USA, Spanien, Zypern, Großbritannien, Südafrika, der Ukraine oder Rußland, gibt es keine oder nur geringe gesetzliche Beschränkungen. Die Folge ist ein reger unkontrollierter »IVF-Tourismus« innerhalb Europas oder in der ganzen Welt. Informationen und Tips liefern diverse Webseiten wie www.eizellspende.de. Im Jahr 2006 sollen weit über 400 Kinder deutscher Paare infolge einer im Ausland erfolgten Eizellspende geboren worden sein. Die älteste Mutter war dabei bisher eine 64jährige Frau aus Aschaffenburg. Das schwer überschaubare Geschäft blüht. Allein in den USA werden damit jährlich angeblich drei Milliarden Dollar umgesetzt.

Das Ethikkomitee der Amerikanischen Gesellschaft für Reproduktionsmedizin sieht in »Aufwandsentschädigungen« unter 5000 US-Dollar für eine Eizellspende kein Problem, zwischen 5000 und 10000 Dollar wird eine Rechtfertigung der Summe erwartet, und über 10000 Dollar wird es dann ganz offiziell »unethisch«. Zeitungen berichten allerdings von Preisen bis zu 100000 Dollar, wenn es sich um Spenderinnen von Elite-Universitäten handelt, wo der Aufruf zur Eizellspende mehr oder minder zum Alltag gehört. Ganz offiziell gibt es sogenannte »Egg Agencies« beziehungsweise »Egg Broker«, die ihre Ware mit Fotos und detaillierten Informationen über die Spenderinnen anbieten.

In Osteuropa ist so gut wie alles billiger, auch eine Eizelle. Publik wurde vor wenigen Jahren das Geschäftsgebaren der GlobalArt Klinik in der rumänischen Hauptstadt Bukarest. Die Spenderinnen erhielten 250 Dollar, während ihre Eizellen für 8000 Dollar weiterverkauft wurden. Spermien englischer Männer wurden sogar extra eingeflogen, die befruchteten Eizellen dann nach England zurücktransportiert und den Partnerinnen der jeweiligen Männer – mit Wissen der britischen Human Fertilisation and Embryology Authority – eingepflanzt. Rumänische Spenderinnen, bei denen medizinische Komplikationen auftraten, wurden nicht behandelt.
Peet ist auf jeden Fall für die Legalisierung der Eizellspende in Deutschland.
– Dann müssen die vielen deutschen Frauen nicht ins Ausland reisen, um sich ihren Kinderwunsch zu erfüllen, und sie müssen auch nicht eine Vielzahl von Versuchen mit der IVF-Methode über sich ergehen lassen, bei denen man im Grunde genommen schon vorher weiß, das sie nicht viel bringen werden.
Peet könnte dann natürlich seine Angebotspalette erweitern.
– Wie kommen Sie auf die Summe von 105 Euro, die Sie für eine Spende zahlen?
– Wir gucken, was andere zahlen, wie hoch unsere Ausgaben und unsere Einnahmen sind. Wir sind ja ein Wirtschaftsunternehmen. So kommen wir auf 105 Euro. Wir können beliebten Spendern, also Spendern, deren Samen stärker nachgefragt wird, nicht einfach 500 Euro zahlen, das wäre ökonomisch zur Zeit nicht darstellbar. Obwohl wir schon mal überlegt haben, gebildetere Spender besser zu bezahlen.
1935 sprach sich der amerikanische Genetiker und Nobelpreisträger Hermann Joseph Muller für die Gründung einer Samenbank aus, deren Spender ausschließlich Nobelpreisträger sein sollten. Drei Jahre zuvor hatte Aldous Huxley seinen Roman *Brave New World* veröffentlicht, in dessen düsterer Vision für die Zukunft der Menschheit Fertilisierungskliniken, Ei- und Samenbanken sowie die Klonforschung eine entscheidende Rolle spielen.

1980 gründete der US-amerikanische Geschäftsmann und Eugeniker Robert Klark Graham dann tatsächlich eine Samenbank für Nobelpreisträger. Da aber nur drei von denen mitmachen wollten und deren Samenqualität aufgrund des Alters wohl nur sehr bedingt ausreichend war, wurden die Kriterien später etwas gelockert. Bedingung war aber nach wie vor ein besonders hoher Intelligenzquotient. Später reichten auch außergewöhnliche athletische Fähigkeiten. Die Bank wurde 1999, zwei Jahre nach dem Tod Grahams, geschlossen. 218 Kinder sollen mit ihrer Unterstützung gezeugt worden sein.
In vielen Bundesstaaten der USA, aber auch in vielen europäischen Ländern wie etwa in England ist es mit Hilfe der Präimplantationsdiagnostik mittlerweile erlaubt, außerhalb des Körpers befruchtete Embryonen genetisch zu klassifizieren, bevor sie in die Gebärmutter eingepflanzt werden. Dabei wird auf Wunsch eine Auswahl nach Geschlecht beziehungsweise Haar- und Augenfarbe getroffen, aber auch das Risiko einer eventuell später auftretenden genetisch bedingten Erkrankung geprüft. In Deutschland ist das Verfahren, das von Kritikern als »künstliche Selektion« bezeichnet wird, zur Zeit noch verboten.

– Wir könnten für das Sperma die Hälfte zahlen. Dann hätten wir weniger Spender. Wir könnten mehr zahlen, aber dann ginge es uns ökonomisch schlechter.
– Gibt es mehr Spender, wenn sich die Wirtschaft in einer Talsohle befindet?

In einer Zeitungsmeldung habe ich gelesen, daß es in den USA in Krisenzeiten eine deutlich wachsende Zahl von Menschen gibt, die bereit sind, ihr Blut, ihr Sperma, ihre Eizellen oder ihre Haare zu verkaufen. Peet schüttelt den Kopf.

– Nee, kann aber noch kommen
– Was muß jemand bezahlen, der eine Befruchtung mit dem Sperma ihrer Bank will?
– Eine Frau im fruchtbaren Alter hat eine Schwangerschaftsrate von 15 bis 17 Prozent. Da ist meist eine ganze Reihe von Inseminationen nötig. Und es kann auch Fehlgeburten

geben. Wir berechnen bei der ersten Behandlung einen Pauschalbetrag von etwa 2500 Euro. Da sind die Festkosten schon mal drin. Das macht aber jede Samenbank anders. Der Betrag schließt im Prinzip bis zu zehn Inseminationen ein, was in den meisten Fällen reicht. Dazu kommen bei jedem Zyklus noch einige Extrakosten: Ultraschall, Medikamente, der Samen. Das sind dann jeweils etwa 400 Euro. Je früher es zur Schwangerschaft kommt, desto besser. Alle haben dann gespart.

Noch auf dem Heimweg kalkuliere ich eine Art Richtpreis für eine künstliche Befruchtung mit Fremdsamen und komme auf etwa 6000 Euro. Das kann aber von Frau zu Frau, von Klinik zu Klinik stark variieren. Trotzdem, ich halte fest: 6000 Euro für einen Zellhaufen, einen Embryo, ein Kind, ein nacktes Leben wie meines.

Allerdings ist es damit noch nicht getan. So ein Kind will ja auch versorgt werden. 2003 veröffentlichte das Statistische Bundesamt, daß eine deutsche Durchschnittsfamilie Monat für Monat 549 Euro pro Kind ausgibt. Bis zum 18. Lebensjahr kommen demnach an die 120 000 Euro zusammen.

23. Bald bin ich kein »Bringer« mehr. Bernd Raffelhüschen im Dienst der (sozialen) Marktwirtschaft

Ein großer Tisch, ein knappes Dutzend Journalisten und eine Power-Point-Präsentation im Literarischen Salon des Restaurant Tucher am Brandenburger Tor. Ich sitze mit am Tisch, weil ich etwas über meinen Wert aus staatlicher, genauer: steuerlicher Perspektive erfahren möchte. Der Freiburger Professor Bernd Raffelhüschen und sein Mitarbeiter Stefan Moog stellen das »Update« ihrer »Generationsbilanz« vor. Auf der Leinwand ist eine Bevölkerungspyramide zu sehen. Die Alten werden immer mehr. Die Jungen immer weniger. Mittendrin ich beziehungsweise meine Generation. Irgendwann, das läßt sich schwer leugnen, werde auch ich alt sein. Die Töchter zu Hause finden sogar, daß es jetzt schon soweit ist. Nun ja. Hier und jetzt geht es vor allem ums Geld. Raffelhüschen hat neue Zahlen mitgebracht.

Der 1957 geborene Volkswirtschaftler leitet das Forschungszentrum Generationenverträge in Freiburg. Er ist gut gebräunt, sein lockiges Haar etwas länger als in der Branche üblich. Wenn er seinem Kollegen den Vortritt läßt, spricht er vom »ersten und zweiten Aufschlag«. Die Sprache des Tennisplatzes paßt. Raffelhüschen ist ein forscher, um Lockerheit und Witz bemühter Serve-and-Volley-Typ, der aber wohl auch längeren Duellen an der Grundlinie nicht ausweichen würde. Untertitel der Veranstaltung: »Konjunkturelles Mißmanagement der Politik verschärft Nachhaltigkeitsproblem«. Im Auftrag der Stiftung Marktwirtschaft, einer wirtschaftsliberal orientierten »Denkfabrik«, liefert Raffelhüschen einen »fiskalischen Jahresrückblick«. Er kommt zu dem nicht ganz überraschenden Ergebnis, daß die Bundesregierung hinsichtlich ihrer Einnahmen viel zuviel Geld ausgibt. Insbesondere kritisiert er zu hohe Hartz-IV-Sätze und zu großzügige Renten. Die Gesamtverschuldung beziffert er auf sechs Billionen Euro (eine Zahl mit zwölf Nullen).

All das ist interessant und erschreckend. Um Raffelhüschens Kritik einordnen zu können, sollte man jedoch auch wissen, daß der Professor zahlreichen Nebentätigkeiten in der privaten Versicherungswirtschaft nachgeht und außerdem auch noch für die Initiative Neue Soziale Marktwirtschaft (INSM) tätig ist. Die im Jahr 2000 gegründete Organisation wird von ihrem Gründer, dem Arbeitgeberverband Gesamtmetall, sowie anderen Wirtschaftsverbänden und Unternehmen unterstützt, um, wie die *Frankfurter Rundschau* schrieb, »die frohe Botschaft des Neoliberalismus unters Volk zu bringen«.
Mit einer bisweilen dubiosen Öffentlichkeitsarbeit, zu der auch schon die verdeckte und bezahlte Einflußnahme auf die Drehbücher von Daily-Soaps gehörte, will sie die deutsche Gesellschaft von »marktwirtschaftlichen Reformen« überzeugen. Laut der linksliberalen *FR* geht es dabei darum, »den Staat von lästigen Aufgaben wie etwa Bankenregulierung zu entbinden, Steuern für ›Leistungsträger‹ zu senken und Arbeitslosen die Hängematte unterm Hintern wegzuziehen«. Den von der INSM kreierten Slogan »Sozial ist, was Arbeit schafft« machten sich auch schon CDU, CSU und FDP zu eigen.
Ich erhoffe mir von Raffelhüschen jedoch ein paar andere Auskünfte. Raffelhüschen hat in seiner Generationsbilanz die steuerlichen Einnahme-Ausgabe-Rechnungen für Bundesbürger verschiedener Altersstufen exakt bilanziert. In einer Zeitung las ich dazu den Satz »Den Höhepunkt seines volkswirtschaftlichen Werts erreicht der Mensch mit etwa 45 Jahren.« – das ist fast genau mein Alter.
Ich warte das Ende der Veranstaltung ab. Auf dem Tisch steht noch ein Imbiß. Raffelhüschen stärkt sich. Ich darf trotzdem schon mal fragen und hoffe auf Bestätigung. Ich will wissen, ob ein Mann in meinem Alter tatsächlich den höchsten Wert hat. Obwohl, ich sollte wohl jetzt mal besser fragen, *für wen* ich diesen Wert habe. Also:
– Hat ein Mann in meinem Alter für den Staat den höchsten Wert?
– Das hängt selbstverständlich von unserem Bewertungssystem ab.

Er macht es spannend.

– Was ich dazu sagen kann, ist, daß Männer in diesem Alter durchschnittlich die höchsten Nettosteuerzahlungen entrichten. In dieser Lebensphase profitieren Staat und Gemeinschaft also in besonderem Maße.

Danke.

– Wir kalkulieren ja aus der Sicht des Fiskus. Wie sind die Nettozahlungsströme zum Staat und vom Staat? Wir verrechnen die Zahlungen einer Altersgruppe, also vor allem die Steuern und Sozialbeiträge, mit den staatlichen Leistungen, also Rentenzahlungen, Gesundheits- und Pflegeleistungen, Kindergeld, Sozialhilfe, Arbeitslosengeld etc.

Es geht um Durchschnittswerte. Und da in meiner Generation die meisten mehr an den Staat zahlen, als sie bekommen, liegen wir insgesamt im Plus. Raffelhüschen beißt in ein Sandwich, schaut auf die Tabelle »Nettosteuerzahlung in Euro«. Die Zahlen beziehen sich auf das Jahr 2008. Da ergibt die Rechnung für einen 45jährigen Mann ein Plus von 19 381 Euro. Das ist also in etwa meine Zahlungsbilanz gegenüber dem Staat, oder besser die durchschnittliche Bilanz meiner Altersgruppe. Im Vergleich mit den anderen Altersgruppen ist das tatsächlich der höchste Wert. Ein männlicher Säugling kostet den Staat im Jahr zum Beispiel 9565 Euro, ein 80jähriger 20 187 Euro.

– Bei Ihrem Generationenkonto sieht das schon ganz anders aus. Da messen wir sozusagen statistisch für jeden Jahrgang, was er bis zu seinem Lebensende noch an den Staat zahlt und was er noch von ihm kriegt.

Ich ahne Böses. Er greift zur Tabelle »Generationenkonto in Euro«. Bei den 45jährigen Männern gibt es da ein Plus von 17 680 Euro.

– Also »netto« sind Sie jemand, der sich jetzt, auf Ihre Restlebenszeit bezogen, gerade noch im Plus befindet.

Also knapp im grünen Bereich. Noch. Bei den 50jährigen gibt es bereits ein Minus von 82 772 Euro.

– Wir rechnen ja immer rein statistisch aus fiskalischer Sicht vom »Jetzt« bis zu Ihrem Tod.

Das heißt, mit mir geht es abwärts. Zumindest aus »fiskalischer Sicht«. Bald bin ich im roten Bereich, kein »Bringer« mehr sondern ein »Nehmer«. Schicksal des Alterns, trotzdem denke ich: »Verdammte Zahlen«. Raffelhüschen bemerkt meine Irritation.

– Darin steckt aber kein Werturteil.

Ein schwacher Trost.

– Aber rein statistisch wird ein Mann in der Generationenbilanz zwischen 45 und 50 vom Geber zum Nehmer. Da liegt der Break-Even-Punkt, an dem es kippt. Man zahlt zwar noch ein, aber bei einer durchschnittlichen Lebenserwartung wird man unterm Strich zum Leistungsempfänger.

– Und wer sind die größten Bringer?

– Männer mit 25 – plus 237 429 Euro.

Gut, wer 25 ist, hat die teuren Bildungszeiten schon hinter sich und kann noch lange Steuern zahlen, bis er eine Rente kassiert. Aber Mitte Zwanzig ist bei mir leider schon 20 Jahre her.

– Und die größten Nehmer?

– Männer mit 60 – minus 268 135 Euro. Weil sie im Durchschnitt kaum noch was zahlen, aber eine Rente bekommen.

– Sind Rentner dann weniger wert?

– Nein, auf keinen Fall.

Die Frage gefällt ihm nicht. Gleich wird er sauer.

– Ein Generationenkonto erlaubt keine Rückschlüsse oder gar ein Urteil über den Wert einer Altersgruppe im Vergleich zu einer anderen. Eine solche Wertung muß allein schon deshalb unterbleiben, weil ich ja bei einer solchen Wertung im Grunde genommen vergesse, daß es eine Vergangenheit gab.

Er guckt streng. Trotzdem verstehe ich nicht, warum die Altersgruppen so detailiert aufgeschlüsselt und verglichen werden.

– Es ist lediglich eine Statistik, ein Meßkonzept. Das hat mit Werturteilen überhaupt nichts zu tun. »Wert« können wir statistisch nicht messen. Bei den Frauen ist die Bilanz zum Beispiel schlechter, weil sie aufgrund der Erwerbsstrukturen weniger Steuern zahlen. Und wenn ein Rentner eine Rente kriegt, liegt das ja da dran, daß er als Erwerbstätiger eingezahlt hat.

Und wenn nicht? Was ist mit denen, die nicht oder nicht lange genug erwerbstätig waren? Raffelhüschen ist schon weiter im Thema.

– Wenn man bei der Generationenbilanz einen »Wert des Lebens« induzieren würde, könnten Sie ja sagen, daß ein Rentner, der bei einem Verkehrsunfall stirbt, ein Gewinn für die Gesellschaft ist. Und das Todesopfer, das als Erwerbstätiger stirbt, ist ein Verlust. Und das ist selbstverständlich absurd.

Sagt Raffelhüschen, und ich muß an eine passende Geschichte aus Tschechien denken. Dort erschrak im Jahr 2000 der Zigarettenhersteller Phillip Morris, als publik wurde, daß die tschechische Regierung, besorgt um die Gesundheit ihrer Bevölkerung, eine Erhöhung der Tabaksteuer plante. Daraufhin erstellten die Zigarettendreher, die in dem Land gute Geschäfte machten, eine Kosten-Nutzen-Analyse, die zeigen sollte, daß der tschechische Staatshaushalt volkswirtschaftlich von den Rauchern profitiert. Den lebenden und den toten Rauchern, wohlgemerkt.

Wie das?

Phillip Morris gab zwar zu, daß Raucher, zumindest die lebenden, höhere Gesundheitsausgaben verursachen. Weil sie aber früher sterben als Nichtraucher, spart sich die Regierung wiederum einiges an medizinischen Kosten, Pensionen und Ausgaben für Altenheime etc. Insgesamt lag das Plus in der Phillip-Morris-Rechnung bei 147 Millionen Dollar bezogen auf das Jahr 1999.

Daß diese Studie öffentlich wurde, war für den Konzern dann doch etwas peinlich. Zumal die amerikanische Krebsgesellschaft auch noch mal den Taschenrechner in die Hand nahm und auf der Basis der Studie die Summe von 1227 Dollar er

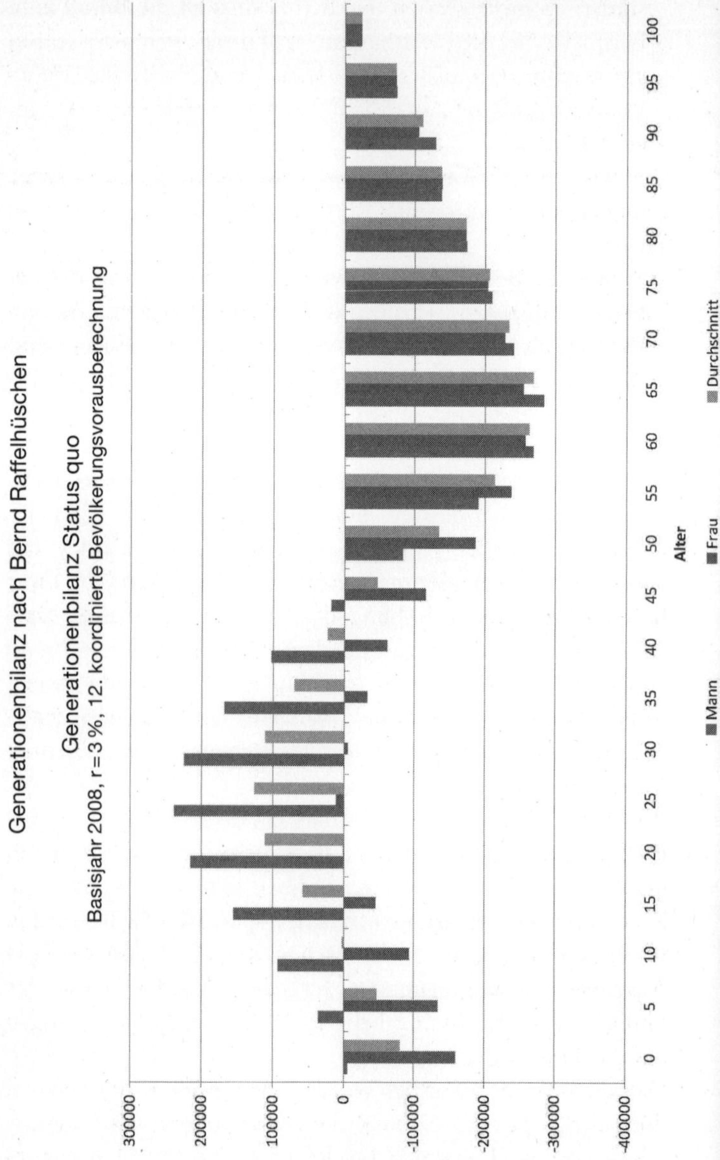
Generationenbilanz nach Bernd Raffelhüschen
Generationenbilanz Status quo
Basisjahr 2008, r = 3 %, 12. koordinierte Bevölkerungsvorausberechnung
Generationenkonto in Euro
300000
200000
100000
0
-100000
-200000
-300000
-400000
0
5
10
15
20
25
30
35
40
45
50
55
60
65
70
75
80
85
90
95
100
Alter
Mann
Frau
Durchschnitt

statistisch nicht messen. Bei den Frauen ist die Bilanz zum Beispiel schlechter, weil sie aufgrund der Erwerbsstrukturen weniger Steuern zahlen. Und wenn ein Rentner eine Rente kriegt, liegt das ja da dran, daß er als Erwerbstätiger eingezahlt hat.

Und wenn nicht? Was ist mit denen, die nicht oder nicht lange genug erwerbstätig waren? Raffelhüschen ist schon weiter im Thema.

– Wenn man bei der Generationenbilanz einen »Wert des Lebens« induzieren würde, könnten Sie ja sagen, daß ein Rentner, der bei einem Verkehrsunfall stirbt, ein Gewinn für die Gesellschaft ist. Und das Todesopfer, das als Erwerbstätiger stirbt, ist ein Verlust. Und das ist selbstverständlich absurd.

Sagt Raffelhüschen, und ich muß an eine passende Geschichte aus Tschechien denken. Dort erschrak im Jahr 2000 der Zigarettenhersteller Phillip Morris, als publik wurde, daß die tschechische Regierung, besorgt um die Gesundheit ihrer Bevölkerung, eine Erhöhung der Tabaksteuer plante. Daraufhin erstellten die Zigarettendreher, die in dem Land gute Geschäfte machten, eine Kosten-Nutzen-Analyse, die zeigen sollte, daß der tschechische Staatshaushalt volkswirtschaftlich von den Rauchern profitiert. Den lebenden und den toten Rauchern, wohlgemerkt.

Wie das?

Phillip Morris gab zwar zu, daß Raucher, zumindest die lebenden, höhere Gesundheitsausgaben verursachen. Weil sie aber früher sterben als Nichtraucher, spart sich die Regierung wiederum einiges an medizinischen Kosten, Pensionen und Ausgaben für Altenheime etc. Insgesamt lag das Plus in der Phillip-Morris-Rechnung bei 147 Millionen Dollar bezogen auf das Jahr 1999.

Daß diese Studie öffentlich wurde, war für den Konzern dann doch etwas peinlich. Zumal die amerikanische Krebsgesellschaft auch noch mal den Taschenrechner in die Hand nahm und auf der Basis der Studie die Summe von 1227 Dollar ermittelte, die der Staat an jedem Rauchertoten durchschnittlich sparen würde.

Demnach, kommentierte eine aufgebrachte tschechische Ärztin, sollte die Regierung wohl am besten jeden, der das Rentenalter erreicht, gleich töten.

Von dem Zynismus, den man solchen Rechenoperationen unterstellen mag, ließ sich aber das niederländische Gesundheitsministerium nicht abschrecken. Es gab vielmehr bei Pieter H. M. van Baal vom Staatlichen Institut für öffentliche Gesundheit und Umwelt eine ähnliche Studie in Auftrag, die 2008 in *Bild der Wissenschaft* veröffentlicht wurde. Auch dieser Untersuchung zufolge sind gesundheitsbewußte Menschen für ein Gesundheitssystem teurer als etwa Raucher oder Übergewichtige. Die verursachen nämlich in ihrem Leben Gesundheitskosten von 250 000 Euro bzw. 220 000 Euro, während für einen schlanken Nichtraucher im Schnitt 281 000 Euro aufgebracht werden müssen. Er oder sie lebt einfach zu lang. Volkswirtschaftliche Kosten aufgrund krankheitsbedingter Arbeitsausfälle wurden in der Studie allerdings nicht berücksichtigt.

Raffelhüschen möchte das Gespräch beenden. Er hat noch weitere Termine und ich noch eine letzte Frage.

– Wie ist es mit der Gesamtbilanz eines deutschen Steuerbürgers?
– Die ist negativ. Der jetzt geborene Nulljährige ist ein Kostenfaktor.

Er zeigt auf die Tabelle.

– Er kostet den Staat, auf sein ganzes Leben bezogen, im Durchschnitt 79 692 Euro. Nur wenn man ihn allein aus der Perspektive der Rentenversicherung betrachtet, bringt er vielleicht ein Plus. Für den Gesamtstaat aber nicht. Wenn wir die Ausgabenstruktur nicht in den Griff bekommen, dann nutzen uns unsere Kinder – aus fiskalischer Sicht im Durchschnitt – überhaupt nichts.

Ich radle mit einem mulmigen Gefühl nach Hause. Ich, wir alle sind im Grunde ein großes Minus. Das waren keine guten Nachrichten. Aber wenn es um Steuern geht, ist das wohl auch zuviel verlangt.

24. Körpervermietung im Dienst der Forschung. 2680 Euro für eine Spritze

Ich bekomme einen Anruf. Eine Frauenstimme fragt, ob ich einen Moment Zeit hätte, keine Angst, sie wolle mir nichts verkaufen. Eher umgekehrt. Per Mail hatte ich mein Interesse für die Teilnahme an einer Arzneimittelstudie bekundet, weil ich, wie es die Werbung in der S-Bahn nahelegte, »soziale Verantwortung wahrnehmen und an der Verbesserung lebenswichtiger Medikamente mitwirken« will. Außerdem versprach das Werbeplakat ein »sehr gutes Honorar«. Das interessierte mich.

Die Dame am Telefon hat meine Mail gelesen und will mir ein paar Fragen stellen. Meine Antworten kommen in die Datenbank ihres Instituts, eines privatwirtschaftlichen Unternehmens. Später will sie dann nach einer passenden Studie für mich schauen beziehungsweise nach einer Studie, in die ich reinpasse. Ich bin einverstanden.

Es sind viele Fragen. Ob ich Asthma habe, ob ich bösartige Geschwulste habe, ob ich regelmäßig Medikamente nehme, ob ich Vegetarier bin, ob ich Rechtshänder bin, ob ich eine Arbeitsstelle habe, ob ich aus Mitteleuropa stamme und vieles mehr. Am Ende des Fragemarathons bedankt sie sich und will sich verabschieden. Doch ich habe auch noch eine Frage. Das Geld? Wieviel kann man verdienen? Sie lächelt durchs Telefon, sagt, das sei ein wichtiger Punkt, das Honorar richte sich nach dem Aufwand für den stationären Aufenthalt. Danke und Tschüß.

Auf der Homepage des Instituts finde ich Informationen zu den aktuell anstehenden Medikamententests. Details der Untersuchungen fehlen, dafür wird aber schon mal mit dem Honorar gelockt. So werden »Frauen und Männer bis 65 Jahre mit Leberinsuffizienz« gesucht – 1485 Euro; »Frauen und Männer ab 18 Jahre, die sehr starken Befall von Schuppenflechte sowohl im Gesicht als auch in den Hautfalten haben«

– 1700 Euro, Frauen und Männer »ohne Gallenblase« – 3363 Euro.

Zwei Wochen später bekomme ich den nächsten Anruf und ein Angebot. Es geht um ein Mittel gegen Rheuma, eine Spritze, die ich bekommen soll, neun Tage Klinikaufenthalt und sieben weitere ambulante Untersuchungen im Zwei-Wochen-Rhythmus. Für all das gibt es 2680 Euro. Allerdings müssen alle meine Werte (in diesem Fall Blut-, Leber-, Urin-, EKG-Werte etc.) »normal« sein. Wenn mich das interessiere, solle ich zwei Tage später zu einer Informationsveranstaltung kommen. Einverstanden.

Ein Kellerraum in einem Gebäude des Instituts für Arzneimittelforschung, das sich wiederum auf dem Gelände eines großen Klinikums des Roten Kreuzes befindet. Neonlicht, Boden, Wände und Decke in grauweiß, an der Wand steht ein Wasserspender. Auf einfachen, dichtgedrängten Stühlen mit integrierter Schreibunterlage warte ich mit einem guten Dutzend Männer auf den Beginn der Informationsveranstaltung. Die anderen potentiellen Probanden – so die offizielle Bezeichnung – sind zwischen Anfang Zwanzig und Ende Vierzig. Einer hat seine kleine Tochter mitgebracht. Die findet die Veranstaltung nicht so spannend. Die Hälfte der versammelten Interessenten – so verrät es eine kleine Umfrage – ist wie ich das erste Mal bei so einem Treffen.

Alle haben einen Stapel Informationsblätter und eine Reihe Formulare bekommen. Wir sollen hier unterscheiben, da unterschreiben und dort auch noch. Unter anderem die Einwilligung, alle Anordnungen einhalten zu wollen. Allerdings kann man »diese Einwilligung jederzeit ohne Angaben von Gründen zurücknehmen«. Nun denn.

Mein Gefühl ist eindeutig, und es ist unangenehm. Ich sitze hier vor allem als Körper. Dem gilt das Interesse. Die Frage ist, ob ich diesen meinen Körper der Forschung anbieten beziehungsweise verkaufen beziehungsweise vermieten will. Doch der Gedanke, daß es hier um einen Dienst an der Wissenschaft gehen könnte, kommt bei mir nicht an.

Neben der Tafel steht jetzt eine blonde junge Ärztin, die einer Krankenhausserie oder einem Arztroman entsprungen sein könnte. Sie sagt, sie habe Verständnis, wenn jemand nicht mitmachen wolle – »es ist ja Ihre Gesundheit«. Tatsächlich verkaufe ich hier wohl eher meine Gesundheit als meinen Körper, beziehungsweise ich lasse mich dafür bezahlen, meine Gesundheit zu riskieren. Natürlich auch die Zeit, die das alles kostet.

Die Ärztin erklärt dann, worum es geht. Eine Erstanwendungsstudie, das heißt, das Medikament, das wir bekommen sollen, wurde bisher nur an Tieren, aber nie an Menschen ausprobiert. Sie sind noch am Anfang der Forschung. Die Dosis wird in den einzelnen Phasen bei jeweils neuen Probanden gesteigert. Die Frage lautet: »Welche Maximalkonzentration ist noch verträglich?« Sie wissen nicht, ob es »Nachteile bei Menschen« gibt. Sie wissen aber, daß bei den Tieren alles perfekt gelaufen ist. Das beruhigt nur bedingt.

Die Hälfte von uns soll mit der Spritze tatsächlich das neue Medikament bekommen, die andere Hälfte ein Placebo. Keiner weiß, was in seiner Spritze drin ist. Aber alle kommen danach erstmal auf die Intensivstation. Klingt wie eine Lotterie. Wer unter Nebenwirkungen leidet, bekommt für die nötigen zusätzlichen Arztbesuche Geld. Wieviel, wird nicht gesagt. Das Kind, dessen Vater für den heutigen Termin offensichtlich ein Betreuungsproblem hat, versteht nicht, worum es geht, fängt aber trotzdem an zu nörgeln.

Wir dürfen Fragen stellen. Die meisten drehen sich ums Honorar. Die 2680 Euro sollen in drei Stufen ausgezahlt werden. Mein Nachbar erwähnt, daß immer mehr Studien in die Dritte Welt ausgelagert würden, weil es dort billiger sei. Auch sollen die »ethischen Kriterien« dort lockerer sein.

Dann geht es noch um den anstehenden neuntägigen Klinikaufenthalt. Ein Proband mit einschlägiger Erfahrung berichtet von Acht-Bett-Zimmern mit Dauertelefonierern und täglichem Ausgang auf dem Klinikgelände von maximal einer Stunde in geführten Gruppen.

Das Kind heult jetzt. Zum Glück ist die Veranstaltung beendet. Alle geben ihre ausgefüllten Zettel ab. Ich bin der einzige, der nicht mitmachen will. Wieso tun sich die anderen das an? Keiner zwingt sie. Einen selbstlosen Dienst an der Wissenschaft mag ich ihnen nicht unterstellen. Ist es wirtschaftliche Not? Sicher nicht im strengen, existentiellen Sinn. Es geht ums Geld, das man für das Gesundheitsrisiko bekommt, dem man sich aussetzt. Eine persönliche Kosten-Nutzen- beziehungsweise Nutzen-Risiko-Rechnung. Das alles ist legal und nach der Kant-Interpretation des Philosophen Gerhardt wohl auch legitim, aber es ist – so finde ich – vor allem auch traurig. Ein langhaariger Künstlertyp murmelt beim Hinausgehen etwas von »Kohle für die Karibik«.

25. Wann bin ich eine Nachricht wert? Ein Besuch bei der *Tagesschau*

Es ist Zeit, mich einer anderen, für mich als Journalisten eigentlich recht naheliegenden Inwertsetzung zu widmen. Ich meine meinen »Nachrichtenwert«. Der Begriff kommt aus der Nachrichtenforschung. Im Grunde geht es darum, unter welchen Umständen etwas berichtenswert ist, das heißt, nach welchen Kriterien ausgewählt wird, ob und wie etwas ins Blatt oder in eine Sendung kommt. Der Nachrichtenwert kann, es gibt da verschiedene Theorien, über den Neuigkeitswert und den Informationswert bestimmt werden. Dazu kommen noch der Wissens- und Orientierungswert, der Gebrauchswert sowie der Unterhaltungs- und Gesprächswert. Alles in allem sind das also eine Menge Werte.

Leider gibt es aber keine Tabellen oder Formeln, die mir helfen könnten, meinen persönlichen Nachrichtenwert zu bestimmen. Und die vermeintlichen Experten, die ich dazu befragen wollte, haben lieber gleich abgewunken. Dann gehe ich eben direkt zu den »Nachrichten«. In Deutschland heißt das, ich gehe zur *Tagesschau*.

Dort treffe ich Oliver Hähnel, der vom Typ her an einen Heavy-Metal-Musiker erinnert. Kräftiger Körper, längere Haare, schwarzer Kapuzenpulli, locker sitzende Jeans, Sportschuhe. Oliver Hähnel ist Chef vom Dienst bei der Zwanzig-Uhr-*Tagesschau*, der ältesten und, wie er selbst sagt, »nachrichtigsten aller deutschen Nachrichtensendungen«. Ein Chef vom Dienst – kurz CvD – ist dafür verantwortlich, daß der Laden läuft. Hähnel macht das seit ein paar Jahren, und er macht es offensichtlich gern.

Vor dem Gespräch führt er durch die Redaktionsräume des *Tagesschau*-Hauses in der kleinen Fernsehstadt des Norddeutschen Rundfunks in Hamburg-Lokstedt. Drei Stockwerke, viel Glas, viel Licht, große Büros mit vielen, oft sehr großen Bildschirmen, auf denen die Programme anderer Sender laufen. Ein paar Dutzend Redakteure hängen mit konzentriertem Blick und entspannter Haltung vor ihren Monitoren. Aus Ereignissen der ganzen Welt werden hier Nachrichten für im Schnitt täglich etwa 9,5 Millionen Zuschauer.

– Alles was passiert, wird nach seinem Nachrichtenwert beurteilt.

Hähnel sitzt in einem fast leeren Büro, in der Hand eine Flasche Mineralwasser.

– Dabei geht es für uns in erster Linie um den politischen Kern. Also um die Frage, ob das Ereignis politische Auswirkungen hat oder haben könnte. Zweitens geht es um mögliche gesellschaftspolitische Folgen, und drittens fragen wir, was das mit dem Interesse unserer Zuschauer zu tun hat. Nachrichten aus Deutschland haben demnach einen höheren Wert als Nachrichten aus Myanmar oder Argentinien.

– Kommen 100 tote Argentinier eher in die Nachrichten als zehn tote Deutsche?

Dann wäre ein Deutscher, und somit auch ich, nachrichtentechnisch zehn Argentinier wert. Das ist eine kleine Fangfrage. Das weiß auch Hähnel. Er schüttelt den Kopf.

– Nee. Diese Grenze gibt es bei uns nicht. Natürlich hat auch bei uns erstmal jeder Tote den gleichen Wert. Aber nicht den gleichen Nachrichtenwert. Nehmen wir das Beispiel mit dem Unfall des ehemaligen thüringischen Ministerpräsidenten Althaus, der eine Skifahrerin totgefahren hat. Daß das überall in den Nachrichten kam, lag nicht an der toten Frau, obwohl das ja eigentlich das Schlimmste war. Aber es gibt unzählige solcher Unfälle. Das Thema war: Was bedeuten der Unfall des Ministerpräsidenten und seine Verletzungen jetzt für Thüringen? Wie geht er mit der Schuldfrage um? Es ging nicht um die Tote. Wenn »Fritz Müller« die totgefahren hätte, wäre das nirgendwo gekommen.

Mir fallen viele solcher Beispiele ein. Der Einsturz des Kölner Stadtarchivs, über den ausgiebig als kulturelle Katastrophe berichtet wurde, wobei die beiden Menschen, die bei dem

Hauseinsturz ihr Leben verloren, kaum wahrgenommen wurden.

– Wie viele Tote muß es bei einem Grubenunglück in China geben, damit das in der *Tagesschau* kommt?

Hähnel schüttelt wieder den Kopf.

– Da gibt es keine Regeln. Es geht ja zum Beispiel auch darum, ob es ein nachrichtenarmer Tag ist. Oder ob es eine Dimension gibt, die über das eigentliche Unglück hinausgeht. Etwa Sicherheitsprobleme, die zu Unruhen führen könnten. Grundsätzlich gilt: China ist weit weg von der Nachrichtenwelt unserer Zuschauer. Und je weiter das Ereignis weg ist, desto größer muß die Dimension, um so mehr Tote müssen es sein. Drei Tote? Keine Chance. Hundertzwanzig? Das ist schon ein großes Ausmaß. Bei 500 Toten kommt es sicher in die Sendung. Die Frage ist dann, ob 30 Sekunden lang als Nachricht im Film oder eine Minute dreißig mit einem Reporter vor Ort. Über so was wird dann diskutiert.

– Von wem?

– Der großen Konferenz. Das sind etwa 15 Redakteure, einschließlich der beiden Chefredakteure. Wenn wir uns überhaupt nicht einig werden, was sehr, sehr selten vorkommt, entscheiden die dann, was wie gemeldet wird.

Klingt wie eine Nachrichtenwertbörse.

– Und bei einem Verkehrsunfall in Deutschland – ab welcher Opferzahl kommt das in der *Tagesschau*?

Hähnel schüttelt schon wieder den Kopf.

– Kommt so gut wie nie vor. Unglücke oder Familientragödien sind nichts für uns. Wir sind seriös und im Zweifelsfall lieber langweilig.

– Ein Reisebus mit deutschen Kindern?

– ... der auf glatter Fahrbahn verunglückt, wobei zehn Kinder ums Leben kommen und 20 verletzt werden? Da würden wir schon überlegen.

Okay, dann also jetzt die entscheidende Frage.

– Wie kann ich einen Nachrichtenwert bekommen, der für die *Tagesschau* reicht?

Hähnel hält den Kopf ruhig und schweigt, was wohl soviel wie »keine Chance« bedeutet.

– Wenn mich ein Ministerpräsident totfährt?

Hähnel nickt.

– Wenn ich ein schlimmes Verbrechen mit einer politischen Dimension begehe?

– Jo. Amoklauf ist auch ein sicherer Tip.

– Ich bekomme den Nobelpreis?

– Sicher.

– Den Oscar als bester männlicher Hauptdarsteller?

– Auch.

– Danke.

Nun will ich keinem Ministerpräsidenten auf der Skipiste begegnen, auch meine kriminellen Neigungen möchte ich weiterhin so gut es geht im Zaum halten. Meine Nobelpreischancen schätze ich so realistisch ein wie meine Oscar-Aussichten. Ich finde mich also damit ab: Ich habe keinen Nachrichtenwert, zumindest nicht jetzt und nicht für die *Tageschau*. Allerdings kann ich schon auf ein paar kleine Erfolge zurückblikken: Als Baby gab es mal ein Foto von mir in einer Lokalausgabe der *Westfalenpost*. Es ging um Schluckimpfung, aber nicht wirklich um mich. Zumindest wurde mein Name nicht erwähnt, was mich damals aber nicht gestört hat.

26. »Werthgegenstand hoher Bedeutung«. Ein Blick zurück

In der Berliner Staatsbibliothek stoße ich auf ein Büchlein mit dem Titel *Der Werth des Menschen*. Es handelt sich dabei nicht um ein philosophisches oder theologisches Werk, die kaum 80 Seiten beschäftigen sich ausdrücklich und ausschließlich mit dem »Kostenwerth des Menschen«. Das freut mich.

Was mich allerdings wundert, ist die Tatsache, daß der Verfasser Ernst Engel seine Überlegungen beziehungsweise Berechnungen nicht im Kontext der letzten Gesundheitsreform oder Weltwirtschaftskrise veröffentlicht hat, sondern bereits im Jahr 1883. Der Königliche Geheime Ober-Regierungsrat Engel war als Direktor des Königlich Preußischen Statistischen Bureaus einer der ersten hauptberuflichen Statistiker Deutschlands. Tatsächlich wurden die ersten Berechnungen im Sinne eines Humankapitalansatzes bereits 1676 von dem Briten Sir William Petty angestellt, um den monetären Wert der englischen Bevölkerung, aber auch den ökonomischen Verlust durch Kriegsopfer zu bemessen. Eine entscheidende Weiterentwicklung leistete William Farr, ebenfalls ein Brite, der 1853 die Bedeutung des zukünftig zu erwartenden Einkommens bei der Berechnung betonte. Beide werden dafür von Engel in seinem Büchlein entsprechend gewürdigt.

Er selbst definiert den Begriff »Wert« im Sinn von Brauchbarkeit und Bedarf als die »Bedeutung, die eine Gesellschaft einem bestimmten Gegenstand, mit Rücksicht auf einen bestimmten Zweck, zu einer gewissen Zeit und in einem gewissen räumlichen Gebiete beilegt«. Dabei unterscheidet er zwischen dem Kostenwert, dem Gebrauchswert, dem Ertragswert und dem Tauschwert. Mit seinem Ansatz zur Berechnung des Kostenwerts bezieht er sich auf ein Zitat von Adam Smith, dem Moralphilosophen und Begründer der klassischen Volkswirtschaftslehre:

Jahresbeträge des Kostenwerts von männlichen bzw. weiblichen Personen, inklusive Sterblichkeitszuschlag und Zinsen (in Reichsmark) nach Engel*
Die Werte beziehen sich jeweils auf Männer bzw. Frauen niedriger Bildung. Um die Werte für männliche Personen mittlerer bzw. höherer Bildung zu erhalten, muß man die Werte in der Tabelle mit dem Faktor 2 bzw. 3 multiplizieren.

Jahresbeträge des Kostenwerths männlicher Personen			
Bei der Geburt	**100,00**	**Bei der Geburt**	**100,00**
Im 1. Jahre	143,62	Nach 1 Jahr	243,62
" 2. "	138,77	" 2 Jahren	382,39
" 3. "	150,24	" 3 "	532,63
" 4. "	164,82	" 4 "	697,45
" 5. "	180,58	" 5 "	878,03
" 6. "	197,22	" 6 "	1075,25
" 7. "	214,87	" 7 "	1290,12
" 8. "	233,18	" 8 "	1523,30
" 9. "	252,28	" 9 "	1775,58
" 10. "	272,21	" 10 "	2047,79
" 11. "	292,94	" 11 "	2340,73
" 12. "	314,62	" 12 "	2655,35
" 13. "	337,14	" 13 "	2992,49
" 14. "	360,60	" 14 "	3353,09
" 15. "	385,07	" 15 "	3738,16
" 16. "	410,60	" 16 "	4148,76
" 17. "	437,28	" 17 "	4586,04
" 18. "	465,01	" 18 "	5051,05
" 19. "	493,92	" 19 "	5544,97
" 20. "	523,81	" 20 "	6068,78
" 21. "	556,25	" 21 "	6625,03
" 22. "	587,68	" 22 "	7212,71
" 23. "	621,47	" 23 "	7834,18
" 24. "	656,58	" 24 "	8490,76
" 25. "	692,65	" 25 "	9183,41

* Die Tabellen stammen aus Engels Buch *Der Werth des Menschen* (Berlin: Leonhard Simon 1883, S. 69 bzw. 73).

Altersjahre	Kostenwerth der Mädchen bezw. Jungfrauen mit niederem Bildungsziel:		
		mit Sterblichkeits-Zuschlag	
	directer Aufwand	ohne Zinsen	mit 4% Zinsen
0	100	100,00	100,00
1	110	139,62	143,62
2	120	129,03	138,77
3	130	134,94	150,24
4	140	143,52	164,82
5	150	152,68	180,58
0–5	**750**	**799,79**	**878,03**
6	160	162,16	197,22
7	170	171,86	214,87
8	180	181,58	233,18
9	190	191,35	252,28
10	200	201,19	272,21
0–10	**1650**	**1707,93**	**2047,79**
11	210	211,03	283,15
12	220	220,99	293,11
13	230	230,93	303,05
14	240	240,90	313,02
15	250	250,95	323,07
0–15	**2800**	**2862,73**	**3563,19**
16	260	261,07	333,19
17	270	271,33	342,45
18	280	201,57	352,69
19	290	291,88	363,00
20	300	302,01	373,13
0–20	**4200**	**4270,59**	**5327,65**

»Wer eine kostspielige Maschine aufstellt, der rechnet darauf, daß ihre Leistung das ausgelegte Kapital mit wenigstens dem persönlichen Zinse ersetze, bevor sie abgenutzt ist. Einer solchen kostspieligen Maschine ist der Mensch vergleichbar, der mit großem Aufwand von Mühe und Zeit zu einem Geschäft erzogen wurde, das besondere Fähigkeit und Geschicklichkeit erfordert. Es wird erwartet, daß die Arbeit, welche er zu verrichten gelernt, ihm außer dem gewöhnlichen Arbeitslohne auch die Kosten seiner Erziehung nebst Zinsen ersetze, und zwar muß das in angemessener Zeit geschehen, mit Rücksicht auf die so ungewisse Dauer des menschlichen Lebens und gegen die weit sicherer zu berechnende einer Maschine.«

Für den national-liberalen Engel ist der Mensch insgesamt ein »Werthgegenstand hoher Bedeutung«, den es schon aus wirtschaftlichen Gründen zu würdigen gilt. So fordert er »Fürsorge für die Erhöhung und Vermehrung des Kraft- und Intelligenz-Capitals, Fürsorge für die Stetigkeit der Rentabilität desselben und Fürsorge für dessen allgemeine Amortisation«.
Mit dem vergleichsweise dürftigen statistischen Material des 19. Jahrhunderts versucht Engel den Kostenwert des Menschen, analog der Maschinenmetapher Adam Smiths, als eine Art Herstellungswert zu berechnen. Dazu addiert er die Kosten für Kost und Logis sowie Erziehung und Bildung, wobei die investierten Summen ordnungsgemäß verzinst werden. Nicht nur die Kosten für »Gesundheitspflege und Wartung in den Säuglingswochen«, »Seelsorge« und »Spielzeug in den Spieljahren«, er kalkuliert auch das »Capitalrisico« mit ein. Das heißt den Verlust durch »Ausschuß«, also den Tod vor Ende der Erziehung beziehungsweise den »Verlust durch Mißlingen der Erziehung in a) physischer beziehungsweise b) psychischer Hinsicht«.
Ergebnis: Der Kostenwert mit Sterblichkeitszuschlag und vier Prozent Zinsen (»Sollte die Heranziehung einer neuen Generation eine weniger wirthschaftliche Capitalanlage sein,

als die jenes kinderlosen Ehepaares?«) für einen »Knaben, niederer Bildung am Ende seiner Lernperiode im erfüllten 15. Jahre« betrug 3738,16 Mark. Umgerechnet auf die aktuelle Kaufkraft wären das knapp 24000 Euro. Bei einem »Jüngling, mittlerer Bildung am Ende seiner Lernperiode im erfüllten 20. Jahre« waren es 12137,56 Mark oder etwa 78000 Euro. Ein »junger Mann, mit hoher Bildung am Ende seiner Lernperiode im erfüllten 25. Jahre« war entsprechend 27550,23 Mark oder heute gut 175000 Euro wert.
Bei den Mädchen war die Rechnung etwas einfacher. Für sie gab es keine Aussicht auf höhere Bildung. Und sie waren insgesamt preiswerter, weil Engel davon ausging, daß sie spätestens ab dem 10. Lebensjahr im Haushalt mithalfen, was er ihnen finanziell anrechnete.
So liegt der Kostenwert, inklusive Sterblichkeitszuschlag und vier Prozent Zinsen, »eines Mädchens niederer Bildung am Ende der Lernperiode im erfüllten 15. Jahre« bei 3563,19 Mark (knapp 23000 Euro) und der »eines Mädchens mittlerer Bildung am Ende der Lernperiode im erfüllten 20. Jahre« bei 10655,30 Mark (gut 68000 Euro).

Bei allen Kalkulationen, das betont Engel ausdrücklich, bleibe der »ethische Wert« wegen seiner Unberechenbarkeit jedoch außen vor. Dessen ungeachtet verweist er auf die qualitativen Unterschiede zwischen den Menschen aufgrund ihrer wirtschaftlichen Leistungskraft. Auf dieser Basis besitze jedes menschliche Leben seinen eigenen berechenbaren Wert. Entsprechend dieser wortwörtlichen Wertschätzung im monetären Sinn, so Engels Logik, sollte der Staat seine Bürger schon aus rein ökonomischem Kalkül schätzen und pflegen. Engels Pragmatismus irritiert und fasziniert mich. Ich möchte dem Thema weiter nachgehen und finde auch bald heraus, wer mir helfen könnte.

27. Wenn einer »A« sagt, sagt auch einer »B«. Die Folgen können »verheerend« sein. Begegnung mit den Medizinhistorikern Thorsten Halling und Jörg Vögele

Drei Wochen nach der Lektüre von Engels *Der Werth des Menschen* besuche ich Professor Jörg Vögele und seinen wissenschaftlichen Mitarbeiter Thorsten Halling vom Institut für *Geschichte der Medizin* an der Universität Düsseldorf.

Vögele ist Mitte Fünfzig und eher zurückhaltend, Halling dagegen Jahrgang 1971 und wesentlich gesprächiger. Im Rahmen eines mittlerweile abgeschlossenen Forschungsprojektes haben sie sich mit anderen Kollegen ausgiebig mit dem »Wert des Menschen« in der Bevölkerungswissenschaft beschäftigt und dazu auch zahlreiche Aufsätze, etwa über den Menschen als »volkswirtschaftliches Kapital«, veröffentlicht. Eine Antwort auf die Frage, was ein Mensch tatsächlich wert ist, haben sie dabei nicht gesucht, weil wir, so Halling, nun mal »kein Material sind, das man quantifizieren kann«. Ihr Interesse galt den Ökonomen, Versicherungsmathematikern, Statistikern und Medizinern, die das im Laufe der letzten 200 Jahre aber trotzdem immer wieder versucht haben.

»Der ›Wert des Menschen‹ in den Bevölkerungswissenschaften vom ausgehenden 19. Jahrhundert bis zum Ende der Weimarer Republik« heißt einer der zahlreichen Aufsätze zum gleichnamigen Forschungsprojekt, die Vögele, in diesem Fall zusammen mit Wolfgang Woelk, veröffentlichte. Demnach wurde, Engels wies schon darauf hin, der ökonomische Wert des Menschen erstmals im 17. Jahrhundert von englische Ärzten und Volkswirtschaftlern berechnet. Das Ziel waren »möglichst zahlreiche und kräftige Untertanen«, denn, so ein Zitat des 1646 geborenen Universalgelehrten Gottfried Wilhelm Leibniz: »Die wahre Macht der Herrschaft liegt in der Zahl der Menschen. Wo nämlich Menschen sind, da sind auch Substanz und Kraft.« Populär wurde die Menschenbewertung dann vor allem in der Phase der Hochindustrialisierung, als ständig und in großer Zahl gesunde Arbeitskräfte benötigt wurden, und »Gesundheit zu einem sozialen Gut wurde«. In diesem Zusammenhang verweisen die Autoren exemplarisch auf den 1818 geborenen Begründer der experimentellen Hygiene, Max von Pettenkofer. Der beschäftigte sich unter anderem mit den Ursachen und Folgen der Cholera, wobei er ausdrücklich auf die allgemeinen *Kosten* der Krankheit verwies. Die Aufgabe der Gesundheitspflege sah er nämlich »vor allem in der Vermeidung von Krankheitskosten und Arbeitsausfällen«. So nutzte er den Humankapitalansatz für klassische Kosten-Nutzen-Analysen, um die Investitionskosten für sanitäre Einrichtungen zu bewerten und letztlich auch zu begründen. Als 1892 in Hamburg ungefiltertes Leitungswasser eine Cholera-Epidemie mit 8000 Toten verursachte, kalkulierte er nicht nur die »direkten« finanziellen Verluste durch Erkrankungen und Todesfälle, sondern auch den Schaden der »eingeschränkten wirtschaftlichen Tätigkeit« etwa aufgrund von Quarantänemaßnahmen. Einem Gesamtverlust von 430 Millionen Mark wurde, so Vögele und Woelk, die im Vergleich dazu »bescheiden anmutenden Kosten von 22,6 Millionen Mark für das im folgenden Jahr gebaute Wasserwerk gegenübergestellt«.

Bei all den Verbesserungen der allgemeinen Lebensbedingungen, die aufgrund solcher Ansätze erfolgten, hatte die so gelegte Spur fatale Folgen. Engels Grundannahme, jeder Mensch habe seinen Wert, stieß spätestens am Ende des 19. Jahrhunderts auf Widerspruch, als andere Autoren von einem »Nullwert« beziehungsweise einem negativen Wert für das Leben bestimmter Menschen oder auch ganzer Bevölkerungsgruppen ausgingen. Aus dieser Perspektive ließ sich dann ein monetärer Schaden für die Gesamtgesellschaft errechnen. So wurden schon um die vorletzte Jahrhundertwende herum, und somit lange vor dem Aufkommen des Nationalsozialismus, Forderungen laut, die auf die Zwangssterilisation bestimmter Gruppen oder Euthanasiemaßnahmen für »wertloses Leben« drängten.

»Die Frage nach dem Wert des Menschen erlebte« dann, so Vögele und Woelk im erwähnten Aufsatz, »durch den Ersten Weltkrieg eine Radikalisierung, die immer stärker die qualitativen Unterschiede und damit die unterschiedlichen Wertigkeiten von Menschen in den Vordergrund stellte«.

– Wegen des allgemeinen Nahrungsmangels, vor allem in den harten Kriegswintern, wurden die Insassen der psychiatrischen Einrichtungen nicht mehr ausreichend ernährt.

Erläutert Halling die Situation nach 1914.

– Sie standen in der sogenannten »Ernährungspyramide« ganz unten. Die Soldaten, so das Argument, kämpften für Volk und Vaterland, die Behinderten taten hingegen nichts. Entsprechend der vermeintlichen ›Leistung‹ wurden Kalorienrationen berechnet und zugeteilt, was oberflächlich betrachtet durchaus nachvollziehbar und gerecht erschien. So konnte gesellschaftliche Akzeptanz für diese Politik der vorsätzlichen Vernachlässigung hergestellt werden. Etwa 70 000 Menschen sind während des Krieges in den Einrichtungen verhungert.

Halling sieht in diesen Auseinandersetzungen um begrenzte Ressourcen gewisse Parallelen zu den aktuellen Diskussionen um unser Gesundheitswesen.

– Um begrenzte finanzielle Mittel »sinnvoll« zu verteilen, wird versucht zu ermitteln, welcher volkswirtschaftliche »Mehrwert« erreicht werden kann. Überspitzt formuliert wird also berechnet, welche Personen oder Personengruppen für die Gesellschaft mehr wert sind und welche weniger.

Allerdings ohne, betont er ausdrücklich, »die genannten tödlichen Konsequenzen«. Das Gesundheitswesen steht auch noch auf meiner Rechercheliste, allerdings erst weiter unten. Vögele mischt sich ein. Die Berechnungen zum Wert eines Menschen seien »immer auch eine gefährliche Spielerei«, sagt er.

– Wenn Sie Behinderte als Kostenfaktor sehen, also als Belastung für die Volkswirtschaft – was ist daraus die Konsequenz?

Halling stellt eine rhetorische Frage.

– Nicht zwingend, aber unter bestimmten gesellschaftspolitischen Konstellationen kann die Forderung erhoben werden, eben diese Belastungen zu reduzieren. Wenn einer »A« sagt, kommt auch irgendwann einer, der »B« sagt. Aufgrund bestimmter Interessen können aus den Rechnungen bestimmte Schlußfolgerungen gezogen werden.

Ich muß an den Philosophen Gerhardt denken, an seine Ablehnung der »Berechnungen von außen«, seine Einsicht, der Staat sei »verpflichtet« zu rechnen, meine Verwirrung bei dem Versuch, dies zusammen zu denken, und das Bild einer Gratwanderung, das mir dabei in den Sinn kam. Vielleicht, so denke ich, verläuft ja dieser Grat, diese Wanderung irgendwo zwischen »A« und »B«.

– Wir sind davon auch heute gar nicht so weit entfernt, wie wir gern denken. Nehmen Sie Trisomie 21, Kinder mit dem Down-Syndrom.

Weltweit wird jedes 800. Kind mit dem Down-Syndrom – früher diskriminierend »Mongolismus« genannt – geboren. Betroffene Menschen können, müssen aber nicht geistig behindert sein. Die derzeitige Gesetzeslage erlaubt im Fall einer entsprechenden Indikation eine Abtreibung zu jedem Zeitpunkt der Schwangerschaft, also bis zur Geburt, und somit auch die Tötung von bereits zu selbständigem Leben fähigen Föten. Experten schätzen, daß in mehr als 90 Prozent der entsprechend diagnostizierten Fälle die Schwangerschaft abgebrochen wird.

– Von diesen Kindern gibt es immer weniger. Nicht, weil das heute seltener vorkommt, sondern weil es erstens eine immer präzisere Pränataldiagnostik gibt und weil dann eben zweitens immer häufiger abgetrieben wird. Mögen jetzt noch individuelle Entscheidungen im Vordergrund stehen, darf der gesellschaftliche und politische Einfluß nicht unterschätzt werden. Denn sind behinderte Kinder, die aufgrund moderner Diagnostik hätten verhindert werden können, dann aber später auf Kosten der Allgemeinheit Leistungen in Anspruch nehmen, nicht eine Zumutung?

Halling lehnt sich zurück. Solche Argumentationen, räumt er ein, »sind noch nicht gesellschaftsfähig, aber sicherlich nicht undenkbar«. Ich bin, so scheint es mir, mit meiner Recherche nach meinem Wert beziehungsweise dem Wert des Menschen in einem Herz der Finsternis angekommen.

– Sollte man den Wert des Menschen überhaupt nicht berechnen?

Halling schüttelt den Kopf.

– Nein, so weit kann man nicht gehen. Aber wir haben historisch gesehen, daß das hochkomplexe mathematische Berechnungen sind, die – und da liegt das Problem – ihre Prämissen verschleiern. Die einzelnen Berechnungen sind und waren auch historisch nachvollziehbar. Sie basieren aber sehr häufig auf bestimmten politischen oder moralischen Vorannahmen, und auf dieser Grundlage wird dann gerechnet. Wenn Sie von anderen Vorannahmen oder Vorstellungen ausgehen, dann erhalten Sie am Ende ein anderes Ergebnis. Außerdem kann jeder dieses Ergebnis aus dem Zusammenhang ziehen und für sich nutzen, wie es ihm paßt.

Halling gibt dem Gedanken Zeit. Das Thema spiele im übrigen bei vielen Diskussionen eine Rolle, auch solchen, bei denen es nicht unbedingt »draufstehe«. Als Beispiel nennt er den Humankapitalansatz, die Bildungspolitik, die gezielten Investitionen in Elitenbildung statt einer Förderung in der Breite.

Vögele räuspert sich.

– Man weiß ja eben auch oft nicht, was aus dem gemacht wird, was man da berechnet hat. Man kann das an verschiedenen historischen Beispielen nachzeichnen.

Vögele verweist auf die Geschichte der Sozialhygiene, die sich Ende des 19. Jahrhunderts mit dem Verhältnis von Krankheiten und sozialer Lage beschäftigte. Dabei wurden Programme zum gesundheitlichen Schutz gefährdeter Bevölkerungsgruppen, wie Säuglinge, Mütter oder chronisch Kranke, entwickelt. Im Hintergrund stand aber bereits die »Gesundung des Volkes«, also seine gesundheitliche, volkswirtschaftliche und letztlich auch militärische »Aufwertung«. Einige der

Forscher entwickelten diesen Aspekt weiter und wandten sich der Rassenhygiene zu, die, so Vögele, darauf zielte, bestimmte Personengruppen aus der Gesellschaft zu verdrängen, sie also in Heime zu stecken oder beispielsweise als sogenannte »Erbkranke« von der Fortpflanzung auszuschließen. Denn Medizin, Hygiene und sozialer Fortschritt, so der Vorwurf der Rassenhygieniker, würden die »natürliche Auslese« hemmen, weshalb es zu einer »widernatürlichen« Zunahme »lebensuntüchtiger« Individuen käme. Dabei ging, so Vögele und Woelk in ihrem Aufsatz, die von den Rassenhygienikern vorgenommene biologische Reduktion des Menschen auf sein Erbgut spätestens seit dem ersten Jahrzehnt des 20. Jahrhunderts »einher mit der ökonomischen Reduktion des Menschen auf seinen volkswirtschaftlichen Wert«. Vögele schaut ernst.

– Man hat nicht mehr in der Hand, was passiert, wenn der Wert des Menschen einmal durchgespielt wurde und die Parameter akzeptiert werden.

Halling nickt.

– Die Nationalsozialisten haben ja nicht umsonst mit hohem Aufwand Kampagnen wie die noch heute bekannten Plakat-Serien zum Thema Behinderung geschaffen: Ein blonder Hüne, der Behinderte auf einer Waagschale trägt, dazu der propagandistische Slogan »Hier trägst du mit!«

Schließlich mußten die Nazis für ihre Politik der Ausgrenzung eine entsprechende Stimmung in der Gesellschaft schaffen, wozu sie auch pseudo-wissenschaftliche Berechnungen nutzten.

– Kann man den Wert eines Menschen sozusagen »unschuldig« berechnen?

Ich will noch nicht aufgeben.

– Unschuldig?

Vögele schüttelt den Kopf.

– Es gibt, wie schon gesagt, immer irgendwelche Prämissen. Es gibt immer Interessen oder auch eine Ideologie. Es ist immer zweckorientiert. Das bleibt aber oft unklar. Man macht das nie einfach »nur so«.

Daß im Nationalsozialismus Menschen, die als minderwertig galten, umgebracht wurden, war der tödliche Endpunkt einer langen Radikalisierung, sagt Vögele. Der entscheidende Punkt ist, so der Medizinhistoriker, der mögliche Perspektivwechsel bei den politischen Betrachtungen und Bewertungen. Als prägnantes Beispiel mit positiven Folgen nennt er die Säuglingssterblichkeit. Die lag noch im 19. Jahrhundert bei fast 25 Prozent, was aber die Gesellschaft im Grunde nicht interessierte. Das änderte sich erst, als sich zu Beginn des 20. Jahrhunderts die Frage nach den künftigen Soldaten und Industriearbeitern stellte.

– Das Problem bekam eine gesellschaftliche Relevanz mit dem Resultat, daß die Pädiatrie, die Kinderheilkunde, als eigenständiges Fach etabliert wurde. Die hat dann vermutlich Millionen Menschenleben gerettet.

Dazu Halling mit einem negativen Beispiel:

– Solche Perspektivwechsel werden – zumindest in demokratischen Gesellschaften – oftmals von heftigen öffentlichen Diskussionen begleitet: Denken Sie an diesen Mißfelder und die künstliche Hüfte für über 80jährige. Die Leute, die sich exponieren, haben es heute schwer.

Da ist er wieder, der CDU-Jungpolitiker Philipp Mißfelder. Vögele erklärt.

– Aber es ist natürlich auch die Frage, ob da nicht die Hemmschwelle sinkt, wenn man es oft genug hört. Solche Politiker gelten dann auch schnell als diejenigen, die »die unangenehmen Wahrheiten« aussprechen.

– Kann man die ethischen Aspekte bei solchen Berechnungen außen vor lassen?

Halling schüttelt den Kopf.

– Nein. Das kann man nie trennen. Aber Ethik ist auch immer was Fließendes. Wenn im 19. Jahrhundert ein Forscher einen bestimmten Klonversuch unternommen hat, war das ethisch völlig inakzeptabel. Heute ist der gleiche Versuch vielleicht Standard, während andere, weitergehende Ansätze heftig umstritten sind.

– Aber es gibt doch auch diese privaten Rechnungen, ob ich mir jetzt ein Auto mit Airbag kaufe, also Geld in die Sicherheit meines Lebens investiere?
– Ja, aber das ist Ihre individuelle Entscheidung. Schwierig wird es, wenn die Zahlenkohorten sich in einen Richtwert verwandeln, aus dem dann unter Umständen eine soziale Norm gemacht wird. Da beginnt das Problem. Das heißt nicht, daß man das alles auf keinen Fall machen darf. Man muß sich aber das Risiko bewußt machen. Es gibt sicher auch volkswirtschaftliche Probleme, die mit Hilfe eines Richtwertes besser in den Griff zu bekommen sind. Aber das ist immer auch eine ethische Frage, das heißt eine Frage der gesellschaftlichen Übereinkunft. Und diese Übereinkünfte ändern sich. Davor darf man nicht die Augen verschließen.
– Was glauben Sie denn, reizt die Ökonomen, den Wert der Menschen zu berechnen?
– Die Zahlen.

Sagt Vögele und guckt auf die Uhr.

– Die Zahlen sollen ein Gefühl der Nachvollziehbarkeit vermitteln. Mit Zahlen haben Sie ein nachvollziehbares Kriterium, warum ein alter Mensch keine künstliche Hüfte mehr bekommen soll. Man fragt sich ja auch, wie das heute entschieden wird.

Vögele meint die »Budgetierung«, das heißt die unternehmerische Kalkulation ärztlicher Leistungen und die daraus entstehenden Probleme bei der, so die Medizinsoziologen, »Verteilungsgerechtigkeit«.

– Die Klinikärzte zum Beispiel, die immer wieder existentielle Entscheidungen treffen müssen, die hätten gerne eine verbindliche Verhaltensethik. Das Leben ist für einfache und allgemeingültige Antworten allerdings zu kompliziert.

Wieder der Wert des Menschen im Gesundheitswesen, ein spannender, entscheidender Punkt für meine Recherche und ein, wie ich jetzt schon ahne, schwieriges Thema. Hier ist die Zeit allerdings um, das Schlußwort kommt von Halling:

– Die Gefahr ist, daß sich aus den Berechnungen eine Norm entwickelt, bei der derjenige, der sie nicht erfüllt, aus dem Raster fällt. Was auch immer das bedeutet, ob diese Person dann keine neue Hüfte bekommt oder eben Schlimmeres.

Nach der Begegnung mit Halling und Vögele zweifle ich wieder, wie schon nach dem Gespräch mit Hermann Scheer, für etwas mehr als einen Moment am Sinn meiner persönlichen Marktforschung. Aufgeben möchte ich allerdings nicht, meine Liste ist noch längst nicht abgearbeitet. Doch trotz meiner ganz persönlichen Neugier auf meinen ganz persönlichen Wert drängt eine andere Frage in den Vordergrund: Wenn es bei der monetären Berechnung von Menschenleben so viele Abgründe gibt, wie Halling und Vögele gezeigt haben, wieso wird dann trotzdem so viel in diese Richtung kalkuliert? Mein Mißtrauen wächst. Zur Entspannung gönne ich mir einen kleinen Ausflug zu einer besonderen Preisliste für schöne Gefühle.

28. »Ein Haustier haben« ist 78 640 Pfund wert. Kleine Erholung mit einer Bewertungsliste der anderen Art

Über einen Zeitungsartikel stoße ich auf eine Bewertungsliste, die zwar nicht den Menschen, aber doch alles Wichtige um ihn herum bewertet. Demnach ist es 125 840 Pfund, etwa 140 000 Euro, wert, wenn einem jemand »Ich liebe dich« zuflüstert. So hat es der Brite Steve Henry zusammen mit anderen Autoren ausgerechnet und in dem Buch *You Are Really Rich: You Just Don't Know It Yet (Sie sind wirklich reich – Sie wissen es nur noch nicht)* veröffentlicht. Auch wenn die Idee bei einem warmen britischen Bier entstanden sein mag, steckt hinter der Zahl eine Methode, der man durchaus eine gewisse Logik zugestehen kann. Die Autoren wollten »Unbezahlbares« bewerten und zielten dabei nicht auf das Leben eines Menschen, sondern eben auf die »unbezahlbaren« Momente in unserem Alltag. Sie fragten 1000 Personen, was sie glücklich macht. Jeder hatte 50 Lebenssituationen auf einer zehnstufigen Gefühlsskala zu bewerten. Zur Einführung eines monetären Maßstabs mußten die Studienteilnehmer dann schätzen, wie glücklich sie ein Lotteriegewinn über eine bestimmte Summe machen würde. Wenn dann beispielsweise ein Gewinn von 10 000 Pfund, gut 11 000 Euro, einem »Glückspunkt« entspricht, dann ist ein Gefühl, dem fünf Punkte zugemessen wurden, entsprechend 50 000 Pfund wert.
So kamen die Forscher zu folgender Hitliste:*

Gesund sein:	180 105 £
»Ich liebe dich« gesagt bekommen:	163 424 £
In einer festen Partnerschaft leben:	154 849 £
In einem friedlichen und sicheren Land leben:	129 448 £
Kinder haben:	123 592 £
Zeit mit der Familie verbringen:	110 040 £

* Steve Henry, *You Are Really Rich – You Just Don't Know it Yet*, London: Virgin Books 2009, S. 126.

Lachen:	108 021 £
Sex haben:	105 210 £
In Urlaub fahren:	91 759 £
Ruhe auskosten und entspannen:	89 828 £
Ein Haustier haben:	78 640 £
Zeit mit guten Freunden verbringen:	63 256 £
Sich einen Tag frei nehmen:	54 428 £
Ein Buch lesen:	53 660 £
Sich auf das Wochenende freuen:	49 764 £
Am Abend von der Arbeit nach Hause gehen:	45 328 £
Schokolade essen:	40 808 £
Auf der Arbeit glücklich sein:	37 229 £
Teil einer Gemeinschaft sein:	33 698 £
Kochen:	31 947 £
Eine Mannschaft unterstützen:	29 100 £
In einer Mannschaft spielen:	23 475 £
Ins Kino gehen:	21 615 £
Morgens aufwachen und sich auf den Tag freuen:	17 652 £

29. 600 000 Euro, wenn ich mich selbst verkaufe, schätzt mein indischer Freund

Mohsin ist bei mir zu Besuch in Berlin. Er ist als Halbwaise in einem Slum in Kalkutta aufgewachsen, bis er das riesige Glück hatte, den Mitarbeitern der kleinen Hamburger Hilfsorganisation H.E.L.G.O. über den Weg zu laufen. Die Bildungschancen, die sich ihm daraufhin boten, nutzte er trotz aller Schwierigkeiten auf beeindruckende Art und Weise.

Vor zwei Jahren übersetzte er für mich bei der ersten Begegnung mit meinem »Patenkind« Gulam, einem 12jährigen Jungen aus ebenfalls ärmlichsten Verhältnissen, den ich seit einigen Jahren mit ein paar Euro im Monat unterstütze. Der Nachmittag mit dem schüchternen, eher wortkargen und lieben Gulam war bedrückend. Ihm fehlt es an Mohsins Willen und vielleicht auch Intelligenz.

Wir besuchten sein Zuhause, ein 12 Quadratmeter großes Wohnloch in einem Rohbau, das er sich mit seinen Eltern und vier Geschwistern teilt. Anschließend gingen wir einkaufen. Die Leitung des Hilfsprojekts, das mich mit Gulam zusammengebracht hatte, bat mich aus nachvollziehbaren Gründen, dem Jungen kein Geld zu geben. Der zwangsläufig aufkommende Neid der anderen betreuten Kinder könnte die schwierige Balance der Gruppe zerstören. Eine vertretbare Alternative sei aber der Kauf einer Hose.

So stand ich also allein mit Gulam in einem Hosenladen und versuchte, mich mit ihm zu verständigen. Mohsin, der Übersetzer, war anderweitig beschäftigt. Nachdem Gulam, sich immer wieder mit Blicken nach mir vergewissernd, eine Jeans ausgesucht hatte, richteten sich seine nervös-sehnsüchtigen Augen erst auf ein paar billige Turnschuhe, dann auf ein T-Shirt, schließlich auf eine Baseball-Kappe. Als auch das alles für wenige Euro und gegen die ursprüngliche Verabredung gekauft war, deutete er auf eine billige Armbanduhr, deren Kauf ich aber verweigerte.

Wir gingen noch in ein einfaches Restaurant, in dem sich Gulam auf meine überschaubaren Kosten den Bauch vollschlagen durfte, bis dieser ihn offensichtlich schmerzte. Wir verabschiedeten uns mit hilflosen Gesten. Der große, reiche Deutsche und der arme kleine Inder. Gulam ging mit vollen Einkaufstaschen zurück in sein Elendsviertel. Er wirkte erschöpft und überfordert. Ich fragte mich, was wohl seine Brüder sagen würden oder sein Vater, der ihm diese einfachen Dinge nicht bieten konnte. Ich hatte Zweifel, ob meine bescheidenen Ausgaben irgend jemanden glücklich machen würden. Das Gefühl, daß eine Verbindung wie zwischen Gulam und mir in erster, zweiter und wohl auch dritter Linie auf seiner Not und meinem überflüssigen Geld beruht, fand und finde ich bedrückend.

Aber natürlich zahlte ich weiter für ihn, bis ich einige Zeit später von der Organisation die Nachricht bekam, sie könne Gulam nicht mehr unterstützen, weil er trotz vieler Gespräche und Warnungen nicht mehr zur Schule gehen wolle. Ich war nicht wirklich überrascht, aber trotzdem traurig. Das Angebot, mir ein neues Patenkind zu vermitteln, lehnte ich ab. Allerdings leiste ich weiterhin meinen kleinen Beitrag zur Arbeit des Projekts.

Nun sitzt also Mohsin in meiner Küche. Er ist nach Deutschland gekommen, um ein freiwilliges soziales Jahr in einer anthroposophischen Einrichtung in Schleswig-Holstein zu absolvieren, und hat ein paar freie Tage.

– Mohsin, was glaubst du, ist ein Mensch wert? In Geld umgerechnet.

– Du meinst, wenn ich mich verkaufen müßte?

Ich bin baff. Er ist sofort im Bilde, antwortet ohne zu zögern.

– Kannst du dir das vorstellen?

– Ja, wenn meine Familie in Not wäre. Aber es müßte eine hohe Summe sein, denn wenn ich einmal verkauft bin, gehöre ich nicht mehr zur Familie. Dann kann ich ihnen nie wieder helfen. Deswegen müßten auch zukünftige Probleme abgedeckt sein.

Mohsin ist sehr pragmatisch, und er kennt das Leben in einem indischen Slum.

– Was wäre also dein Preis?
– Ich muß überlegen.
– Bitte.

Er überlegt.

– 20 Millionen Rupien wären ein guter Preis.

20 Millionen Rupien sind etwa 300 000 Euro. Für die riesige Mehrheit der indischen Bevölkerung ist das eine unvorstellbar hohe Summe. Als Mohsin sie nennt, sieht er ein bißchen aus wie ein Pokerspieler.

– Ich bin gebildet, spreche vier Sprachen – Bengali, Hindu, Englisch und Deutsch, ich habe im Ausland gelebt und dort eine Ausbildung gemacht. Ich könnte die Kinder meines Herrn unterrichten, seine Arbeit und seine Termine koordinieren. Ich bin kein billiger Landarbeiter. Für diese Summe könnte meine ganze Familie – mein Vater, meine Stiefmutter, fünf Geschwister – zwei Generationen lang ohne Sorgen leben. Das ist ein entscheidender Punkt.
– Und was wäre der Preis für einen »billigen« Landarbeiter?
– Ein Mann ohne Ausbildung, irgendwo auf dem Land mit Familie?
– Ja.
– Vielleicht 400 000 Rupien, 6000 Euro.
– Und jemand, der in einem Slum lebt?
– Der Preis für einen Slumbewohner, der auf der Straße lebt, um den sich keiner kümmert und der von niemandem akzeptiert wird, wäre etwa 40 000 Rupien, 600 Euro.

Mohsin erzählt von Familien aus seinem Nachbarviertel in Kalkutta, die Babys von armen Eltern gekauft haben, weil die eigenen Kinder keinen Nachwuchs bekommen können. Der Preis war ein kleines Stück Land und umgerechnet knapp 500 Euro. In der neuen Familie wird das Baby dann wie ein eigenes Kind behandelt. Dahinter steckt die Hoffnung, dieses neue Kind könne die zuständige Göttin zu einem Segen der Fruchtbarkeit verleiten. Bekommt die Familie dann tatsächlich noch

eigenen Nachwuchs, wird das gekaufte Kind in der Regel, so Mohsin, zum Haussklaven degradiert.
– Und was wäre ich wert?
Mohsin grinst.
– Du?
– Ja ich. Was wäre mein Preis?
Das Grinsen verschwindet. Er denkt ernsthaft nach.
– Du bist schon ziemlich alt. Und du bist ein Ausländer, das könnte Ärger geben. Außerdem müßte ein Ausländer, der bereit ist, sich zu verkaufen, schon gewaltige Probleme haben, die ihn zu so was zwingen. Er braucht also viel Geld. Das macht die ganze Sache, in dem Fall dich, ziemlich teuer. Du willst es wirklich wissen?
– Ja, das will ich.
– Ich würde sagen, du könntest etwa doppelt soviel verlangen wie ich.
– Doppelt soviel wie du?
– Ja.
– 40 Millionen Rupien? 600 000 Euro?
– Ja, das könnte hinkommen.
600 000 Euro, natürlich eine inoffizielle Zahl. Sie scheint mir für indische Verhältnisse sehr großzügig zu sein. Es fällt mir etwas schwer, sie ernst zu nehmen. Abgesehen davon ist sie natürlich illegal, illegitim und in keiner Weise ethisch oder sonstwie zu rechtfertigen. Das nur zu Einordnung. Andererseits ist die Summe auf eine bestimmte Art real, sie bezieht sich zumindest auf einen – so abstoßend es ist – realen Markt. Schließlich notiere ich sie zu den anderen, die ich gesammelt habe.

30. Sklaverei. Ein Exkurs

Im Rahmen meiner Recherchen stoße ich auf folgende Berechnungen eines Nathan Foelling, eines Farmers aus Louisiana. Nach dem Sieg der Nordstaaten im amerikanischen Bürgerkrieg 1865 glaubte Foelling, er könne für die Freilassung seiner Sklaven eine Entschädigung verlangen, und stellte eine Kalkulation auf, die im *Boston Traveller*, Port Hudson, veröffentlicht wurde: *

Für die nachbenannten Sklaven, welche dem Unterzeichneten ungesetzlicher Weise genommen und in Freiheit gesetzt wurden, gegen das Recht ihres Eigentümers und entgegen dem bestehenden Urteil aller christlichen Männer und Frauen:

1.	**Joseph**, 55 Jahre alt, einäugig und ein wenig lahm; 1860 wurden 500 Dollar für ihn geboten, berechne der Behörde jedoch nur:	230 Dollar
2.	**Caleb**, ungefähr 32 Jahre alt, etwas schwindsüchtig, aber nicht bedeutend:	600 Dollar
3.	**Sam**. Ein Junge von 32 Jahren, sehr lebhaft, wurde von einem Pferd in den Rücken gestoßen, was ihn zur Feldarbeit aber nicht untüchtig macht:	900 Dollar
4.	**Sarah**, Dienerin im Haus, nett und aufgeweckt:	500 Dollar
5.	**Toni**, ein großer Junge, Gewicht 190 Pfund, 29 Jahre alt, arbeitet ohne Aufseher:	2200 Dollar
6.	**Dinah**, ein zehnjähriges Mädchen, sehr aufgeweckt und zutraulich:	400 Dollar
7.	**Old Salomon**, 74 Jahre alt, gut zum Kornausziehen und Baumwollaushülsen zu gebrauchen:	200 Dollar
8.	**Betsey**, Frau Calebs, 30 Jahre alt, hat gesunde Zähne und flinke Hände, ist gesund:	800 Dollar
9./10.	**Betsey** und **John**, ihre Kinder, 3 und 5 Jahre alt, alle fett und rund, 100 Dollar pro Stück:	200 Dollar
11.	**Verne**, ein kräftiges Hausmädchen, sehr niedlich und bescheiden, fast weiß, von guter Gemütsart, eine first class hand als Hausmädchen in einer Gentleman's Familie:	1800 Dollar
Gesamt:		**7930 Dollar**

* Auch diese Tabelle findet sich in dem bereits zitierten Buch *Der Werth des Menschen* von Ernst Engel (S. 8).

Demgegenüber steht diese Meldung:

»Wie die Internationale Gesellschaft für Menschenrechte (IGFM) aus Pakistan erfahren hat, wurden auf dem Gelände der Universität von Punjab in Pakistan am Donnerstag, den 7. Mai 2009, etwa 100 Kinder von Mitarbeitern der lokalen Behörden und ihren Familien für 70-80000 pakistanische Rupien – ca. 700-800 Euro – in einer Auktion zum Kauf angeboten. Als Gründe für diesen Schritt wurden Arbeitslosigkeit und Armut angegeben. Die Polizei soll nicht eingeschritten sein.«

Schon Aristoteles' Abhandlung *Politik* beginnt mit einer Verteidigung der Sklaverei. Der Begriff beschreibt die völlige Entrechtung eines Menschen zum Zweck der Ausbeutung. Er wird auf seine Arbeitskraft reduziert, zu einem Produktionsfaktor, der gehandelt werden kann. Offiziell wird die Sklaverei weltweit verdammt. Als letzte Nation hat Mauretanien sie 1980 verboten. Dessen ungeachtet ist der Handel mit Menschen nach Meinung von UNO-Experten inzwischen fast so lukrativ geworden wie der Handel mit Drogen. Die niedrigste Schätzung liegt bei sieben Milliarden Dollar Gewinn jährlich.

Verschiedene Organisationen sprechen von aktuell bis zu 30 Millionen Sklaven weltweit – so viele wie nie zuvor in der Geschichte. In den insgesamt 400 Jahren des Menschenhandels zwischen Afrika und der Neuen Welt sollen »nur« knapp 12 Millionen Menschen betroffen gewesen sein. Damals wurden die versklavten Menschen oft besser behandelt, als es aktuell der Fall ist. Auf heutige Verhältnisse umgerechnet, kostete ein Sklave im Jahr 1850 durchschnittlich etwa 40000 Euro. Eine solche Investition ließ zumindest auf eine verantwortungsvolle Behandlung hoffen, auch wenn es nur darum ging, die Arbeitskraft möglichst lange zu erhalten.

Es gibt verschiedene Formen der Sklaverei. Meist handelt es sich um erzwungene Prostitution von Frauen und Kindern, um Zwangsarbeit oder Schuldknechtschaft. Da die Opfer in der Regel im Übermaß verfügbar und leicht zu ersetzen sind, haben sie dementsprechend nur einen geringen Marktwert.
Die Marktpreise variieren und lassen sich wegen der Illegalität kaum erfassen. Es können zehntausende Euro sein, die eine Zwangsprostituierte in einem Industriestaat »kostet«, während Kinder in Ländern der Dritten Welt zum Teil verschenkt werden, da die Familien sie nicht ernähren können.
Der US-amerikanische Soziologe Kevin Bales schätzte als weltweit anerkannter Experte und Präsident von Free the Slaves im März 2011 den aktuellen globalen Durchschnittspreis eines Sklaven auf 90 US-Dollar, etwa 63 Euro. Das ist ein historischer Tiefstand.
Die globale Dynamik des Problems ist immens. Die billige Arbeitskraft von Frauen und Kinder in der Dritten Welt entwikkelt sich immer mehr zu einem wettbewerbsentscheidenden Faktor. Diese Aufwertung im Rahmen einer unterentwickelten Zivilgesellschaft birgt die große Gefahr, daß die betroffenen Menschen schlichtweg als Produktionsfaktoren be- und auch gehandelt werden.
Der amerikanische Soziologe John Frederick, der sich seit mehr als 20 Jahren mit dem Thema Frauen- und Kinderhandel in Südasien beschäftigt, sagte mir dazu schon vor ein paar Jahren in einem Interview:
»Natürlich sind Kinder eine Ware. Sie können billig arbeiten und unsere Tennisschuhe oder was auch immer billig produzieren. Für uns im Westen ist schließlich alles eine Ressource. Und die Globalisierung ist im Grunde ein Weg, der es uns erlaubt, Sklavenplantagen auf einem globalen Level betreiben zu können. Anstatt unsere individuellen ›Neger‹ zu haben, sind eben ganze Nationen wie Nepal unsere ›Negerstaaten‹. Die liberaleren Regierungen winden sich da ein wenig mehr und reden von Kinderrechtskonventionen. Aber die tragen auch diese Tennisschuhe. Und sie machen keine Anstalten, sie

auszuziehen. Auch wenn wir im Westen natürlich nicht unsere Kinder verkaufen, zwingen wir andere Gesellschaften, genau das zu tun.«

Der größte Sklavenmarkt Nordamerikas befand sich, so eine passende Anekdote am Rand, Ende des 17. Jahrhunderts in der Stadt New York. Die menschliche Ware wurde an einer langen Mauer angekettet, die der Straße später ihren Namen gab: Wall Street.

In Deutschland erfaßt das Bundeskriminalamt jedes Jahr einige hundert Fälle von Menschenhandel. Auch bei uns wird von einer beträchtlichen Dunkelziffer ausgegangen. Schätzungen sprechen von bis zu 30 000 überwiegend weiblichen Sklaven, die meist zur Prostitution gezwungen werden.

Eine spezielle Art von Kinderhandel können Auslandsadoptionen darstellen. Die sind in Hollywood, dem Leitbild der globalen Gemeinde, sehr populär. Ob Madonna, Brad Pitt und Angelina Jolie, Tom Cruise und Nicole Kidman, Diane Keaton, Meg Ryan, Sharon Stone, Michelle Pfeifer: Wer einen Blick in *Bunte* oder *Gala* wirft, kennt die süßen Fotos, weiß, daß Madonna den Gesetzen nach zu alt ist für ein Adoptiv-Baby, zu wenig Zeit in dessen Heimatland verbracht hat, dafür aber ein paar Millionen für ein Kinderheim spendete.

Studien und Berichte über psychosoziale Spätfolgen bei betroffenen Kindern, vor allem wenn sie aus ihrem ursprünglichen Kulturkreis heraus adoptiert wurden, spielen da keine Rolle.

Auch in Deutschland werden prominente Adoptionsfamilien – etwa die von Altbundeskanzler Schröder – eher selten mit solchen Fragen konfrontiert. Wie in allen anderen westlichen Industriestaaten auch hat sich bei uns die Zahl der zur Adoption freigegebenen Babys und Kleinkinder in den letzten Jahrzehnten drastisch reduziert. Das liegt vor allem an der weiten Verbreitung von Verhütungsmitteln, einem liberalisierten Abtreibungsrecht sowie der gewachsenen Akzeptanz alleinerziehender Mütter. Auf jedes Kind, das hier zur Adoption freigegeben wird, warten mindestens zwölf potentielle Elternpaare. Die Auswahl ist genau und streng.

Wer scheitert, kann sich aber im Ausland sein Wunschkind suchen. Oft legal, bisweilen aber auch halb- oder illegal. Im Internet werben einschlägige Vermittlungsagenturen – »Hier und jetzt bekommen Sie ihren Kinderwunsch erfüllt!« – mit der Möglichkeit der Ratenzahlung und Handbüchern für »streßfreie Auslandsadoptionen«.

Die Kosten sind schwer zu überblicken: Gebühren in beiden Ländern, Beglaubigungen, Anwälte, Reisen – da können schon mal 20 000 Euro oder auch mehr zusammenkommen, sagt die Kinderrechtsorganisation terre des hommes. 20 000 Euro als Endpreis für ein Kind.

31. Werte im Krieg oder: Welchen Preis hat ein Soldat?

Vor allem im 18. Jahrhundert wurden deutsche Soldaten von ihren Fürsten an kriegsführende Parteien in anderen Ländern vermietet oder verkauft, zum Beispiel im Siebenjährigen Krieg (1756-1763) und im amerikanischen Unabhängigkeitskrieg (1775-1783). Mit den Einnahmen finanzierten sie in der Regel den aufwendigen Lebenswandel an ihren Höfen, ein Punkt, den Friedrich Schiller schon 1783 in *Kabale und Liebe* anprangerte. Anders als die modernen Söldner, die als Angestellte privater Firmen wie Xe Services LLC (früher Blackwater Worldwide) im Irak oder in Afghanistan für die USA kämpfen, hatten die Soldaten damals keine große Wahl. Der größte Exporteur der militärisch-menschlichen Ressource – der Anatom Gunther von Hagens hat es erwähnt – war Landgraf Friedrich II. von Hessen-Kassel. An die 20000 Männer, das waren annähernd fünf Prozent der damaligen Bevölkerung des Fürstentums, ließ er nach Amerika verschiffen, wofür ihm die Engländer eine Art Werbungskostenpauschale und Miete bezahlten.

Seit der späten Antike hatten auch gefangene Soldaten einen ökonomischen Wert, weil sie als Sklaven verkauft werden konnten. Die Preise bestimmte der Markt. Da es in solchen Fällen oft ein Überangebot gab, waren sie vergleichsweise niedrig. Eine für die Gefangenen entscheidend angenehmere Perspektive waren Lösegeldzahlungen. Die waren für den Sieger wesentlich lukrativer, aber auch komplizierter. Zudem mußte sich erst mal jemand finden, der bereit war zu zahlen.

Im 17. Jahrhundert entwickelten sich aus diesem oftmals improvisierten Handel sogenannten Kartelle, Verträge über die gegenseitige Rückgabe von Gefangenen der jeweiligen Kriegsparteien. Ausgangslage war der Austausch Mann gegen Mann, entsprechend dem Rang oder Dienstgrad. Da bei diesem Verfahren aber in der Regel Gefangene übrigblieben, wurden auf der Basis der alten Lösegeldpraxis ausführliche Wechselkurstabellen zwischen den beteiligten Armeen vereinbart.

Überliefert ist unter anderem das Kartell von Grottkau, das am 9. Juli 1741 zwischen der preußischen und der ungarischen Armee geschlossen wurde. Jedem Rang ist ein Äquivalent in »Köpfen« und Gulden zugeordnet, wonach der Tauschwert eines Generals 3000 einfache Soldaten oder aber 15 000 Gulden betrug. Nach grober Schätzung (ein Gulden entspricht 40 bis 50 Euro) sind das bezogen auf die heutige Kaufkraft etwa 700 000 Euro. Die Summen mußten laut Vertrag jeweils bar beglichen werden.

Entsprechend detailliert beschäftigte sich die Liste mit der Artillerie, der Kavallerie, den Versorgungstruppen und so weiter. Bäckermeister und Pferde-Ärzte waren zwei Köpfe oder zehn Gulden wert. Geistliche, Ärzte, Apotheker und Postmeister wurden wie die gefangenen Frauen auch umsonst zurückgegeben.

Interessant auch die Zahlen, die *Der Neue Kulturfahrplan – Die wichtigsten Daten der Weltgeschichte* auflistet. Sie geben an, was die »Tötung eines Gegners« im historischen Vergleich gekostet haben soll. In den Kriegen Cäsars 0,75 Dollar, Napoleons 3000 Dollar, im Ersten Weltkrieg 21 000 Dollar, im Zweiten Weltkrieg 50 000 Dollar und im Vietnamkrieg 100 000 bis 300 000 Dollar. Leider wird nicht dargelegt, mit welcher Methode diese Werte ermittelt wurden.

Dann kommt mir noch ein Satz von Josef Stalin als Oberbefehlshaber der Roten Armee in den Sinn: »Ein Toter ist eine Tragödie, eine Million Tote sind eine Statistik.« Ist das die Aussage eines zynischen Massenmörders oder eine gängige militärische Weltanschauung, zumindest im Kontext der großen Kriege des letzten Jahrhunderts? Eine rhetorische Frage. Eine Million Tote sind eine Million Tragödien.

Und heute, zum Beispiel bei der Bundeswehr? Mir fehlen die persönlichen Erfahrungen. Ich habe den Wehrdienst in den achtziger Jahren verweigert. Es war die Zeit des Kalten Krie-

Preise für Infanterieoffiziere und –soldaten nach dem Kartell von Grottkau (1741)*

	Köpfe.	Gulden.
Die hohe Generalität.		
General-Feld-Marschall	3000	15000
General	2000	10000
General-Lieutenant	1000	5000
General-Major	300	1500
Regimenter Infanterie mit ihrem Stabe.		
Obrister	130	650
Obrist-Lieutenant	60	300
Obrist-Wachtmeister	27	135
Hauptmann	16	80
Lieutenant	6	30
Fähnrich	5	25
Adjutant bezahlt nach seiner sonst habenden Charge.		
Regiments-Quartiermeister	6	30
Auditeur	5	25
Wagenmeister	2	10
Feldwebel	2	10
Sergeant	1	5
Regiments-Tambour	1	5
Gefreyter Corporal	1	5
Fourier	1	5
Capit. d'Armes, Corporal	1	5
Hautboist	1	5
Tambour, oder Pfeifer	1	5
Grenadier, Gefreyter, Fourierschütz, Musketier	1	5
Büchsen-Macher	1	5
Der Profoß (eine Art Militärpolizist, Anm. des Autors) gilt nichts.		

ges. Ich stand Sinn und Zweck der Bundeswehr sehr mißtrauisch gegenüber. Das hat sich später ein bißchen gelegt.

In den Berichten des Wehrbeauftragten des Bundestages zur Situation deutscher Soldaten im Ausland, in Afghanistan etwa oder im Kosovo, wird zum Beispiel auf ihren nicht optimalen Schutz hingewiesen. Unter anderem gebe es zu wenige gepanzerte Fahrzeuge. Warum, frage ich mich? Liegt es wie so oft am Geld? Gibt es vielleicht Kosten-Nutzen-Rechnungen, die einer optimalen Schutzausrüstung im Wege stehen? Nach welchen Kriterien werden Investitionen in die Sicherheit der

* Johann Georg Krünitz, *Oekonomische Encyklopädie oder allgemeines System der Staats- Haus- u. Landwirtschaft in alphabetischer Ordnung*, fünfzigster Teil: *Von Kriegs:Baukunst bis Kriegs:Kunst*, nebst 8 Kupfertafeln auf 2 1/8 Bogen, Berlin: Joachim Pauli 1790, S. 435.

Bundeswehr kalkuliert? Hat jeder Soldat immer das allerbeste, das heißt allersicherste und somit wohl auch oft allerteuerste Material? Das möchte ich bezweifeln. Wie sollte das gehen? Schließlich hört man doch immer wieder von Sparzwängen bei der Bundeswehr. Daraus läßt sich die böse Frage ableiten: Ist ein deutscher Soldat vielleicht nicht genug wert, um alle denkbaren Investitionen zu rechtfertigen?
Wilfried Stolze, Sprecher des Bundeswehrverbandes, kann mit meiner Frage nach dem Wert eines Soldaten nicht viel anfangen: »Ein Soldat ist kein Kostenfaktor mit zwei Ohren, sondern ein Staatsbürger in Uniform.« Wenn es um Ausrüstungsfragen geht, gebe es aber immer wieder »politische Spielchen« zwischen dem Parlament und den Lobbyisten der Rüstungsindustrie, sagt er. Bei diesen Spielchen, so nehme ich an, könnte es – in der Politik schließlich nicht ganz unüblich – auch ums Geld gehen.
Also frage ich beim Bundesministerium der Verteidigung nach. Ein Sprecher antwortet mir – wie ich finde – ein wenig ausweichend:

> »Geplante Rüstungsinvestitionen unterliegen in Hinblick auf ihren Beitrag zum ausgewogenen Aufwuchs des Fähigkeitsprofils der Streitkräfte einer ständigen Überprüfung, um so mittel- und langfristig die Erfüllung aller Aufgaben der Bundeswehr sicherzustellen. Dabei werden alle Rüstungsinvestitionen durch den militärischen Bedarfsträger hinsichtlich ihrer Bedeutung für die Einsatzfähigkeit der Bundeswehr bewertet und einer Priorisierung unterworfen. Im Rahmen dieser Priorisierung erhalten solche Projekte die höchste Bewertung, welche zur unmittelbaren Abwendung von Gefahr für Leben und Gesundheit aller Angehörigen der Bundeswehr und zum Schutz von Personal im Einsatz beitragen. Andere Aspekte, wie zum Beispiel der Systemzusammenhang oder Betriebskosten, haben dem gegenüber nachrangige Bedeutung. Wirtschaftlichkeitsüberlegungen beziehen sich auf die Auswahlentscheidungen mit Blick

auf alternative Lösungsmöglichkeiten, die die funktionalen Forderungen bezüglich des Schutzes abdecken.«

Ich übersetze das so, daß die Bundeswehr ständig guckt, wie sie ihr Geld entsprechend ihren Aufgaben investiert. Dabei entsteht eine Art Prioritätenliste. Ganz oben stehen Projekte, die dem Schutz der Bundeswehrangehörigen dienen. Kostenfragen sind dabei zwar zweitrangig, aber nicht gleichgültig. Bei ähnlich guten Lösungen wird die billigere Variante gewählt. Das klingt für mich durchaus logisch, aber auch etwas anders als »für unsere Soldaten *immer* nur das Beste!«
Auf weitere Fragen wird mir mitgeteilt, die Bundeswehr beschäftige sich nicht mit »Berechnungen des ›Wertes eines statistischen Lebens‹ oder damit im Zusammenhang stehenden Fragestellungen«. Dementsprechend könnten »diesbezüglich auch keine Ansprechpartner benannt werden«.
Konkrete Summen werden nur für den allerschlimmsten Fall genannt. Nach dem Einsatzversorgungsgesetz erhält die Witwe oder der Witwer beziehungsweise erhalten die versorgungsberechtigten Kindern eines getöteten Soldaten eine einmalige Entschädigung in Höhe von 60 000 Euro. Bei Eltern und nicht versorgungsberechtigten Kinder sind es 20 000 Euro, bei Großeltern und Enkeln 10 000 Euro. Bei amerikanischen GIs sind es hingegen 100 000 Dollar Sterbegeld und eine Lebensversicherung in Höhe von 400 000 Dollar.
Und als im Sommer 2008 ein deutscher Soldat in Afghanistan irrtümlich eine Frau und zwei Kinder erschoß, zahlte die Bundewehr für alle drei Menschen zusammen eine Entschädigung von 20 000 US-Dollar, etwa 15 000 Euro.
Ein inoffizieller Tarif, der anläßlich der Zahlungen an die Hinterbliebenen des von der Bundeswehr verantworteten Luftangriffs im afghanischen Kundus vom 4. September 2009 gesenkt wurde. Für die offiziell 102 Toten und Verletzten zahlte das Verteidigungsministerium jeder der 86 betroffenen Familien 5000 US-Dollar, etwa 3750 Euro – unabhängig davon wie viele Opfer sie jeweils zu beklagen hatten. Allerdings wur-

de darum gebeten, die Zahlungen nicht als eine »Entschädigung im Rechtssinne« zu verstehen.
Wesentlich routinierter und auf jeden Fall sparsamer behandeln die US-Amerikaner die sogenannten »Kollateralschäden« ihrer Kriegsführung. Betont freiwillig leisten sie in entsprechenden Situationen sogenannte »Trost- oder Beileidszahlungen«. Der Tarif liegt zwischen 2000 und 2500 Dollar im Todesfall und zwischen 400 und 1500 Dollar bei ernsthaften Verletzungen.
Beindruckend offene Kalkulationen gibt es insgesamt auch zum letzten Irakkrieg, bei dem es ja angeblich vorrangig um die Vernichtung gefährlicher Massenvernichtungswaffen ging. In den USA wurden, unter anderem von diversen Nobelpreisträgern, verschiedene Studien zu den ökonomischen Kosten des Krieges präsentiert. Sie waren Teil einer Art politisch-ökonomischer Kosten-Nutzen-Rechnung. So rechnete der Haushaltsexperte des Weißen Hauses, Mitch Daniels, Ende 2002 mit Kriegskosten zwischen 50 und 60 Milliarden Dollar. Präsident Bushs ökonomischer Chefberater Lawrence Lindsey stellte dazu in einem Interview mit der *Washington Times* im September 2002 klar, die »relativ niedrigen wirtschaftlichen Verluste« würden »bei weitem durch die zu erwartenden ökonomischen Vorteile aufgewogen werden«, da »es vor allem um Öl« gehe, »und ein Regimewechsel im Irak zu einem Anstieg der Ölmenge auf dem Weltmarkt führen werde«. Von den entsprechend sinkenden Preisen würde dann auch die US-Wirtschaft profitieren. Als Lindsey allerdings die zu erwartenden Kriegskosten in einem Interview mit dem *Wall Street Journal* auf 100 bis 200 Milliarden Dollar schätzte, mußte er prompt seinen Job aufgeben. Die Toten hatte man dabei nicht vergessen. Nein, man hat sie berechnet, zumindest später und zumindest diejenigen, die auf der »richtigen« Seite starben. Grundlage für die monetäre Kalkulation eines gefallenen Soldaten war und ist der Ansatz zum Wert eines statistischen Lebens (WSL). Der Ökonom Scott Wallsten von der Universität Stanford kalkuliert demnach mit dem Mittelwert verschie-

dener WSL-Studien für einen gefallenen US-Soldaten mit 6,5 Millionen Dollar. Bei Verwundungen, insbesondere solchen mit bleibenden Schäden, werden die 6,5 Millionen mit einem Faktor, der der Schwere der Verletzung entspricht, multipliziert. Die Spanne der Klassifizierung reicht von »geringfügigen« (Faktor 0,0020) bis hin zu »kritischen« Verletzungen (Faktor 0,76).

Besonders bizarr wird es bei der Bewertung der gefallenen Soldaten aus den im Irak kämpfenden Bündnisstaaten. Deren Wert beziehungsweise Wert eines statistischen Lebens wird ermittelt, indem man die für US-Amerikaner geltenden 6,5 Millionen mit einem Faktor multipliziert, der dem Verhältnis des US-amerikanischen Sozialprodukts zu dem des jeweiligen Landes entspricht. Hannes Spengler hat diesen Ansatz auch im Rahmen eines globalen WSL angedacht. Bei Wallsten ist ein dänischer Soldat demnach sogar wertvoller als ein amerikanischer. Doch das ist die große Ausnahme. Alle anderen gefallenen Soldaten haben einen niedrigeren Wert. Ein Bulgare, Ukrainer, Kasache, Thailänder oder Salvadorianer »kostet« nicht einmal halb soviel wie ein Amerikaner.

Trotzdem kam Wallsten bereits in seiner Gesamtabrechnung aus dem Jahre 2005 auf weitaus höhere Kriegskosten als die anfangs erwarteten 60 Milliarden. Der Nobelpreisträger Joseph Stiglitz spricht mittlerweile von etwa 3 000 000 000 000, also drei Billionen Dollar allein für die USA. Der Krieg hat sich also ökonomisch nicht gelohnt, der Ölpreis ist auch nicht gefallen und die Zahl der Toten wird auf insgesamt bis zu 650 000 geschätzt.

Dazu passend eine bittere Anekdote aus dem Ruanda zur Zeit des Völkermordes im Jahr 1994: Der kanadische Kommandeur der UN-Soldaten, Romeo Dallaire, zitiert in seinem Erlebnisbericht *Handschlag mit dem Teufel* amerikanische Regierungskreise, die stets betont hätten, »erst für die Rettung von 85 000 Afrikanern lohne es sich, das Leben eines GIs zu riskieren«.

Von den Kalkulationen ihrer Kollegen inspiriert, machten

sich 2010 auch deutsche Ökonomen daran, entsprechende Rechnungen für ihr Land aufzumachen. So betragen die Kosten des deutschen Afghanistaneinsatzes nach einem Bericht des Deutschen Instituts für Wirtschaftsforschung (DIW) im Jahr rund drei Milliarden Euro. Das sind immerhin zwei Milliarden Euro mehr, als das Verteidigungsministerium angibt. Der Unterschied liegt unter anderem darin begründet, daß das DIW umfassender kalkuliert und neben Zinsen und »Opportunitätskosten durch unterbliebene Investitionen in anderen Bereichen der Volkswirtschaft« auch die Kosten für gefallene Soldaten mit einbezieht. Grundlage dafür ist wieder der in dem Bericht nicht weiter problematisierte Wert eines statistischen Lebens in Höhe von 2,05 Millionen Euro, unter anderem ermittelt von Hannes Spengler. Das entspricht in etwa den von Wallsten ermittelten, vergleichsweise günstigen Summen für einen Kasachen oder Salvadorianer.

Knapp zwei Wochen später kam es am 22. Mai an ganz anderer Stelle zu einem politischen Eklat. Der zu dem Zeitpunkt amtierende Bundespräsident Horst Köhler spricht in einem Interview während eines Truppenbesuches in Afghanistan auch über die Bedeutung von »Handel, Arbeitsplätzen und Einkommen« in Deutschland und bekennt, »daß ein Land unserer Größe mit dieser Außenhandelsorientierung und damit auch Außenhandelsabhängigkeit auch wissen muß, daß im Zweifel, im Notfall auch militärischer Einsatz notwendig ist, um unsere Interessen zu wahren«. Köhler nennt bei seinem Bekenntnis zur Kosten-Nutzenrechnung des Afghanistan-Einsatzes allerdings keine konkreten Zahlen, wie die 2,05 Millionen Euro, die laut DIW mit jedem toten deutschen Soldaten verlorengehen, der unsere Wirtschaftsinteressen schützt. Für seine Freimütigkeit bekommt der Bundespräsident aber auch so schon genug Ärger und tritt wenig später beleidigt zurück.

32. Mein Tod kostet knapp eine Million. Aber nur bei einem Verkehrsunfall. Die Kalkulation der Bundesanstalt für Straßenwesen

Die BASt, das heißt die Bundesanstalt für Straßenwesen, liegt in Bergisch-Gladbach neben der Autobahn A4 Köln-Olpe. Ein weitläufiger, maximal dreistöckiger Gebäudekomplex mit angeschlossenem Testgelände und dem architektonischen Charme der achtziger Jahre. Die etwa 400 Mitarbeiter der BASt liefern dem Verkehrsministerium »wissenschaftlich gestützte Entscheidungshilfen bei technischen und verkehrspolitischen Fragen und wirken maßgeblich bei der Ausarbeitung von Vorschriften und Normen mit«.

Die Homepage informiert ausführlich über abgeschlossene, laufende und geplante Forschungsprojekte. Dabei geht es etwa um die Erfassung der Lichteinschaltquoten am Tag von Kraftfahrzeugen in Deutschland oder die Auswirkung von Fahrzeugtuning auf die Verkehrssicherheit.

Die Eurosummen bei den Sach- und Personenschäden halten sich in den umfangreichen Statistiken in etwa die Waage. Der »Kostensatz für getötete Unfallopfer« beträgt laut BASt knapp 1,2 Millionen Euro.

1,2 Millionen für einen Verkehrstoten sind eine klare Aussage. Auch ich könnte im Verkehr sterben. Demnach müßte ich 1,2 Millionen Euro wert sein. Oder?

Der verantwortliche Ansprechpartner für diese Zahl ist der Volkswirt Kai Assing vom Referat »Sicherheitskonzeption und Sicherheitskommunikation«.

Assing ist ein jungenhafter Typ Ende Dreißig mit einem selbstmontierten Blaulicht auf seinem PC-Monitor.

– Warum ist ein Mensch bei Ihnen 1,2 Millionen Euro wert?

– Man kann nicht sagen, daß der Mensch 1,2 Millionen Euro wert ist. Wir berechnen nicht den Wert des menschlichen Lebens. Das kann man nicht.

Nun, da habe ich wohl zu einfach gedacht.

– Aber was berechnen sie dann?

– Wir rechnen die Kosten aus, die durch Unfälle entstehen. Und für diesen Schadenskostenansatz bewerten wir nicht Leben, sondern die Kosten, die der Volkswirtschaft durch die Unfälle entstehen.

Gut. Es wird aus der gesellschaftlichen Perspektive der Volkswirtschaft gerechnet. Für die entsteht – so die BASt – durch jeden Verkehrstoten ein statistischer Schaden von 1,2 Millionen Euro.

– Diese Zahlen brauchen wir, um den volkswirtschaftlichen Nutzen von Verkehrssicherheitsmaßnahmen bewerten zu können. Dafür berechnen wir die Kosten, die durch Unfälle entstehen. Und dazu zählen eben auch die Kosten für getötete Verkehrsteilnehmer.

Die klassischen Kosten-Nutzen-Rechnungen. Anders als vergleichbare Behörden in den USA verzichtet die BASt aber auf die Methode des Wertes für ein statistisches Leben auf der Basis von Zahlungsbereitschaftsansätzen.

– Der Wert eines statistischen Lebens hängt immer stark davon ab, wen man was wie fragt. Das ist uns zu ungenau. Auch wenn die Vertreter dieser Methode behaupten, sie hätten da auch das menschliche »Leid« berücksichtigt, sehen wir gerade das als großen Nachteil. Wir versuchen uns an den objektiven Kosten, am wirtschaftlichen Verlust zu orientieren. Menschliches Leid kann man nicht bewerten.

Nun, Spengler und die mächtigen Freunde des Wertes eines statistischen Lebens (WSL) in den USA sehen das mit der Bewertung des Leids, oder wie Spengler sagte, »den weichen Faktoren«, anders. Es ist offensichtlich eine Art Glaubensfrage.

– Und wie kommen Sie dann auf 1,2 Millionen Euro?

Der neueste WSL, den Spengler ermittelt hat, liegt immerhin bei etwa zwei Millionen Euro.

– Wir berücksichtigen verschiedene Komponenten.

Klingt ein bißchen nach Koch-Show. Das Rezept ist allerdings etwas kompliziert. Hauptzutaten für den BASt-Wert sind

die durchschnittlichen »Ressourcenausfallkosten«, die durchschnittliche »außermarktliche Wertschöpfung« und die durchschnittlichen »Reproduktionskosten«.
Die Ressourcenausfallkosten »erfassen die Minderungen an wirtschaftlicher Wertschöpfung, die dadurch entstehen, daß die durch Unfall verletzten oder getöteten Personen nicht mehr in der Lage sind, am Produktionsprozess teilzunehmen«. Kurz gesagt, geht es um den Wert, der verlorengeht, weil ein Toter nicht mehr arbeiten und somit auch keinen offiziellen Beitrag zur Volkswirtschaft leisten kann.
Dazu kommen als zweiter wesentlicher Faktor in der BASt-Kalkulation die »Ergänzungsrechnungen«, die sich vor allem auf »schattenwirtschaftliche Wertschöpfung« – also Schwarzarbeit – und »Wertschöpfung durch Hausarbeit« beziehen. Das ist sozusagen der inoffizielle oder außermarktwirtschaftliche Wert, der der Volkswirtschaft laut BASt mit einem Verkehrstoten verlorengeht.
Schließlich werden noch die »Reproduktionskosten« ermittelt. Das »sind die tatsächlichen Kosten, die aufgewendet werden, um durch den Einsatz medizinischer, juristischer, verwaltungstechnischer und anderer Maßnahmen eine äquivalente Situation wie vor dem Unfall herzustellen«. Das betrifft im großen und ganzen alle Kosten, die der Volkswirtschaft mehr oder weniger direkt durch den tödlichen Unfall entstehen.

– Wie kommt man denn beispielsweise auf die genauen Polizeikosten bei einem Unfall?
– Man dividiert die bekannten Personal- und Sachkosten für den Polizeidienst in Deutschland durch die Zahl der beschäftigten Polizisten. So hat man einen durchschnittlichen Kostensatz pro Kopf. Da die effektive Jahresarbeitszeit bekannt ist, kann man ermitteln, wie hoch der Kostensatz pro Stunde ist. Und nach Erhebungen bei verschiedenen Innenministerien weiß man, wie viele Arbeitsstunden durchschnittlich für die Bearbeitung eines Personenschadens benötigt werden. Das ist jetzt grob erklärt. Da gibt es noch verschiedene Gewichtungen.

»Grob« reicht mir schon. Ich weiß nicht, ob ich irritiert oder beeindruckt bin, auf jeden Fall bin ich ein bißchen baff. Die Polizeikosten für einen Unfalltoten lagen bei der letzten Erhebung 1994 bei gut 330 Euro, die Justizkosten bei etwa 1400 Euro. Seitdem werden die Beträge jährlich der Inflation angepasst.

– Und insgesamt?

– Die Reproduktionskosten, von denen wir – wohlgemerkt – statistisch ausgehen, liegen bei rund 10 000 Euro.

Dann entfällt also der große, große Rest der fast 1,2 Millionen Euro für einen Verkehrstoten auf die Ressourcenausfallkosten sowie die Wertschöpfung aus Schattenwirtschaft und Hausarbeit. Zumindest nach den Berechnungen des BASt. Ich fürchte es wird kompliziert. Ich frage trotzdem.

– Und wie ermitteln Sie die Ressourcenausfallkosten?

– Es geht um die Produktionsfunktion und das durchschnittliche Produktionspotential. Dazu kommt das durchschnittliche Alter der Opfer. Damit wird dann alles berechnet.

Klingt immer noch nach Koch-Show. Alles in den großen Mixer. Es geht in der Rechnung nicht um die tatsächlich ermittelte volkswirtschaftliche Durchschnittsleistung eines Bundesbürgers, sondern um das, was er unter normalen wirtschaftlichen Bedingungen noch hätte maximal leisten *können*. Oder wie Assing sagt, um den »potentiellen Produktionswert bei Normalauslastung der Produktionsfaktoren«. Das BASt berechnet ausgehend vom konkreten Alter, wie lange das Opfer noch gearbeitet hätte, und ermittelt so den jeweiligen Wert der einzelnen Toten. Bei einer Anhebung des gesetzlichen Rentenalters erhöht sich mit der Lebensarbeitszeit dementsprechend auch der potentielle Produktionswert. Am Ende der Kalkulationen wird wieder alles zu einem Durchschnittswert zusammengefaßt.

– Damit vermeidet man das ethische Problem, daß eigentlich jedes Opfer entsprechend seiner unterschiedlichen Produktionsbeiträge unterschiedlich bewertet werden müßte. Der genaue Betrag wird jährlich angepaßt und verändert sich auch immer wieder leicht. Aber in der Regel liegt er bei rund 770 000 Euro.

– Wenn es der Wirtschaft besser geht, dann sind die Kosten beziehungsweise der volkswirtschaftliche Schaden, der durch einen Verkehrstoten entsteht, doch höher, oder?

Und ich wäre mehr wert, so meine ganz einfache Rechnung.

– Es geht um das Potential, um das, was möglich wäre.

Ich muß mich sehr konzentrieren. »Potential« und »wäre«, sagt er netterweise etwas lauter. Und er spricht jetzt auch ganz langsam. Konjunkturschwankungen, also die tatsächliche aktuelle Nachfrage, spielen in den BASt-Rechnungen keine Rolle, da sich das Produktionspotential ohnehin an der Obergrenze der möglichen Wertschöpfung orientiert. Allerdings können dauerhafte Veränderungen auf dem Arbeitsmarkt das Produktionspotential – und somit, ganz einfach gesagt, auch den für mich veranschlagten Durchschnittswert – beeinflussen. Ich versuche noch mal eine Zusammenfassung im Sinne des BASt.

– Ich kann also sagen: Wenn ich jemanden bei einem Unfall töte, dann habe ich seiner Familie ein nicht monetarisierbares Leid und der Volkswirtschaft einen Schaden von 1,2 Millionen Euro zugefügt? Das ist nicht der Wert eines Lebens, bezeichnet aber den potentiellen Schaden, welcher der Volkswirtschaft im Durchschnitt entsteht.

Nicht ganz ohne Stolz schaue ich fragend zu Assing. Meine Übersetzung der BASt-Zahlen scheint ihn zu foltern.

– Ja genau, wenngleich das schwierig ist. Man kommt da leicht in einen Bereich, wo man es falsch ausdrücken könnte.

Da liegt, so vermute ich, wieder ein ethisches Spannungsfeld. Assing fühlt sich sichtlich unwohl. Ich will aus der Theorie wieder in die Praxis, das heißt zu den Kosten-Nutzen-Rechnungen. Ich brauche ein plastisches Beispiel und wähle die klassische Ampel.

– Mal konkret und stark vereinfacht: Eine Ampel, die fünf Millionen Euro kostet und drei Menschen das Leben rettet, würde die gebaut? Die drei vermiedenen Unfalltoten würden schließlich »nur« 3,6 Millionen entsprechen. Das wäre also ein Verlustgeschäft.

Assing – immer noch besorgt, auf einer der ethischen Tretminen zu landen – windet sich. Das Wort »Verlustgeschäft« gefällt ihm nicht. Er holt etwas weiter aus.

– Für solche konkrete Maßnahmen sind unter anderem die Unfallkommissionen mit Vertretern der Polizei, der Straßenbau- und Straßenverkehrsbehörde zuständig. Die beschäftigen sich mit den Unfallhäufigkeiten und -ursachen an einer konkreten Stelle und beraten, wie am besten Abhilfe geschaffen werden könnte.

Aber schließlich:

– Und die arbeiten auch mit unseren Zahlen.

Die BASt überprüft etwa alle zehn Jahre ihre Rechenmethode beziehungsweise läßt sie von externen Fachleuten überprüfen. Zur Zeit ist es wieder soweit. Es wird vor allem überlegt und entschieden, welche Komponenten in die wirtschaftliche Verlustrechnung mit einfließen sollen und welche nicht. Etwa ob die volkswirtschaftlichen Kosten, die durch einen Stau nach einem Unfall entstehen, eine Rolle spielen. Auch Veränderungen bei den medizinischen Behandlungskosten müßten dabei berücksichtigt werden. Wenn man es so sieht, könnte der kostenintensive medizinische Fortschritt den Kostenansatz für ein Unfallopfer erhöhen, und auch mich sozusagen »teurer« machen. Assing schaut auf die Uhr. Zeit für die letzten Fragen.

– Aber ist das nicht eventuell eine politische Frage? Wenn die Unfallkosten erheblich sinken oder steigen, weil man eine neue Methode anwendet, dann hat das doch eventuell auch politische Konsequenzen, weil man dann verpflichtet wäre, entsprechend mehr oder auch weniger in Sicherheitsmaßnahmen zu investieren?

Ich denke an die administrative Absenkung des Wertes für ein statistisches Leben in den USA während der Regierungszeit von Bush junior, über die ich schon mit Spengler gesprochen hatte. Also an die verführerische Möglichkeit, mit einer Manipulation der Zahlen konkrete Politik zu machen. Bei einem niedrigeren Wert müßte schließlich weniger investiert werden.

– Deswegen versuchen wir das nach möglichst objektiven wissenschaftlichen Standards zu berechnen.

Auch oder gerade »möglichst objektive wissenschaftliche Standards« scheinen mir nicht ganz frei von willkürlichen oder zumindest diskussionswürdigen Entscheidungen bei der Wahl der Methode oder der Gewichtung der einzelnen Komponenten zu sein. Dafür spricht schon die Tatsache, daß die Wissenschaftler in den USA für sehr ähnliche Zwecke einen völlig anderen Ansatz mit wesentlich höheren Summen, eben den WSL bevorzugen. Obwohl mir der ja noch beliebiger vorkommt. Eine letzte Frage.

– Wir reden von den Verlusten der deutschen Volkswirtschaft. Wird denn zwischen deutschen und ausländischen Opfern differenziert?

Ich habe hier zum Beispiel die Holländer auf deutschen Autobahnen im Hinterkopf, die ja eigentlich nicht zu unserer Volkswirtschaft zählen. Assing lächelt nicht mehr. Er schaut ein wenig erschrocken.

– Nein, da wird nicht differenziert.

Zum Abschied drückt er mir einen Bericht in die Hand – *Volkswirtschaftliche Kosten der Personenschäden im Straßenverkehr*. Da steht alles drin, was er mir gesagt hat, nur noch ausführlicher beziehungsweise komplizierter. Stutzig werde ich bei dem Thema Organtransplantationen. Habe ich auch noch auf meiner Rechercheliste, allerdings erst etwas weiter unten. In dem Bericht wird kalkuliert, was die möglicherweise von verunglückten Unfallopfern gespendeten Organe der Gesellschaft nutzen könnten. »Die Organe tödlich verletzter Unfallopfer«, heißt es da, »stellen wirtschaftstheoretisch eine Angebotsausweitung dar, die kostendämpfend wirken kann.« Das könnte, so die Rechnung, über 28 Millionen Euro einbringen. Ganz schön mutig, denke ich. Eine ethische Mega-

Tretmine. Allerdings bleibt es bei einer Art Modellrechnung. Der potentielle »Profit« wird aus ethischen Gründen, wie Assing mir später tabubewußt am Telefon erklärt, dann doch nicht mit den Verlusten verrechnet, weil »man Tod nicht positiv bewerten will«. Da hat er, so scheint es, gerade noch mal die Kurve gekriegt.

Der Ausflug in die volkswirtschaftliche Logik der Bundesanstalt für Straßenwesen hat meine Sammlung von »Lebenswertberechnungen« um den Wert 1,2 Millionen Euro bereichert. Vorläufig. Denn als das von Assing erwähnte überarbeitete Methodenpapier im August 2010 veröffentlicht wird, liegt der »Kostensatz für einen Getöteten« bei nur noch 1 018 064,51 Euro und nach der neusten Angleichung gar bei 996 412 Euro. Als Grund wird eine »Anpassung des Rechenmodells« insbesondere bei dem »Bewertungsverfahren für die Ressourcenausfallkosten« angegeben. Das ist kompliziert, aber sicher nicht vertrauensfördernd, was die vermeintliche Objektivität der ökonomischen Wissenschaft betrifft. Erfreulich ist allerdings, daß die Unfallzahlen, insbesondere auch bei den Todesopfern, weiter deutlich zurückgegangen sind.

996 412 Euro würden, so das BASt, der Volkswirtschaft entgehen, wenn ich bei einem Verkehrsunfall ums Leben komme. Dementsprechend ist es für den Staat ökonomisch sinnvoll, diese Summe in die potentielle Vermeidung meines Todes im Straßenverkehr zu investieren. Rein statistisch natürlich. Im Detail ist es ja doch wieder ein bißchen kniffliger. Da es ein Durchschnittswert ist, gilt er nicht nur für mich, sondern für alle Menschen im deutschen Straßenverkehr, egal ob Kleinkind, Rentner, Manager, Chefarzt oder Arbeitsloser. Alle gleich zu behandeln, klingt großzügig und natürlich auch gerecht. Im Rahmen der ökonomischen Logik, die den Berechnungen zugrunde liegt, wirkt es aber inkonsequent. Die einzelnen konkreten Opfer kosten die Volkswirtschaft unterschiedliche Summen. Und so wäre, vereinfacht gesagt, eine Ampel vor einer Berufsschule volkswirtschaftlich wohl sinnvoller als eine Ampel vor einem Altenheim. Zur konkreten

Begründung im Sinne der Volkswirtschaft ließe sich ganz einfach die Generationenbilanz von Raffelhüschen – auch gegen dessen Willen – heranziehen. Ich will das nicht. Es widerspricht, um das klarzustellen, eindeutig meinem Gefühl von Gerechtigkeit. Die ökonomische Logik würde das aber verlangen, wenn man ihr mit der Konsequenz folgte, die sich die Ökonomen sonst immer wünschen. Stimmt da vielleicht etwas nicht mit dieser Logik? Oder ist sie hier vielleicht grundsätzlich fehl am Platz? Ich denke ja.

Ich bin der Meinung, es ist dem Kantschen Verständnis von Würde im Sinne des Grundgesetzes *nicht* angemessen, wenn der Staat mich beziehungsweise die Leben seiner Bürger aufgrund ihrer potentiellen Produktivität, also ihres Nutzens bewertet und entsprechend schützt. Ich glaube, das ist das »A«, von dem die Medizinhistoriker Halling und Vögele sprachen, die scheinbar »unschuldige« Rechnung, die bei einer Verkehrung der Voraussetzungen fatale Folgen, eben »B«, haben könnte. Der Staat, das heißt auch seine Behörden, sollte aber die Finger von diesem »A« lassen. Er hat nicht wie ein Wirtschaftsunternehmen zu fragen, was ihm ein Mensch, also auch ich, nutzt oder noch einbringt. Der Staat soll seine Bürger, also auch mich, schützen. Das ist seine Aufgabe.

Natürlich hat das Grenzen. Gewisse Risiken lassen sich nicht vermeiden und sind zumutbar. Alles andere wäre weltfremd. Es kann nicht an jeder Ecke eine Ampel, eine Fußgängerbrücke, eine Tempo-30-Zone und so weiter geben. Das Risiko sollte aber, soweit möglich, für alle gleich sein. Das ist wichtig.

Da die Schlußfolgerungen aus der Kalkulation der Bundesanstalt für Straßenwesen letztlich für alle gleich sind, sind die praktischen Auswirkungen grundsätzlich legitim. Doch die Grundlage, das heißt die ökonomische Bewertung von Menschenleben, auf denen die Entscheidungen getroffen werden, ist kaum zu rechtfertigen.

33. Ein Mißverständnis auf der Oranienburger Straße. Gesprächsversuch mit einer Prostituierten

Der bekannteste Straßenstrich Berlins liegt an der Oranienburger Straße in Berlin-Mitte. Die Gegend ist vor allem bei Berlin-Touristen beliebt, die hier das wahre Szeneleben suchen. Mittendrin stehen oder flanieren jeden Abend ein paar Dutzend Frauen auf der Suche nach Kundschaft. Die Berufskleidung ist einheitlich und sie ist extrem. Schnürmieder betonen die Taille, Push-ups heben die Brüste hervor, dazu sehr hohe Stiefel, sehr kurze Röcke und sehr langes, mehr oder weniger künstliches Haar.

Als mal ein Freund mit dem Auto hier langfuhr, rief seine fünfjährige Tochter im Kindersitz auf der Rückbank »Schau mal Papa«, und dabei zeigte sie begeistert auf die Frauen am Straßenrand, »Barbiepuppen!« Nach dem Staunen kamen die Fragen. Sie wollte wissen, was die Frauen machen. Mein Freund antwortete: »Die verkaufen ihren Körper.« Das löste aber vor allem Verwirrung aus. »Warum verkaufen die denn ihren Körper? Wollen die den nicht mehr?« Der Vater erkannte die argumentative Sackgasse und versuchte einen anderen Erklärungsansatz: »Es gibt Männer, die sind so häßlich, daß sie dafür bezahlen müssen, wenn sie geküßt werden wollen«. Das konnte die Tochter schon eher verstehen.

Aber wie ist das mit dem »Körper verkaufen«? Auf eine Antwort hoffend, stehe ich am frühen Abend an der Ecke Oranienburger und Große Hamburger Straße und überlege, welche der Damen ich in meine Recherche einbeziehen soll. Das mit der Einbeziehung läuft dann aber andersrum. Sie ist etwa einen Kopf kleiner als ich und sehr blond.

– Hallo, na?

– Oh, hallo …

Sie trägt die beschriebene Uniform in schwarz, nur Rock und Stiefel sind weiß und aus lackiertem Leder. Ich bin ein bißchen überrumpelt, habe auch noch keine klare Strategie für meine Fragen. Sie ist da offensichtlich ein bißchen erfahrener.

– Ganz allein unterwegs?

Sie steht jetzt sehr nah vor mir. Ich kenne mich bei Parfums nicht aus. Aber sie hat sehr viel davon benutzt. Sie lächelt erwartungsfroh, sieht zumindest so aus.

– Ja. Oder nein! Also ich wollte mal was fragen.

– Klar. 80 Euro, wenn wir aufs Zimmer gehen …

– Nein, ich will nur reden.

Sie schaut sehr verständnisvoll. So von schräg unten und immer noch sehr nah. Ich habe die Gesprächssituation nicht unbedingt im Griff. Und jetzt schaut sie noch verständnisvoller und sehr einladend.

– Klar. 80 Euro wenn wir aufs Zimmer gehen …

– Nein, ich wollte fragen …

– 150 wenn …

– Ich wollte fragen, ob Sie das Gefühl haben, daß Sie sich verkaufen?

Jetzt ist es raus. Und sie ist nicht mehr ganz so nah. Und sie guckt auch nicht mehr ganz so verständnisvoll.

– Was?

– Ich wüßte gern, ob Sie das Gefühl haben, daß Sie sich verkaufen?

Sie wirkt ein wenig irritiert und scheint zu überlegen. Einen Moment nur.

– Hör mal, das sind Dienstleistungen, die ich hier anbiete. Service! Verstehst du? Französisch oder was auch immer. Da kannste dir was aussuchen und dann bezahlste dafür. Aber mich kaufen kannste nicht. Sonst noch was?

– Nee, schon gut. Danke.

Sie ist sauer. Das wollte ich nicht.

– Ich hab es mir ja gedacht, ich wollte nur mal fragen.

Sie hat sich schon umgedreht und geht weg. Zum Abschied hat sie noch »Idiot« gesagt.

34. Ich als Umweltschaden. Ein Lebensjahr ist 50 000 Euro wert. Besuch beim Umweltbundesamt

»Für Mensch und Umwelt« – so der Leitspruch – arbeiten beim Umweltbundesamt etwa 1300 Menschen. Sie bieten der Bundesregierung seit 1974 wissenschaftliche Unterstützung, achten auf den Vollzug der Umweltgesetze und informieren die Öffentlichkeit über den Umweltschutz.
Unter anderem unternimmt die Behörde auch die »Ökonomische Bewertung von Umweltschäden«, das heißt, sie rechnet aus, was es kostet, die Umwelt zu zerstören. Dazu hat sie eine »Methodenkonvention zur Schätzung externer Umweltkosten« veröffentlicht. Hinter dem Papier beziehungsweise der im Internet bereitgestellten Datei stecken »umfangreiche Diskussionen« mit »politischen Entscheidungsträgern und Wissenschaftlern«.
Auch ich bin Umwelt. Auch ich kann geschädigt werden. Auch das könnte was kosten. Ich wüßte gern, wieviel.
Meine Ansprechpartnerin, so teilt man mir mit, ist die Volkswirtin Sylvia Schwermer, zuständig für den Fachbereich wirtschafts- und sozialwissenschaftliche Umweltfragen.
Das Umweltbundesamt ist im Jahr 2005 von Berlin nach Dessau in Sachsen-Anhalt gezogen, hat aber noch drei Außenstellen in Berlin, eine davon im idyllischen Grunewald am Bismarckplatz. An einem sonnigen Mittwochvormittag sitzt Frau Schwermer dort in einem eher kargen »Pendlerbüro«. Schwermer ist Mitte Vierzig. Sie hat kurze Haare und ein freundliches Lächeln. Ich stelle mich vor. Wir sprechen über die schwierige Zugverbindung nach Dessau. Dann ist es soweit:
– Was bin ich wert?
Ich probiere es auf die plumpe Tour. Ist aber zu plump. Sie lacht. Ich warte.
– Das kann ich nicht beantworten.
Die Antwort kenne ich.

– Den Wert eines Menschen kann man nicht in Euro bemessen.

Das Problem kenne ich auch.

– Wir können bemessen, was es kostet, ein Gewässer zu verschmutzen, weil sich das ja mit Geld wiederherstellen läßt. Bei einem Menschen geht das nicht.

Das sehe ich ein. Geld kann einen toten Menschen nicht wiederherstellen. Ich habe sogar Zweifel, daß sich ein Gewässer tatsächlich wieder so herstellen läßt, wie es mal war, nämlich unberührt. Aber darum geht es jetzt nicht.

– Umweltschäden, zum Beispiel Luftverschmutzung oder Lärm, wirken sich negativ auf die Gesundheit aus und können auch zu einer Verkürzung der Lebenszeit führen. Daher verwenden ökonomische Analysen im Umweltbereich auch den Ansatz »Value of a Life Year Lost«

Auf deutsch heißt diese Methode »Wert eines verlorenen Lebensjahres«. Vielleicht ein Euphemismus? Zumindest bin ich ein bißchen verwirrt. Wenn Lebensjahre bewertet werden, dann müßte doch auch ein ganzes Lebens einen Wert haben? Schwermer spricht lieber erst mal von Staubemissionen, die der Gesundheit schaden. Es ist möglich, anhand der Menge der Staubpartikel in der Luft Aussagen über die Häufung von Krankheiten wie Asthma und entsprechende Krankenhausaufenthalte zu treffen. Und das, so Schwermer, könne man monetär erfassen.

– Staubbelastung führt aber auch zu einer im statistischen Mittel bestimmbaren Verkürzung der Lebenszeit. Man kann die wachsende Wahrscheinlichkeit, daß es unter bestimmten Bedingungen mehr Todesfälle gibt, berechnen. So läßt sich prognostizieren, um wie viele Jahre die Lebenserwartung sinkt. Umgekehrt führt eine Senkung der Staubbelastung zu einer entsprechenden Verlängerung der Lebenszeit. Und wir kalkulieren mit 50 000 Euro pro Lebensjahr. Das kann man dann multiplizieren. Es sind aber keine konkreten Menschen, sondern statistische Lebensjahre.

Na also. 50 000 Euro für ein Lebensjahr. Selbstverständlich

statistisch. Sonderlich viel scheint mir das nicht. Also ich würde da sicher mehr ausgeben. Aber laut einer Umfrage des Meinungsforschungsinstituts Emnid wäre immerhin ein Fünftel aller Deutschen bereit, für eine Million Euro auf ein komplettes Jahr ihres Lebens zu verzichten. Schwermer windet sich ein wenig.

– Da gibt es natürlich einen gewissen Konflikt. Dieses unangenehme Gefühl: »Das kann man doch nicht bewerten«. Das verstehe ich, bin aber trotzdem dafür, daß man diese Werte einsetzt.

Die Diagnose zu Schwermers Konflikt lautet: »ethisches Spannungsfeld«. Kenne ich von Assing, dem Mann von der BASt, kann ich nachvollziehen. Erstmal konzentriere ich mich aber auf die 50 000 Euro.

– Wie kommen Sie auf 50 000 Euro für ein Lebensjahr?
– Dazu wird zur Zeit viel geforscht. Wir hatten dazu ein eigenes Projekt. Verschiedene Forschungsinstitute haben für uns die relevanten Studien, die es in Europa gibt, ausgewertet.

Sie hält einen einfachen Hefter in der Hand, auf dem ein komplizierter Titel steht. Es ist ein Sachstandpapier zum Thema »Erarbeitung von Maßstäben für die Bewertung umweltrelevanter externer Kosten und Entwicklung von Vorschlägen zur Nutzung der Schätzungen«. Mit knackigen Überschriften scheinen sie es beim Umweltbundesamt nicht so zu haben. Dafür ist aber alles auf Recyclingpapier gedruckt.

Im Kapitel »Bewertung von Gesundheitsrisiken« verwerfen die Verfasser für ihre Zwecke den Humankapitalansatz und propagieren die Methode für den Wert eines statistischen Lebens auf der Basis der direkten Zahlungsbereitschaft, Spengler hört das sicher gern. Das Umweltbundesamt – Danke für die Transparenz! – macht keinen Hehl daraus, daß die Methoden etwas wackelig sind. In der neuesten Studie im Auftrag der EU-Kommission wurden je etwa 300 Menschen in England, Frankreich und Italien gefragt, wieviel sie zahlen würden, um eine Erhöhung des Sterberisikos innerhalb der

nächsten zehn Jahre auszuschließen. Die Bedeutung dieser begrenzten Zeitspanne wird betont, weil Zahlen für eine durch chronische Luftverschmutzung verursachte Sterblichkeit ermittelt werden sollen. Das heißt, an dem Dreck, den ich heute einatme, sterbe ich erst in einigen Jahren. Die entsprechende Zahlungsbreitschaft ist eine andere, als wenn gleich Schluß wäre. Das Ergebnis der Berechnungen ist dann ein »Wert von ca. 50000 Euro je verlorenem Lebensjahr«. Auf dieser Basis wird aber mit Hilfe diverser Zinsrechnungen auch noch ein Wert für »akute Mortalität« (also heute einatmen und sehr bald sterben) von 75000 Euro für ein verlorenes Lebensjahr ermittelt.
Runde Summe, mit der sich gut rechnen läßt. Zum Beispiel, wenn man die eine Million Lebensjahre nimmt, die in Europa laut einem aktuellen Bericht der Weltgesundheitsorganisation jedes Jahr allein durch Lärmbelastung verlorengehen. Die hätten dann einen Wert von 50 Milliarden Euro. Daß aber die Befragung von lediglich 900 Engländern, Franzosen und Italienern aufgrund einer doch zumindest, wie mir bei Spengler aufgefallen ist, fragwürdigen Methode über den statistischen Wert auch eines meiner Lebensjahre bestimmt, finde ich allerdings, nun ja, irritierend. Nichts gegen Engländer, Franzosen oder Italiener, aber mein Vertrauen in statistikverliebte Ökonomen wird dadurch nicht unbedingt gestärkt. Auch Schwermer, so mein Eindruck, wirkt nicht hundertprozentig überzeugt. Fast schon entschuldigend sagt sie:
– In bezug auf die externen Umweltkosten ist das der aktuelle Konsens auf der wissenschaftlichen Ebene. Also der sogenannte *best-practice*-Wert.
Dieser Wert wird dann unter anderem genutzt, um die externen Kosten des Verkehrs zu berechnen. Das heißt, man ermittelt die Art und Menge der Schadstoffe, die ein Auto auf einem Kilometer ausstößt, guckt, wo das runterkommt, wie dort die Bevölkerungsdichte ist und was die Schadstoffe bewirken – Bronchitis, Asthma etc. Wie viele entsprechende Krankheitstage gibt es, wie verringert sich die Lebensdauer? Diese Schäden werden dann monetär bewertet.

– Und bei den verlorenen Lebensjahren verwendet das Umweltbundesamt die 50 000 Euro für den Wert eines verlorenen Lebensjahres.

– Oder die 75 000? Wäre doch schöner, oder?

Schwermer will nicht feilschen.

– Es geht ja nicht darum, daß ein möglichst hoher Schaden rauskommt. Wir rechnen in der Regel mit Bandbreiten. Es ist wichtig, daß man die Ansätze und Kriterien, im Zweifelsfall auch die Unsicherheiten, transparent macht. Aber auch wenn wir »nur« die 50 000 – als untere Grenze – nehmen, wird oft schnell klar, daß man unbedingt einschreiten sollte oder daß sich bestimmte Umweltschutzmaßnamen auch ökonomisch lohnen.

Nimmt man die Umweltkosten aus Luftverschmutzung und Lärm, die Kosten für Natur- und Landschaftszerstörung, für Boden und Wasserverschmutzung sowie die Klimafolgekosten, kommt man zu den Ergebnis, daß ein gefahrener PKW-Kilometer laut Umweltbundesamt drei Cent kostet, bei einem LKW sind es im Schnitt sogar 17 Cent. Diese Mittelwerte beziehen sich auf die Fahrzeugflotte von 2005. In der Stadt sind die Kosten höher als auf dem Land, weil da eben mehr Menschen negativ vom Verkehr betroffen sind.

– Und was macht dann die Politik mit diesen Berechnungen?

– Strikte Kosten-Nutzen-Abwägungen führen wir nicht durch. Diese Analysen werden aber als Argumentationsgrundlage genutzt. Etwa bei einer Gesetzesfolgenabschätzung. Man kann damit auch monetär bewerten, was eine umweltpolitische Maßnahme an Nutzen bringt – etwa an eingesparten Kosten für das Gesundheitswesen und Sanierungsarbeiten. Das ist wichtig, weil oftmals allein die Kosten im Vordergrund stehen und die Nutzen unter den Tisch fallen.

Wieder denke ich an diesen ominösen Bericht des Weltklimarates. Ich oder ein anderer Industriestaatenbewohner in der einen Waagschale, 15 Bangladeschis in der anderen. Würde sie auch so rechnen? Schwermer schüttelt den Kopf.

– Das Problem ist bekannt, weil sich ja CO_2-Emissionen global auswirken. Es gibt verschiedene Auffassungen, wie man die Schäden monetär bewerten soll. Dabei geht es ja nicht nur um Menschenleben. Aber nehmen wir zum Beispiel die Ressourcenausfallkosten: Jemand ist krank und kann nicht mehr arbeiten. In einem armen Land mit einem niedrigen Bruttoinlandsprodukt sind dann die Kosten für einen ausgefallenen Arbeitstag oft wesentlich niedriger als in einem reichen Land. In einem Entwicklungsland sind das bei einem Arbeiter vielleicht nur ein paar Euro, bei uns vielleicht das Hundertfache. Man kann nun also die tatsächlichen Kosten – eben die paar Euro – nehmen. Oder man gewichtet den Schaden entsprechend höher. Weil so ein paar Euro in einem armen Land viel stärker ins Gewicht fallen als in einem reichen Land. Um das auszugleichen, gibt es ein sogenanntes *equtiy rating*, eine »Gerechtigkeitsgewichtung«.

Das Umweltbundesamt, sagt Schwermer, plädiert für diese Gerechtigkeitsgewichtung, weil es beim Klima um internationale Verantwortung geht. Doch bei den Kostenberechnungen für Umweltschäden fehlen verbindliche Normen. Das liegt an der Skepsis gegenüber den großen Bandbreiten. Die Umweltkosten einer Tonne CO_2 liegen mit der Gerechtigkeitsgewichtung bei etwa 70 Euro. Andere Kalkulationen kommen auf 300 oder aber nur 15 Euro.

– Einige plädieren dann für den oberen, andere für den unteren Wert. Das gibt Streit, und dann kommt der Vorwurf, das sei nicht wissenschaftlich. Also sucht man einen Kompromiß. Für verbindliche Normen ist es noch zu früh.

Ich vermute, hinter den vermeintlich wissenschaftlichen Streitereien stecken auch politische Auseinandersetzungen. Wer einen Wert, der unangenehme politische Konsequenzen zur Folge hätte, nicht anerkennen will, stellt die wissenschaftliche Methode, die hinter diesem Wert steht, zumindest in Frage.

– Hätten Sie gern verbindliche Normen?

– Ich wäre schon froh, wenn die Bewertung der Umweltschäden als Prinzip stärker eingeführt würde. Das durchzuziehen ist aber schwierig. Das Leben läuft ja nicht wie in einem Lehrbuch für Volkswirtschaft. Es ist sehr komplex.

Für einen Ökonomen beziehungsweise eine Ökonomin ist eine solche Aussage, soviel habe ich schon mitbekommen, alles andere als selbstverständlich, dafür aber sehr sympathisch.

– Auch zu komplex für objektive Werte?

– Objektive Werte gibt es nicht. Werte basieren auf Wertvorstellungen, und die sind immer auch subjektiv.

– Auch in der Volkswirtschaft?

– Ja, klar.

Schwermer muß sich wieder ihrer Arbeit widmen. Ich verabschiede mich und bin ein bißchen hin und her gerissen. Ich finde, daß die Umwelt viel zuwenig und inkonsequent geschützt wird. Eine monetäre Bewertung kann in entsprechenden Diskussionen nützlich sein. Weil »unbezahlbar« ja auch bedeutet, daß man für etwas nicht bezahlen kann und auch nicht bezahlen muß. Und schließlich ist auch der Mensch Umwelt, auch er leidet an der Verschmutzung und Zerstörung, auch, oder besser: vor allem *er* soll geschützt werden. Muß er, der Mensch, nicht folgerichtig auch einen monetären Wert bekommen, um zumindest eine entsprechende *ökonomische* Wertschätzung in Umweltfragen zu erfahren? Das wäre logisch. Aber nur im Rahmen einer ökonomischen Logik. Die hat hier aber nichts zu suchen.

Daß der methodische Ansatz des Umweltbundesamtes zur Berechnung des »Wertes eines verlorenen Lebensjahres« auf einer, wie schon dargestellt, prinzipiell fragwürdigen Methode basiert, ist da schon fast zu vernachlässigen. Abgesehen davon finde ich aber 50 000 Euro für ein Lebensjahr auch persönlich und konkret inakzeptabel. Da müßte man vielleicht mal ernsthaft mit den Engländern, Franzosen und Italienern reden, damit sie bei der nächsten Umfrage noch was drauflegen.

Das eigentliche Problem aber ist gravierend, weil analog zu den Berechnungspraktiken der Bundesanstalt für Straßenwesen prinzipieller Natur. Der Staat hat mich zu schützen und nicht zu bewerten. Auch nicht mit Durchschnittsrechnungen. Er soll mein Leben vor unverhältnismäßigen beziehungsweise unnötigen Risiken bewahren, weil das seine Aufgabe ist, und nicht weil ansonsten fiktive Eurosummen auf der volkswirtschaftlichen Verlustseite auftauchen könnten.

Zum Abschied drückt Schwermer mir noch das Sachstandpapier zur »Bewertung von Gesundheitsrisiken« in die Hand. Darin lese ich, daß die 50000 Euro für ein Lebensjahr einer Million Euro für ein ganzes Leben entsprechen sollen. Inklusive diverser Zinsrechnungen und rein statistisch, selbstverständlich.

Mir scheint, daß die Million nicht nur auf Lottospieler und Zuschauer von *Wer wird Millionär?*, sondern auch auf Menschenwertberechner eine besondere Faszination ausübt. Vielleicht liegt es daran, daß mit dieser Zahl eine Art numerische Unendlichkeit beginnt. Konkret nicht mehr zu fassen und somit schon fast beliebig, zumindest für mich Normalrechnenden.

Dabei war die Million bis in die Renaissance in unserem Kulturkreis unbekannt, weil man die Zahlen der Römer benutzte, die weder ein Zeichen noch einen Namen für die Million kannten. Bei ↂ (10000) war Schluß. Alle größeren Zahlen mußten mit komplizierten Wiederholungen formuliert werden. Die Zahl »Million« haben wir den Indern zu verdanken, weil sie die Null – das lateinische »nulla« bedeutet »Nichts« – einführten. Die Araber perfektionierten das System und brachten es nach Europa. Allerdings verwendeten die Ägypter für die Million in ihrer Hieroglyphenschrift schon ein Zeichen, das einen Mann darstellt, der auf die Knie gesunken ist und die Hände über dem Kopf zusammenschlägt, was wiederum durchaus an einen frisch informierten Lottogewinner erinnert. Trotz solcher kleinen Inseln der Fröhlichkeit ist meine Marktforschung zum Wert meines Lebens mit all ihren Abgründen eine bisweilen recht einsame Angelegenheit. Deswegen freue ich mich auf den nächsten Termin. Das Treffen mit einem echten Fachmann auf dem Gebiet der Menschenpreise.

35. »Besser viele Zahlen als eine falsche.« Auf ein Würstchen mit dem Experten Josef Nussbaumer

Professor Josef Nussbaumer ist Ende Fünfzig, nicht besonders groß und nicht besonders schlank. Ein angenehm gemütlicher, angenehm uneitler Volkswirt mit wasserblauen Augen und hellem, leicht schütterem Haar. Er sieht ein bißchen aus wie ein österreichischer Buddha. Er lebt und lehrt in Innsbruck. Ich treffe ihn dort in einem Café in der Nähe des Bahnhofes. Wir trinken Apfelschorle. Nussbaumer bestellt dazu Wiener Würstchen.

Er hat eine Reihe von Büchern herausgegeben, von denen mich zwei besonders interessieren. Das eine trägt den Titel *Von Menschenhandel und Menschenpreisen*, das andere *Von Körpermärkten*. So gesehen ist Nussbaumer der Experte, nach dem ich so lange gesucht habe. Ich beginne mit der Grundsatzfrage.

– Was bin ich wert?

– Oh, das ist eine schwierige Frage.

Oh ja, das weiß ich. Und weil er mich gar nicht kennt, antwortet er über sich.

– Ich weigere mich, meinen Preis in monetären Einheiten auszudrücken, hoffe aber, daß meine Familie, meine Freunde mich als sehr wertvoll einstufen.

Nussbaumer ist Profi, weiß natürlich, daß es immer darum geht, *für wen* man einen Wert hat. Gut.

– Persönlich interessieren mich monetäre Größen, wie etwa Geld, nicht sonderlich. Seit dreißig Jahren habe ich immer nur das bißchen Taschengeld bei mir, das meine Frau mir gibt.

Seinem Blick nach zu urteilen, scheint ihm das gut zu gefallen. Allerdings kann das doch nicht alles sein. Ist es auch nicht.

– Als Volkswirtschaftler ist mir natürlich klar, daß solche Kategorien nötig sind. Etwa bei Entscheidungen in der Medizin. Da spielen Geldeinheiten als Maßstab eine wichtige Rolle. Wir müssen sorgsam mit den finanziellen Ressourcen umgehen. Und es geht nicht darum, ob man den Menschen bewerten will, sondern wir müssen es in gewissen Bereichen einfach tun.

Klare Aussage. Aber »müssen« wir wirklich? Ich bin mir da mittlerweile nicht mehr so ganz sicher.

– Die Knappheit der Ressourcen zwingt uns dazu. Wir stekken in dem Dilemma, was zum Beispiel eine Operation kosten darf. Man braucht da ein Kriterium. »Unendlich« geht ja nicht. Das steckt hinter der sogenannten Güterabwägung, die allerdings sehr unangenehm sein kann und mit Sicherheit auch ethische Fragen aufwirft.

Nussbaumer fühlt sich bei den »ethischen Fragen« offensichtlich eher unwohl. Das macht ihn sympathisch. Klar ist: »Unendlich« geht nicht. Klar ist auch: Man braucht Kriterien. Aber muß das ein, in welcher Form auch immer berechneter, monetärer Wert des Menschen sein? Das wird bei all meinen Gesprächen immer mehr zu einer, wenn nicht *der* entscheidenden Frage.

Nussbaumer interessiert sich vor allem für die historischen Aspekte der Menschenpreise. Er geht davon aus, daß es die Monetarisierung von Menschen mindestens schon seit den Babyloniern, das heißt seit knapp 4000 Jahren gibt. Die Bibel – das dritte Buch Moses – spricht einem Mann den siebzehnfachen Wert eines Mädchens zu. Und Judas verriet seinen Herrn seinerzeit für 30 Silberlinge, was damals übrigens ein ungewöhnlich hoher Preis für ein Menschenleben gewesen sein soll. Unter anderem will Nussbaumer die Zahl der Menschenleben, welche die Kautschuk-Gewinnung um das Jahr 1900 im Kongo gekostet hat, mit den Gewinnen verrechnen. Das Ergebnis wäre dann der »Wert eines Toten in Gummimengen«, wie er sagt. Natürlich kennt er sich mit den beiden populärsten Ansätzen – Wert eines statistischen Lebens und Humankapital, inklusive der verschiedenen Weiterentwicklungen – bestens aus. Glücklich ist er mit keiner der Methoden.

– Bei der monetären Berechnung eines Lebens plädiere ich für einen diktatorischen, also allgemeinverbindlichen Ansatz. Dabei geht es um das Minimum, das man zum Überleben braucht. Dieser Wert gilt dann für alle und wäre eine grobe Richtlinie. Auch wenn er unvollkommen ist, könnte er helfen, richtige Entscheidungen im Rahmen von Kosten-Nutzen-Rechnungen zu treffen. Solche Zahlen – das ist wichtig – können aber immer nur ein Hilfsinstrument sein. Nicht mehr und nicht weniger.

Nussbaumers Ansatz bewertet den Menschen nicht nach dem, was er leistet oder wie der Mensch sich selbst einschätzt, sondern nach dem, was mindestens aufgewendet werden sollte, um sein Leben zu sichern. Diese für alle geltende Mindestsumme ist dann eine Art Schutzgröße, ein Orientierungspunkt für Investitionen in lebenserhaltende oder lebenssichernde Maßnahmen, etwa in der Medizin oder im Straßenverkehr. Auf eine genaue Summe möchte sich Nussbaumer dabei aber nicht festlegen. Dafür ist er zu schlau.

Für Deutschland, denke ich, könnte das Arbeitslosengeld II – auch als Hartz IV bekannt – ein Maßstab sein. Die »Regelleistung für volljährige Alleinstehende« beträgt demnach 364 Euro im Monat. Dazu kommt »die Erstattung von angemessenen Wohnungs- und Heizungskosten«, wofür in Berlin mit einem Richtwert von 378 Euro gerechnet wird. Macht insgesamt 734 Euro. Bei einer zu erwartenden Lebensdauer von etwa 77 Jahren würde mein Gesamtminimalwert auf »Hartz-IV-Basis« 678 216 Euro betragen. Und da ich, rein statistisch, noch etwa 31 Lebensjahre vor mir habe, läge mein aktueller Restlebenswert bei 273 048 Euro. Das klingt nicht unbedingt berauschend. Um dem auszuweichen, ziehe ich das Thema lieber ein wenig größer auf und erzähle Nussbaumer von dem Bericht des Weltklimarates, das heißt von mir und den 15 Bangladeschis. Er schüttelt den Kopf. Bei aller Entspannung, jetzt wirkt er ein bißchen angewidert.

– Das mit den Bangladeschis ist natürlich purer Zynismus. Diese Logik darf es nicht geben.

Gut, wir sind uns einig. Die Wiener Würstchen kommen.
- Was haben Sie gegen die Aussage, daß ein Mensch unbezahlbar ist?
- Das ist eine andere Sprachkategorie. Eine Metaebene. Die funktioniert auf einer anderen Basis. Was heißt für einen Ökonomen schon unbezahlbar? »Sinnlose Investition« wäre da eine präzisere Größe.

Nussbaumer schaut auf seine Würstchen.
- Und in der Politik ist »unbezahlbar« im Grunde sehr oft nichts als ein Euphemismus. Die Politik will sich nicht eingestehen, was sie tut. In dem Dilemma ist jeder. Auch im persönlichen Bereich. Wir sagen, »das Leben ist unbezahlbar«, wissen aber, daß wir ungesund leben. Das wollen wir nur so nicht benennen, weil wir uns dann anders mit dem Tod auseinandersetzen müßten.

Er bittet die Kellnerin um Senf.
- Die Bewertung von Menschenleben hat es immer gegeben. Die wird es immer geben. Wenn es ans »Eingemachte« – also um hart miteinander konkurrierende Ansprüche – geht, wird eben gerechnet. Jeder macht das. Als ich mit meinen Recherchen in diesem Bereich begann, war ich schockiert. Heute ist es ganz selbstverständlich.
- Wie präzise können oder sollen die Zahlen sein?
- Einen präzisen, verbindlichen Wert kann es nicht geben. Um so präziser die Zahl ist, um so unangebrachter oder ungenauer ist sie auch.
- Was dann?
- Es geht um Richtwerte, um Größenordnungen. Wenn man bei diesen Berechnungen vom Computer ein sehr präzises Ergebnis bekommt, muß man das ja nicht glauben. Wenn man das Ergebnis hat, beginnt die Denkarbeit. Das ist sehr, sehr wichtig. Alles andere wäre zynisch.

Der Senf ist da. Nussbaumer widmet sich den Würstchen. In einem seiner Bücher hat er bizarre Listen veröffentlicht. Preislisten natürlich. Da ist von 14 Euro die Rede, die für ein Baby in Indien gezahlt wurden, von fünf Kühen, für die eine Braut in Kenia oder 30 Rindern und einer Kalaschnikow, für die eine Braut im Süd-Sudan zu haben ist. Er listet Scheidungsurteile auf, bei denen Ehejahre in Geld umgerechnet werden. Ausgehend von den 1,2 Milliarden Euro (Rekord!), die der Medienmogul Rupert Murdoch seiner Frau Anna bei der Scheidung nach 32 Ehejahren zahlen mußte, errechnete Nussbaumer, daß ein Ehejahr 37,5 Millionen Euro und eine Ehesekunde 1,20 Euro wert war. Dann gibt es unter anderem noch eine kleine Auswahl von Lösegeldern bei Entführungen (Rekord in Deutschland: 30 Millionen Mark, die im Jahr 1996 für Jan Philipp Reemtsma gezahlt wurden) und Kopfgeldern, je 25 Millionen Dollar für Saddam Hussein und Osama Bin Laden. Ganz am Ende der Aufstellungen wundert sich dann sogar Nussbaumer, als er von dem Schweizer Musiker Tim Steiner berichtet, für dessen Rückentätowierung ein deutscher Kunstsammler 150 000 Euro zahlte. Dafür darf er die Tätowierung (mit Steiner) dreimal im Jahr ausstellen und bekommt nach dem Tod Steiners die Rückenhaut (ohne Steiner) ausgehändigt.

Die Würstchen sind weg, die Kellnerin holt den Teller. Meine Zweifel sind noch da.

– Lassen sich die Berechnungen von Menschenleben nicht vermeiden?
– Nein. Weil wir mit der Knappheit umgehen müssen. Es ist gar nicht die Frage, ob das gut oder schlecht ist. Man muß rechnen. Allerdings auf einer abstrakten Durchschnittsebene. Nicht individuell, nicht was ein Individuum wirklich kosten soll. Also nicht bei der Frage, was für die Rettung eines Menschenlebens investiert werden kann. Nehmen sie einen Bluter.

Im August 2009 klagte der Chef der Gemeinsamen Betriebskrankenkasse Köln (GBK), daß zwei seiner 30 000 Mitglieder die GBK »zum Sanierungsfall« gemacht hätten. Die beiden Patienten – darunter ein neunjähriger Junge – leiden an einer besonders seltenen und tragischen Form der Hämophilie, einer Erbkrankheit, bei der dem Blut ein Gerinnungsfaktor fehlt. In ganz Deutschland gibt es bei insgesamt etwa 6000 Blutern nur ein halbes Dutzend dieser sehr speziellen Fälle. Laut GBK kostete die medizinische Versorgung der beiden in zwei Jahren zusammen 14 Millionen Euro.

– Privatversichert ginge das nicht. Das ist nur solidarisch aufzufangen. Aber wenn es jetzt sehr viele von diesen Blutern gäbe, würde unser Verteilungsproblem greifbar. Entscheidend wird es, wenn es konkret wird. Dann ist unsere Solidarität gefragt, und die darf nicht abnehmen. Und wir müssen vorsichtig sein. Diejenigen, die ihre ethischen Reden in die Tat umsetzen, sind in der Minderheit. Mit den Zeiten können sich auch die Bewertungen schnell ändern. Das ist alles andere als trivial.

Die Frage lautet dann: Wie belastbar ist unsere Solidarität? Bei welcher Summe ist Schluß damit? Nussbaumer sieht die enorme soziale Sprengkraft, die sich hinter diesen Fragen verbirgt. Er antwortet lieber indirekt.

– Es ist sehr schwer, konkrete Zahlen zu nennen, bis zu welcher Höhe jemand mit lebensrettenden Medikamenten versorgt werden sollte. Denken Sie aber andererseits mal an die über zwei Milliarden US-Dollar, die ein Tarnkappenbomber kostet. Damit könnte man eine ganze Menge dieser Bluter versorgen, ganz zu schweigen von den Hundertausenden Hungertoten der nächsten Monate, die man damit verhindern könnte. In der Tat haben solche Kalkulationen eine enorme politische Bedeutung. Man braucht zwei Dinge: Erstens ein Minimum an Berechnung. Man muß rechnen, so zynisch das auch ist. Zweitens braucht man für die entsprechenden Berechnungen absolute Transparenz, um willkürliche Herleitungen oder Anwendungen in entsprechenden Gremien zu vermeiden.

Er lehnt sich zurück.

– Bei meinem »Mindestwertansatz« geht es um den Versuch, eine Art von Gerechtigkeit herzustellen, zu garantieren, daß wir Menschen in den Entwicklungsländern, die – wie mal jemand sagte – »geboren werden, um mit ihren Körpern die

Erde zu düngen«, daß wir eben diesen Menschen einen Wert zugestehen und entsprechend handeln.

– Aber wie sähe die Umsetzung tatsächlich aus?

– Eine ganz schwierige Frage.

Ja, hat er schon mal gesagt. Er denkt über den Tellerrand der Ökonomie hinaus. Das ist schön. Es hapert für meinen Geschmack aber ein bißchen bei der Konkretisierung der Lösungsansätze. Das ist schade. Aber vielleicht ist ja genau das das Dilemma.

– Der Witz ist ja, daß Globalisierung bedeutet, daß die Welt immer kleiner wird. Wir bräuchten beim Wert des Lebens einen globalen Mindeststandard. Den könnte man ermitteln. Ein Minimum, das für jeden gilt, der geboren wird. Das kann sich ja schließlich keiner aussuchen. Auf der untersten Ebene steht die Kalkulation, bei der es um den Hunger, um das Überleben geht. Selbst bei unterschiedlichen Werten für ein statistisches Leben muß es eine Untergrenze geben, die für alle Menschen gilt. Da hört die Rechnerei dann auf.

Es ist wirklich nicht einfach, ein global gültiges Minimum zu berechnen, das ein Mensch zum Leben braucht, daß ihm also Ernährung, Kleidung, Unterkunft, medizinische Versorgung und Bildung sichert. »Objektiv« ist es unmöglich. Etwa ein Sechstel der Weltbevölkerung, das heißt weit über eine Milliarde Menschen, muß mit weniger als einem Euro pro Tag auskommen. So gesehen könnte ein ganzer Euro am Tag schon eine Art Mindeststandard sein. Ich nehme meine »statistischen« 77 Lebensjahre, multipliziere sie mit 365 Tagen und komme auf 28 105 Euro. Bezogen auf meine statistische Restlebenszeit von 31 Jahren komme ich auf 11 315 Euro.

Ein Euro kann aber kein Maßstab sein, weil er eine Existenz in würdelosem Elend bedeutet. Zugang etwa zu medizinischer Versorgung ist unter solchen Bedingungen unmöglich. So stehen zur Zeit nur etwa für zwanzig Prozent der Weltbevölkerung saubere Blutkonserven für eine Operation zur Verfügung, sagt Nussbaumer.

Die genaue Festlegung eines Minimums ist eine Frage der Gerechtigkeit und damit hochpolitisch. Mit dem Mut zur Willkür und der Lust am Zahlenspiel suche ich einen Weg zwischen Bescheidenheit und Großzügigkeit und entscheide mich für ein Minimum von fünf Euro am Tag. So komme ich auf einen Wert von 140 525 Euro für mein ganzes Leben und 56 575 Euro für meine Restlebenszeit. Mit den entsprechenden Summen müßte man dann statistisch für jeden Menschen der Welt kalkulieren. Jeder hätte den gleichen Anspruch. Bittere Zahlen für mich. Mindestens ein Fest für einen Bauern in Sierra Leone. Anstatt einer neuen Ampel vor der Schule in meinem Viertel gibt es dann eine Krankenstation und noch ein paar Brunnen in seinem Dorf. Und das wäre erst der Anfang. Mir wird ein wenig mulmig.

– Das könnte neue Fragen, insbesondere Verteilungsfragen aufwerfen.

– Ja. Man könnte dann Dialysezentren dichtmachen und das Geld in Frischwasseraufbereitungsanlagen investieren.

Die Ökonomik als, wie er sagt, »Knappheitswissenschaft« stößt hier an die Grenzen ihrer Kunst.

– Gerade Wasser ist vielleicht das wichtigste Lebensmittel, das schon heute Konflikte schafft, die in Zukunft immer öfter in Kriege ausarten können. Man muß sich überlegen, ob man dafür militärisch aufrüsten will oder schauen, wie man mehr Wasser zu Verfügung stellen kann. Zum Beispiel durch Wasserreinigung, durch Entsalzung etc. Wir sind doch gezwungen, mit friedlichen Mitteln miteinander auszukommen. Mit Atombomben kann man keinen Krieg gewinnen und auch keine Probleme lösen. In den Schulen, den Universitäten kommen diese Fragen aber nicht oder viel zu selten vor. Da fehlt der globale Ansatz. Jeder schaut vor allem, wo er für sich mehr rausholen kann.

Ein Moment Schweigen. Unsere Apfelschorlengläser sind so gut wie leer.

– Werden diese monetären Bewertungen des Menschen zunehmen?

– Ja.
– Ist die ökonomische Wissenschaft darauf vorbereitet?
– Die Zunft der Ökonomen wird vermutlich überbewertet. Nicht nur beim Wert des statistischen Lebens, auch bei der Wirtschaftskrise. Die Ökonomen haben in den letzten 20 Jahren den Mund zu weit aufgemacht und den anderen erklärt, wo es langgeht. Es schadet der Sache nicht, wenn sie nun vom hohen Roß fallen. Diese ganze Vermathematisierung hängt auch damit zusammen, daß die Ökonomen darunter gelitten haben, daß sie nie einen Wissenschaftswert hatten wie ein Physiker oder Mathematiker. Und dann dachten sie, wenn sie auch solche Methoden haben, sind sie endlich genauso angesehen.

Er erwähnt eine Anekdote über den großen Physiker Max Planck. Der habe mal dem großen Ökonomen John Maynard Keynes von seinen Plänen gestanden, Nationalökonomie zu studieren. Daraus sei aber nichts geworden, weil Planck erkannt hatte, daß es wegen der eher fixen Daten in der Physik leichter sei als in der Ökonomie.

– Die Ökonomik ist eine Zunft mit vielen Unsicherheitsfaktoren und eher als ein Handwerk zu betrachten. Gerade in unsicheren Zeiten kann sie kaum Prognosen liefern. Man hat bekanntlich ja auch lange gestritten, ob man Ökonomen überhaupt einen Nobelpreis verleihen soll. Erst circa 70 Jahre nach der Verleihung der ersten Nobelpreise kam dann auch der Nobelpreis für Ökonomen, finanziert von der schwedischen Nationalbank, nicht aus dem Topf von Herrn Nobel.

Zeit für ein Schlußwort. Ich versuche einen Scherz.

– Sollte man die Volkswirtschaftslehre dann nicht lieber abschaffen?
– Natürlich nicht. Sie sollte aber dazu stehen, daß zum Beispiel unterschiedliche Analyseergebnisse, auch unterschiedliche Zahlen, wie etwa beim Versuch, den Wert des Lebens zu berechnen, nicht das Problem sind. Transparenz bei der Berechnung von Tatbeständen ist wichtig. Dann kann der

Umgang mit den Zahlen auch besser kontrolliert werden. Das macht das ganze nur ehrlicher. Besser mehrere unterschiedliche Zahlen als *eine* falsche. Und last but not least: Auch bei allen wichtigen ökonomischen Fragen geht ohne Ethik nichts. Das wußte auch Adam Smith schon, der sein Hauptwerk über *Die Theorie der ethischen Gefühle* schon einige Jahre vor dem *Wohlstand der Nationen* schrieb und darauf in letzterem aufbaute. Die Ökonomen haben das leider zum großen Teil vergessen.

Auf der Heimreise im Zug wirkt das Gespräch noch lange nach. Ich habe mich eigentlich nie wirklich für Volks-, Betriebs- oder eine sonstige Wirtschaft interessiert. Als es nach dem Abitur um die beruflichen Ziele ging, hatten die ökonomischen Wissenschaften keine Anziehungskraft auf mich. Jetzt bereue ich das manchmal. Die Wirtschaft hat nun mal einen entscheidenden Einfluß auf unser Leben. Und er scheint immer weiter zu wachsen. Da tut es gut, auf einen kritischen Ökonomen wie Nussbaumer zu stoßen, bei dem es in der Volkswirtschaft nicht nur um die *Wirtschaft* geht. Aber es irritiert mich, daß er darauf beharrt, man müsse den Wert von Menschen berechnen, zumal er in seinen Kalkulationen und deren Konsequenzen vage bleibt. Läuft das nicht auf Berechnungen hinaus, wie sie exemplarisch von der Bundesanstalt für Straßenwesen und vom Umweltbundesamt vorgenommen werden? Was für mich bleibt, ist ein Zwiespalt, eine Unentschiedenheit oder, positiv ausgedrückt, ein erweitertes Problembewußtsein. Aber ich bin ja auch noch nicht am Ende meiner Recherche.

Es bleibt vor allem ein entschiedener Aspekt, vor dem ich mich bisher gedrückt habe: Gesundheit. Meine Gesundheit. Die Frage, was sie kosten darf. Ich habe mich damit in meinem Alltag nie ernsthaft beschäftigen müssen, weil ich nur selten krank bin. Aber natürlich habe ich über die ganzen Diskussionen in der Gesundheitspolitik mitbekommen, daß es da ein Problem gibt.

Einer Umfrage der Uni Tübingen zufolge haben 77 Prozent

der deutschen Klinikärzte ihren Patienten schon einmal aus Kostengründen eine sinnvolle Behandlung verweigert. Im Mai 2009 wagt der damalige Präsident der Bundesärztekammer, Jörg-Dietrich Hoppe, einen öffentlichen Tabubruch. In seiner Eröffnungsrede des 112. Deutschen Ärztetages verlangte er von der Politik Empfehlungen zu »einer gerechteren Verteilung der knappen Mittel« beziehungsweise eine Antwort auf die Frage, »welche Therapiemöglichkeiten für welche Patienten in Zukunft zur Verfügung stehen« sollen. »Die Politik« fand das in Person der damaligen Gesundheitsministerin Ulla Schmidt nicht so klasse, weil sie weiterhin der Meinung ist, daß im Grunde für alle alles, zumindest alles »Wichtige« da sei. Zumindest wird das so behauptet.

Hoppe allerdings glaubt das nicht. Er versucht weiterhin, die Diskussion voranzutreiben. In der *Frankfurter Allgemeinen Sonntagszeitung* erklärte er Ende Februar 2010, im Gesundheitssystem würde heimlich rationiert, weil nicht genügend Geld zur Verfügung stehe, um allen Menschen die optimale Therapie zukommen zu lassen: »Wir müssen in Deutschland endlich ein Verfahren entwickeln, nach dem entschieden wird, wer wie behandelt wird, wenn die Mittel nicht für alle reichen. Wir müssen endlich über Priorisierung sprechen.«

Auch in den Gesprächen, die ich bis zu diesem Zeitpunkt über die Menschenwertberechnungen geführt habe, hatte sich das Problem immer wieder angedeutet. Zuletzt bei Nussbaumer, der eine, wenn auch sehr behutsame, Kalkulation zum Wert des Lebens forderte, um ein Kriterium zu haben, »was zum Beispiel eine Operation kosten darf«. Und der Medizinhistoriker Vögele sprach von der »Budgetierung ärztlicher Leistungen«, dem Problem der »Verteilungsgerechtigkeit« und den Klinikärzten, die sich für »ihre existentiellen Entscheidungen eine verbindliche Verhaltensethik« wünschten.

Was darf Gesundheit und damit auch mein Leben also kosten? Ich sollte wohl mal meine Hausärztin fragen. Bei der war ich lange nicht mehr. Aber sie ist sehr nett.

36. Was Gesundheit kosten darf. »43,48 Euro«, sagt meine Hausärztin

Die Praxis liegt am Lausitzer Platz, wo es 1987 erstmals zu den Mai-Krawallen kam, die mittlerweile zur Kreuzberger Folklore gehören. Trotz aller Beschaulichkeit gilt die Gegend auch heute noch als sozialer Brennpunkt. Unvergessen die Szene, als meine Ärztin – sie wollte mir gerade Blut abnehmen – mit interessiertem Blick meine Unterarme musterte.

– So was sieht man hier selten.

– Was?

– Na, Venen die nicht zerstochen oder vernarbt sind.

Meine Ärztin, das wurde mir nach diesem speziellen Kompliment bald klar, hat das Herz am rechten Fleck. Ihre Patienten stehen in der Regel am unteren Ende der in dieser Gegend ohnehin schon niedrigen Einkommensskala.

Die Praxis ist klein, das Behandlungszimmer winzig, eine ältere Sprechstundenhilfe so gut wie blind und ihre jungen Kolleginnen meist türkischer Abstammung. Im Wartezimmer konkurrieren ein paar Topfpflanzen um das spärliche Licht vom Hinterhof. Einige Patienten haben Familienmitglieder zur Unterstützung mitgebracht. Kleine Kinder jagen quietschende Holzautos über den blauen Teppichboden. Wer hierher kommt, muß Zeit mitbringen. Von dieser Zeit nimmt sich meine Hausärztin meist soviel wie möglich, mindestens aber soviel wie nötig. Dann bin ich dran. Ich sage »Guten Tag« und stelle meine Grundsatzfrage:

– Was bin ich wert?

– Wie?

– In Geld ausgedrückt. Was würden Sie sagen, bin ich wert?

– 43,48 Euro!

– Wie?

– 43,48 Euro. Das ist der Durchschnitt. Soviel bekomme ich, egal um welches Problem es sich handelt, pro Patient für die drei Monate eines Quartals.

Das Ganze ist ein bißchen kompliziert: Wie für andere niedergelassenen Hausärzte auch ist für ihre Praxis ein sogenanntes »Regelleistungsvolumen« (RLV) festgelegt. Dahinter verbirgt sich eine Art Honorar-Obergrenze. Nur bis zu diesem Limit wird ihre Arbeit voll bezahlt. Das RLV richtet sich nach der Zahl der Patienten, deren Behandlung dem Arzt zugestanden wird. In Berlin sind das bei den Hausärzten zur Zeit im Durchschnitt 734 Patienten in einem Vierteljahr. Dabei ist es egal, ob einer einmal mit Schnupfen oder zehnmal mit zehn verschiedenen Krankheiten kommt. Der »Fallwert« eines jeden Kranken beträgt für Hausärzte in Berlin aktuell durchschnittlich 43,48 Euro. Das heißt, für diese Summe darf er medizinische Basisleistungen erhalten. Das sind natürlich Durchschnittswerte. Der eine Patient kommt teurer, der andere billiger. Aber im Durchschnitt sollten es eben nicht mehr als 43,48 Euro sein, wobei besondere Leistungen, wie etwa ein Hausbesuch, in einem festgelegten Rahmen zusätzlich honoriert werden. Überweist mich meine Hausärztin an einen Facharzt, kann dieser wieder über eine neue Durchschnittssumme für meine Behandlung verfügen. Für einige Therapiemaßnahmen gibt es dann noch Sondertöpfe, das heißt, sie werden nicht auf die Fallwertsumme angerechnet. Für jede einzelne Leistung ist eine Punktzahl festgelegt. So bringt zum Beispiel ein Belastungs-EKG dem Hausarzt 565 Punkte beziehungsweise 19,78 Euro. Das RLV für ein Quartal beträgt bei einem Berliner Hausarzt im Durchschnitt (43,48 Euro x 734 =) 31914,32 Euro. Wenn ein Arzt oder eben eine Ärztin mit der Summe letztlich nicht auskommt, weil zum Beispiel mehr Patienten kommen und die vielleicht sogar noch aufwendiger behandelt werden müssen, dann gibt es für dieses »mehr« weniger Geld. Meiner im Kiez beliebten Hausärztin passiert das ziemlich regelmäßig.

– Manchmal laufen hier an einem Tag 120 Patienten durch. Das ist wie ein Hamsterrad. Aber ich kann die ja nicht wegschicken. Zu den 43,48 Euro kommen aber auch noch ein paar Zusatzleistungen.

Sie schaut ein wenig hilflos und auch ein wenig ärgerlich. Be-

kanntlich wimmeln viele Ärzte Patienten einfach ab oder vertrösten sie auf das nächste Quartal, wenn ihr Budget ausgeschöpft ist und die Arbeit nicht mehr voll honoriert wird. Wer das nicht macht, zahlt drauf. Ich sei natürlich nicht nur 43,48 Euro wert, sagt meine Ärztin.
– Das war ein Scherz. Man kann ein Leben nicht in Geld umrechnen. Jedes Leben ist erhaltenswert. Egal was das kostet. Aber unser Gesundheitssystem ist krank. Allerdings ist das ein anderes Thema.
– Ja. Stimmt.
– Immer mehr von meiner Zeit geht für die Bürokratie drauf. Für die Patienten bleibt immer weniger. Das entwertet auch den Patienten.
– Sie meinen, die Patienten sind dann weniger wert?
– Irgendwie schon. Ich hab ja immer weniger Zeit für den einzelnen. In der Pflege ist das noch schlimmer. Da ist es dann fast schon wichtiger, einen Bericht zu schreiben, als einen Rücken zu waschen.

Auswandern will sie deswegen aber nicht. Das ist gut so. Für mich und für die deutsche Volkswirtschaft. Eine Studie des Instituts für Wirtschaftsforschung der Universität München beziffert den Wert einer deutschen Ärztin oder eines deutschen Arztes mit einer Million Euro. Diese Summe entgeht dem deutschen Staat an Steuern und Sozialversicherungsbeiträgen, wenn sich eine 30jährige Medizinerin dazu entschließt, ihre Heimat auf Dauer zu verlassen. Bei einem Facharbeiter aus der Metallindustrie sind es rund 280 000 Euro – jeweils ohne Berücksichtigung der Ausbildungskosten.
– Wird denn außer an der Zeit auch am Geld gespart?
– Natürlich wird gespart. Und wenn ich ein Medikament verschreibe, das der Krankenkasse nicht paßt, muß ich zum Teil zwei Euro Mehrkosten ein oder zwei Jahre später rechtfertigen.

Auch der Geldbetrag, den der Arzt für die Verordnung von Arznei-, Verbands- und Heilmittel, wie zum Beispiel Massagen und Krankengymnastik zur Verfügung hat, ist über eine sogenannte »Richtgrößensumme« begrenzt. Die Richtgröße für Arzneimittel lag für Allgemeinmediziner im Jahr 2010 bei 50,63 Euro (Rentner 143,92 Euro) pro Patient und Quartal. Die Gesamtsumme errechnet sich dann durch die Multiplikation mit der Anzahl der Patienten, die der Praxis zugestanden werden. Wird diese Gesamtsumme um 15 Prozent überschritten, wird er gewarnt. Ab 25 Prozent muß der Arzt die einzelnen Verschreibungen einzeln rechtfertigen. Wird das nicht anerkannt, muß er die »zuviel« verordneten Medikamente aus eigener Tasche bezahlen.

– Die wirtschaftlichen Aspekte, das Geld wird immer wichtiger. Aber dafür habe ich nicht studiert!

Mir wird warm ums Herz.

– Und die Luft wird dünner, der Praxisalltag härter, obwohl mir die letzte Reform wohl etwas geholfen hat. Manchmal geht es nur ums Durchhalten. Der Taschenrechner wird immer wichtiger. Und mancher Kollege hat sich schon vom Taschenrechner erschlagen lassen.
– Was bedeutet das für die Patienten? Bekommt denn noch jeder, was er braucht?
– Was heißt, »was er braucht«?
– Na das, was notwendig ist.
– Das mit dem »notwendig« ist schwierig. Da war eine Patientin, die einen Herzschrittmacher brauchte. Sie war schon 85. Die Spezialistin, also Kardiologin, und ich waren uns da einig. Das Krankenhaus hat das dann erst mal abgelehnt. Wäre nicht »notwendig«. Aber die testen das halt in der Klinik, nicht im Alltag der Frau. Die lebt ja nicht im Krankenhaus.
– Ist schon mal ein Patient wegen so etwas gestorben?
– Hier? Nein. Obwohl, da war mal einer, der wollte sich die zehn Euro Praxisgebühr sparen. Und dann war es irgendwann zu spät. Da ist er gestorben. Der war noch jung. Ich habe das nicht verstanden. Der war sich die zehn Euro nicht wert. Obwohl ich den Leuten sogar gestatte, das in Raten zu bezahlen.

Kurzes Schweigen. Meine Ärztin schielt auf die Uhr. Fragender Blick. Dann fällt ihr noch was ein.
– Erinnern Sie sich an diese Frau in England, die sozusagen ihr Leben beziehungsweise ihr Sterben an die Medien verkauft hat?
– Ja.
Ich erinnere mich. Die Frau hieß Jade Goody. Bekannt wurde sie als Kandidatin einer Big-Brother-Show im britischen Fernsehen. Im August 2008 erfuhr die 27jährige vor laufender Kamera, daß sie an tödlichem Gebärmutterhalskrebs erkrankt war. Mit der exzessiven Vermarktung ihrer Geschichte soll sie bis zu ihrem Tod im März 2009 angeblich bis zu acht Millionen Euro eingenommen haben. Eine Art ganz besonderer Medienmarktpreis, denke ich.
– Das ist viel Geld.
– Ja, absurd viel. Aber sie sagte, daß sie das für ihre beiden kleinen Söhne gemacht habe. Das kann ich verstehen.
Sie schaut mich an.
– Sonst noch was?
– Äh …
Und während ich dann doch von meinen Knieschmerzen beim Joggen erzähle, knabbert mein Hinterkopf weiter an den besprochenen Fragen. Was ist meine Gesundheit wert? Und nebenbei frage ich mich, wie ich für meine Geschichte auch ein paar Millionen Euro bekommen könnte?
Die zweite Frage ist recht schnell geklärt. Am nächsten Tag rufe ich einen Freund an, der in der Buchbranche arbeitet, und frage ihn, was denn meine Geschichte, also meine Lebensgeschichte wert sein könnte. Er ist ein bißchen überrascht, sagt mir aber, daß die Bandbreite für Autobiographien ganz grob zwischen 10000 und einer Million Euro läge. Ganz oben stünden berühmte Politiker, die dann aber auch ein paar Interna auspacken müßten. Ganz unten unbekannte Zeitgenossen, die zwar niemand kennt, die dafür aber etwas Außergewöhnliches erlebt haben. Ich, so deutet er vorsichtig an, würde vermutlich nicht einmal ganz unten stehen. Meine Au-

tobiographie wäre zum jetzigen Zeitpunkt wohl nicht gefragt. Vielleicht in zehn Jahren, sagt er, noch bevor er auflegt. Es soll nett klingen.

37. Ökonomie ist angewandte Ethik.« Und ein Lebensjahr ist zwischen 50 000 Euro und 100 000 Euro wert. Ein Gespräch mit dem Gesundheitsökonomen Friedrich Breyer

Einer, der sich zu dem Thema Rationierung im Gesundheitswesen eindeutig äußert, ist der Gesundheitsökonom Professor Friedrich Breyer aus Konstanz, auf den ich in einem Zeitungsartikel stoße. In diesem verlangt er vom Staat eine Antwort auf die Frage: »Wieviel ist uns ein Menschenleben wert?« Denn »der Staat fällt regelmäßig Entscheidungen, die die Gesundheit und das Leben von Menschen betreffen. Da ist es doch besser, er legt seine Kriterien für die Entscheidung offen.«

Breyer ist stellvertretender Sprecher des Fachkollegiums Wirtschaftswissenschaften der Deutschen Forschungsgemeinschaft, stellvertretender Vorsitzender des Wissenschaftlichen Beirats des Bundesministeriums für Wirtschaft und Arbeit und Forschungsprofessor am Deutschen Institut für Wirtschaftsforschung. Ich denke, er könnte mir weiterhelfen.

Ob wir mal reden könnten, frage ich per Mail. »Gern« ist seine schnelle Antwort. Dazu schickt er mir aus seinem Standardwerk *Gesundheitsökonomik* das Kapitel »Zur ökonomischen Bewertung von Leben und Gesundheit«. Klingt interessant, liest sich für ökonomische Laien aber sehr kompliziert. Recht häufig tauchen Begriffe wie »Geldeinheiten« und »geldwerter Nutzen« auf, dann kommen sehr viele Formeln und Diagramme, die mein mathematisches Verständnis überfordern. Trotzdem oder gerade deswegen bin ich darauf gespannt, Breyer persönlich kennenzulernen.

Als er einen Vortrag in der Thüringischen Landesvertretung in Berlin halten soll, ist es soweit. Vorher hat er eine Stunde Zeit. Ich warte im Foyer, wo es tatsächlich nach thüringischen Bratwürsten vom nahen Grillstand riecht. Breyer kommt pünktlich. Ein schlanker, sportlicher Mann Ende Fünfzig. Die blau-weiß gestreifte Krawatte paßt prima zu den strahlend blauen Augen. Seine Ausstrahlung hat etwas Preußisches. Das wird kein Smalltalk. Bei aller Eloquenz ist Breyer auch ein wenig mißtrauisch. In den Medien würden seine ohnehin klaren Aussagen bisweilen noch weiter zugespitzt wiedergegeben. Das bringt ihm nicht nur Sympathien. Wir setzen uns an die Ecke eines großen Konferenztisches im dritten Stock.

– Warum haben Sie soviel Ärger?

Ich fange lieber vorsichtig an.

– Ökonomen sind unbeliebt, und Journalisten stellen sich gern gut dar, indem sie Ökonomen anprangern, die Kosten berechnen und nicht nur den Wert.

Klare Worte. Meine Erwartungen werden nicht enttäuscht. Weiter Breyer:

– Ökonomen setzen sich für rationale Ansätze ein. Emotionale Betrachtungen wirken aber oft, zumindest auf den ersten Blick, freundlicher. Deswegen ist es einfach, Ökonomen als herzlos oder unethisch darzustellen. Ein Journalist kann sich damit leicht in ein besseres Licht stellen. Politiker machen das aber auch.
– Das wäre dann Scheinheiligkeit, oder?
– Zum Teil schon. Politiker müssen bei ihren Entscheidungen Vor- und Nachteile abwägen, sie wollen aber auch gut dastehen. Deswegen scheuen sie harte Abwägungen.
– Warum sind Sie für Rationierung?

Ich will langsam auf den Punkt kommen.

– Der Streit um die Rationierung leidet an einer falschen Definition. Rationierung ist nicht »Vorenthaltung« sondern »begrenzte Zuteilung«. Und diese begrenzte Zuteilung gibt es doch schon längst. Wenn die Medizin alles bietet, was sie bieten kann, dann haben wir eine *presidential medicine*, wie sie vielleicht Obama oder Merkel bekommen. Es kann aber nicht jeder alles, was möglich ist, kostenlos erhalten, sonst bricht das System zusammen. Es muß Grenzen geben, also eine Zuteilung, die begrenzt ist. Es geht insofern nicht darum, ob wir rationieren oder nicht, sondern ob wir implizit oder explizit rationieren. Die Ökonomen empfehlen, das explizit zu machen.

Explizit bedeutet in diesem Zusammenhang, daß die Entscheidungen, wer was wann bekommt, grundsätzlich im Vorfeld und für alle getroffen werden. Zum Beispiel, daß ein bestimmtes Medikament oder eine bestimmte Operation aus dem Leistungskatalog gestrichen wird. Oder aber, daß zum Beispiel schon heute verkündet wird, daß über 70jährige in dreißig Jahren keine künstliche Hüfte mehr bekommen. Die implizite Variante ist hingegen eher eine »barmherzige Verschleierung«, bei der im Einzelfall der Arzt oder die Ärzte nach eigenem Ermessen entscheiden, was eventuell nicht gemacht wird. Umfragen unter Ärzten zufolge ist das Alter des Patienten heute schon ein wichtiges Kriterium.

– Betrifft das auch lebenserhaltende Maßnahmen?
– Selbstverständlich betrifft das auch Maßnahmen, die das Leben verlängern können. Zum Beispiel Operationen, wenn die Kapazitäten im Operationssaal knapp sind. Und das IQWiG –
– Das was?
– Das Institut für Qualität und Wirtschaftlichkeit im Gesundheitswesen, das aus Mitteln des öffentlichen Gesundheitswesens finanziert wird. Das soll Kosten-Nutzen-Analysen vorlegen, um Entscheidungen über Leistungen treffen zu können.

Bei der Kosten-Nutzen-Analyse im Gesundheitswesen, so steht es in Breyers Buch, »wird jeder Verbesserung der Gesundheit beziehungsweise der Lebensdauer ein Geldwert zugeordnet«. Aber wie bestimmt man den Nutzen einer medizinischen Maßnahme? Anders gefragt: Wie mißt man Gesundheit? Die Lebensdauer allein kann kein Maßstab sein. Will man lieber länger krank leben oder kürzer und dafür gesünder? Wie lassen sich zehn Lebensjahre in Blindheit mit vier Lebensjahren in vollständiger Gesundheit vergleichen? Die Antwort der Gesundheitsökonomen lautet QALY, was für

»Quality Adjusted Life Year«, also das»qualitätskorrigierte Lebensjahr« steht. Mit Hilfe des 1968 entwickelten Konzepts können Gesundheitsökonomen ein Lebensjahr in Relation zur Gesundheit beurteilen. Dazu werden alle möglichen Gesundheitszustände auf einer Skala bewertet, auf welcher der Tod den Nullpunkt und der Zustand vollkommener Gesundheit den Wert 1 einnimmt. Die QALYs entstehen nun aus der Multiplikation der entsprechenden Lebensjahre mit dem Faktor des entsprechenden Gesundheitszustandes. Vier Lebensjahre mit einem Gesundheitsstatus von 0,5 entsprechen demnach zwei Lebensjahren in völliger Gesundheit.

Und wie findet man heraus, wo zwischen 0 und 1 der Faktor für die Lebensqualität eines bestimmten Gesundheitszustandes – etwa Blindheit – genau liegt? Es gibt verschiedene Methoden. Beim *Time-Trade-off* Verfahren wählen Probanden zwischen einer zu verbringenden Restlebenszeit etwa in Blindheit und einer kürzeren Restlebenszeit in perfekter Gesundheit. Die Befragten sollen die beiden Angebote miteinander vergleichen, bis sie sich die Waage halten. Wenn dann – stark vereinfacht – die Wertigkeit von einem Jahr in Blindheit mit 0,4 Jahren in absoluter Gesundheit gleichgesetzt wird, beträgt der QALY-Faktor für Blindheit 0,4.

Oft werden den Betroffenen aber auch scheinbar einfache Fragebögen vorgelegt. Dort sollen sie – Beispiel hier aus dem »EQ-5D-Gesundheitsfragebogen« – etwa zu Bereichen wie »Beweglichkeit« oder »Angst/Niedergeschlagenheit« bestimmte Antwortoptionen wie »Ich habe keine Probleme, herumzugehen« beziehungsweise »Ich bin extrem ängstlich oder deprimiert« ankreuzen. Schließlich werden die Antworten mit Hilfe eines ausgearbeiteten Indexes in einen Zustandswert zwischen »null« und »eins« übersetzt.

Beispiele für QALY-Werte verschiedener Gesundheitszustände *

Migräneanfall	0,971
Bandscheibenvorfall	0,939
HIV-Infektion	0,865
Unfruchtbarkeit	0,82
Taubheit	0,67
Oberschenkelhalsbruch	0,628
Herzinfarkt	0,536
AIDS	0,495
Blindheit	0,4
Alzheimer	0,334
Krebs (ohne Metastasen)	0,25

Allerdings macht es einen erheblichen Unterschied, welche Methode angewendet wird. Denn die Unterschiede in den Ergebnissen sind zum Teil extrem. Ein anderes Problem liegt in der Auswahl der zu befragenden Gruppe. Denn wer gesund ist, bewertet mögliche Krankheiten erwiesenermaßen anders als derjenige, der tatsächlich an ihnen leidet.

Gesundheitsökonomen, die sich davon nicht irritieren lassen, vergleichen nun die auf die »qualitätskorrigierten Lebensjahre« erfaßten Kosten verschiedener Interventionen, indem sie sogenannte QALY-League-Tabellen aufstellen. Diese hier stammt aus dem Jahr 1998:**

Maßnahme	**Kosten pro QALY**
Bluthochdruckbehandlung zur Schlaganfallprävention (45- bis 65jährige)	1700 Euro
Bypaßoperation bei schwerer Angina Pectoris	4000 Euro
Brustkrebsvorsorgeuntersuchung	10 300 Euro
Herztransplantation	36 400 Euro
Künstliches Kniegelenk	46 500 Euro

* Katrin Blawat, »Was ist ein Leben wert? Jeder Mensch lässt sich in Euro und Cent berechnen. Alter, Geschlecht, Nationalität: Wie Ökonomen, Mediziner und Klimaforscher kalkulieren«, in: *Süddeutsche Zeitung Wissen* (Oktober 2007), S. 22-31, S. 31.

** Die Zahlen stammen aus dem Vortrag: Reinhold Kilian, »Die Verteilung von Ressourcen in der psychiatrischen Versorgung oder: Ist die Verteilung der Ressourcen am Bedarf orientiert? Woran ist sie sonst orientiert, und woran sollte sie orientiert sein?«; online verfügbar unter: {http://psychiatrie.de/data/pdf/cd/04/00/Dachverband_Frankfurt_2.pdf} (Stand Oktober 2009).

Tuberkuloseuntersuchung in Schulen	72 800 Euro
Stationäre Dialyse	90 000 Euro
Operation eines Hirntumors	191 900 Euro

Eine Brustkrebsvorsorgeuntersuchung bringt demnach statistisch ein QALY für 10 300 Euro, während bei Hirntumoroperationen statistisch 191 900 Euro für das gleiche Ergebnis aufgebracht werden müssen. Längst nicht alle Gesundheitsökonomen sind von dem methodischen Ansatz des QALY überzeugt.

– QALYs sind umstritten.
– Es kommt darauf an, was man damit macht. QALYs sind ein sinnvolles Maß, um mehr Transparenz zu schaffen. Nehmen wir einen Versicherten, der noch gar nicht weiß, welches Problem später mal auf ihn zukommt. Der will doch, daß mit seinem Geld möglichst viel Gesundheit herausgeholt wird. Daß dieses Geld nicht in eine Therapie investiert wird, die nichts mehr bringt, während andere, billige Verbesserungen nicht realisiert werden.
– Ist das NICE ein Vorbild?

Das National Institute for Health and Clinical Excellence, eine Art Leitstelle im britischen Gesundheitswesen, bewertet ein QALY mit etwa 30 000 Pfund. Soviel dürfen also Medikamente und Behandlungen für ein zusätzliches Lebensjahr in optimaler Gesundheit – oder zum Beispiel zwei Jahre in genau mittelmäßiger Verfassung – kosten. Behandlungen, die teurer sind, werden meist nicht zugelassen.

– Es ist gut, wenn die Kosten pro QALY offengelegt werden. Das NICE unterscheidet auch nicht im Einzelfall über die Bewilligung der medizinischen Maßnahmen. Die Entscheider müssen aber begründen, warum sie den Wert im Einzelfall überschreiten oder eine Überschreitung ablehnen. Und der Bürger ist in der Lage, die Bewertungen und Gründe nachzuvollziehen.

Breyer und viele seiner Kollegen verlangen, daß einem QALY für eine wirtschaftliche Kosten-Nutzen-Rechnung wie in England auch in Deutschland ein Geldwert zugeordnet wird. Das heißt, daß prinzipiell vor einer Behandlung eine Art Kosten-Nutzen-Rechnung angestellt wird, indem das zu investierende Geld (die Behandlung beziehungsweise Operation) in Relation zu dem zu erwartenden QALY-Gewinn (prognostizierte »qualitätskorrigierte« Restlebenszeit) gesetzt wird. Der dabei ermittelte Euro-Wert pro QALY darf dann die festgelegte Summe nicht überschreiten. Ältere Patienten wären dabei benachteiligt, weil ihre Rechnung aufgrund der geringeren Restlebenszeit tendenziell schlechter ausfällt, so daß sich Investitionen in ihre Gesundheit in der Regel weniger lohnen.

– Diese Kosten-Nutzen-Analysen, die Sie sich wünschen, sind also eine Kombination aus dem QALY-Konzept und dem Wert eines statistischen Lebens?

– Ja. Es ist reizvoll, QALYs mit der Zahlungsbereitschaft, also dem Wert eines statistischen Lebens zu kombinieren. So bekommt man für jede Investition eine Maßzahl, nämlich »Kosten pro QALY«. In Deutschland könnte der Wert zwischen 50 000 Euro und 100 000 Euro liegen.

– Also wesentlich höher als in Großbritannien.

– Na ja. Bei der Umrechnung 30 000 Pfund in Euro kann es erhebliche Schwankungen geben. Außerdem ergibt sich der Schwellenwert des NICE auch aus der zur Verfügung stehenden Summe. Und die Briten investieren nur sieben Prozent ihres Bruttosozialprodukts in die Gesundheit, bei uns sind es zehn. Da darf man sich nicht wundern. Auf jeden Fall bringt so ein Wert Transparenz und führt zu rationaleren Entscheidungen. Wenn man sich davor drückt oder das als unethisch abtut, vergibt man sich die Möglichkeiten zu Verbesserungen.

»Verbesserungen« für die Gemeinschaft, wohlgemerkt, nicht für den einzelnen notleidenden Patienten. Es wird Zeit, auf den Punkt zu kommen.

– Was ist ein Menschenleben wert?

– Zur Beantwortung dieser Frage kann man die Zahlen aus Untersuchungen zum Wert eines statistischen Lebens heranziehen.

Okay. Das kenne ich von Spengler.

– Für den Wert des Lebens gibt es kein objektives Maß, sondern nur Bewertungen, subjektive Zurechnungen. In den meisten aktuellen Studien liegt der Wert so bei fünf bis sechs Millionen Dollar.

Breyer bezieht sich wohl auf die vielfältigen US-amerikanischen Studien, nicht auf die zwei Millionen Euro Spenglers.

– Wie ausgereift sind die Methoden, mit denen das alles berechnet werden soll bzw. schon berechnet wird?

– Die Diskussion ist nicht abgeschlossen. Die Wissenschaft ist offen für neue Methoden. Das schreitet alles voran. Wir können nur über den aktuellen Stand reden.

– Reicht dieser aktuelle Stand denn aus?

– Es läßt sich doch nicht vermeiden, daß die Politik Entscheidungen über Leben und Tod trifft.

Ein beliebtes Argument der Ökonomen. Aber keine Antwort auf meine Frage.

– Nehmen Sie den Straßenbau: Die Tatsache, daß man sich weigert, menschliches Leben mit Geld zu bemessen, heißt noch lange nicht, daß man solche Entscheidungen vermeiden kann. Die werden doch so oder so getroffen. Man sollte das aber rational angehen und transparent machen. Und nicht von Fall zu Fall entscheiden, entweder nach Gusto oder Kassenlage. Diese Entscheidungen sollten auch stimmig sein. Man investiert vielleicht 100000 Euro, um ein Leben im Gesundheitsbereich zu retten. Im Verkehrsbereich kann man das vielleicht schon für 10000.

– Ist jeder gleichviel wert?

– Die kollektiv finanzierte gesetzliche Krankenversicherung muß jeden gleich behandeln. Das ist ein fundamentales Postulat der Solidarität.

Klingt gut.

– In der freiheitlichen Gesellschaft muß aber auch jeder zusätzliche Leistungen kaufen dürfen.

Klingt schon schwieriger. Wer es sich leisten kann, so lautet die Konsequenz, kauft die benötigte medizinische Leistung eben auf einem privatwirtschaftlichen Markt oder im Ausland, was sich im Grunde aber nur über eine Beschränkung der Reisefreiheit einschränken ließe.

– Ohne Polizeistaat kann man das nicht verhindern.

Aber einen Polizeistaat will auch Breyer nicht. Er schaut auf die Uhr. Gleich muß er ein Stockwerk höher einen Vortrag über die Bekämpfung von Altersarmut halten. Er will noch mal klarstellen:

– Rationierung ist keine Vorenthaltung. Man kann nur etwas vorenthalten, auf das es einen Anspruch gibt. Wenn der medizinische Leistungskatalog aber festgelegt und bekannt ist, gibt es das Problem nicht. Auf der anderen Seite ist es eine arglistige Täuschung, wenn man den Leuten vormacht, es gebe alles, und das dann nicht einhält. Da muß man rechtzeitig ehrlich sein, damit jeder das, was er braucht oder haben will, privat zukaufen kann.

Letzte Frage.

– Diese Probleme im Gesundheitswesen – sind das eher ökonomische oder eher ethische Probleme?

– Das trenne ich nicht. Es geht um das rationale Abwägen der Vor- und Nachteile einer Handlung. Wir versuchen herauszufinden, was für den Menschen gut ist. Ökonomie ist angewandte Ethik.

Nach dem Abschied wird mir klar, *welche* Ethik er meint. Schon Spengler hatte seine Rechnungen zum Wert eines statistischen Lebens als »ethisch« bezeichnet. Es ist – der Philosoph Gerhardt hatte es erklärt – die Ethik der Utilitaristen, die auf das »größte Glück der größten Zahl« zielt, dabei aber den Willen und auch die Würde des einzelnen im Zweifelsfall übergeht. Sind Breyer und seine Kollegen tatsächlich bereit, das in Kauf zu nehmen? Ich glaube, mit den QALY-Freunden der Gesundheitsökonomie bin ich noch nicht ganz fertig.

Angesichts all dieser Abgründe verspüre ich das leise Bedürfnis nach etwas Trost, vielleicht sogar Rat, eine kleine Hilfestellung bei der Justierung meines moralischen Kompasses. Wer könnte mir helfen? Meine erste Idee erschreckt mich selbst: die Kirche.

Ich bin zwar getauft und auch konfirmiert, aber nicht religiös. Und aus der Kirche bin ich schon vor vielen Jahren ausgetreten. Damals habe ich mir vorgenommen, die »gesparte« Kirchensteuer lieber an Hilfsprojekte zu spenden. Im großen und ganzen gelingt das auch. Kirchlichen Beistand oder religiösen Rat habe ich seitdem nicht vermißt. Jetzt ist das anders. Ein bisschen zumindest.

Ich glaube, daß die Kirche auf die Frage »Was bin ich wert«? eine Antwort haben müßte. Ich weiß auch, wer sie mir geben könnte: Olaf Polossek. Olaf Polossek ist nämlich der einzige Pastor oder Pfarrer, den ich kenne. Er ist etwa so alt wie ich und für die St.-Marien-Liebfrauenkirche verantwortlich. Die liegt bei mir um die Ecke in der Kreuzberger Wrangelstraße. Als ich mal für ein Radiofeature über den Kiez recherchiert habe, habe ich auch Polossek interviewt. Er sprach offen. Ich fand ihn sympathisch. Daß er katholisch ist, hat zumindest den Vorteil, daß mir die Haltung der Katholiken in der Regel nicht sympathischer, aber eindeutiger zu sein scheint als die ihrer evangelischen Glaubensbrüder. Ich rufe ihn an. Er hat viel zu tun. Aber er ist einverstanden. Vor diesem Gespräch kommt es aber noch zu einer ganz anderen Begegnung.

38. »Der Mensch ein Keks« oder »die Krönung der Schöpfung«. Eine Spontanumfrage in der Kreuzberger Wrangelstraße

Auf dem Weg zu Pfarrer Polossek passiere ich eine Gruppe Obdachloser. Dazu muß man wissen, daß der Wrangelkiez in den letzten Jahren eine Art Klischeewechsel erlebt. Er entwikkelt sich vom »Problemviertel« zur »hippen Szenegegend«. In den meisten Straßen stimmt die Balance. Aber es ist höchst unsicher, ob das so bleibt. Insgesamt wird es immer schicker und teurer. An einer Kreuzung sitzen also sechs weniger schikke Männer und eine weniger schicke Frau zwischen 30 und 60 Jahren. Sie tragen Jeans und T- oder Sweat-Shirts und eine Reihe verwegener Tätowierungen. Der Ausdruck ihrer Gesichter zeugt von manch übler Erfahrung. Die Kleingruppe hat sich auf zwei Bänke verteilt, zu ihren Füßen steht schon um elf Uhr vormittags ein Haufen leerer Bierflaschen. Dazu Sonnenschein und beruhigter Straßenverkehr. Alles in allem eine klassische Kreuzberger Idylle. Sonst gehe ich hier immer vorbei, froh darum, nicht angeschnorrt zu werden. Heute bleibe ich stehen. Nach drei Minuten werde ich bemerkt.

– Was willst du?
– Guten Morgen, ich hätte mal ne Frage.
– Frag!
– Was ist ein Mensch wert?

Ich frage lieber allgemein. Die erste Reaktion ist spontan, laut und besteht aus dreimal »Häh?«, zweimal »Was?« und einmal »Wie bitte?!«

– Ich würde gern von euch wissen, was ein Mensch wert ist?
– Einen Keks.
– Warum ist ein Mensch einen Keks wert?
– Der Mensch ist soviel wert wie: »Kannste reinbeißen und wegschmeißen.«
– Ah ja.

Ich warte.

– Schwierige Frage.

Sagt einer.

– Scheißfrage.

Sagt ein anderer.

– Meinst du in Geld?

Fragt ein Dritter.

– Ja, in Geld.

Sage ich.

– Das Leben ist nichts wert. Kannste dich am nächsten Baum aufhängen, und dann ist gut.

– Also es gibt Gesundheitsökonomen, die sagen, ein Jahr könnte 50 000 Euro wert sein.

– Ein Jahr? 50 000 Euro?

– Ja.

– Ach du Scheiße.

– Ein Toter im Verkehr kostet eine knappe Million Euro.

– Ein Verkehrstoter?

– Ja, ein Verkehrstoter.

– Oh, dann wäre ich gern ein Verkehrstoter. Kriegt man das gleich in bar?

Gelächter. Es klingt etwas bitter. Dann eine neue Idee.

– Die könnten mir zehn Prozent der Rente geben, die ich mal bekommen werde. Die verprasse ich, und dann können die mich aus dem Fenster schubsen

Wieder Gelächter. Weniger bitter. Der Gruppenälteste, ich schätze ihn auf 60, kommt auf mich zu.

– Aber das ist doch ne perverse Frage. Was ist ein Mensch in Geld wert? Das geht doch gar nicht. Wie geht denn das ethnisch?

Er meint wohl »ethisch«. Und ist damit beim Kern des Problems.

– Das haut doch gar nicht hin.

– Ist eine schwierige Frage. Ich weiß.

– Denk mal an einen Verkehrsunfall. Wen rette ich? Die Oma oder das Kind? Ich rette doch das Kind.

So gesehen bevorzugt er vermutlich den Humankapitalansatz. Könnte aber auch in Richtung QALYs gehen. Bei dem Kind rettet er ja potentiell auch mehr Lebensjahre.

– Man muß doch entscheiden. Das geht ja nicht anders. Also ich würde den Enkel retten. Der hat das Leben noch vor sich. Die Oma hat es schon fast hinter sich.

Von einer Kosten-Analyse hat er allerdings nichts gesagt. Vielleicht sind es auch ganz andere Kriterien oder gar Gefühle, wegen deren er das Kind bevorzugen würde. Auf jeden Fall ist ihm die Tragweite der Entscheidung bewußt.

– Das ist zynisch, aber es ist nun mal so.

– Und ein Menschenleben in Geld, könntest du sagen, was das wert ist?

– Nee. Kann ich nicht. Will ich auch nicht. Selbst wenn ... Das kannste nicht in Geld aufwiegen. Einen Menschen in Kohle. Auf keinen Fall.

Einer von den Jüngeren kommt dazu. Auf der Stirn hat er eine große Schramme und auf dem Unterarm einen bunten Drachen.

– Moment mal! Wenn du siehst, was die für die Banken rausgehauen haben und dann sagen wollen, wir haben nicht das Geld für ne künstliche Hüfte. Das ist auch wieder zynisch.

– Stimmt.

Sagt der Alte, und:

– Der Mensch ist ... – ich würd jetzt nicht gerade sagen die Krone der Schöpfung. Aber er ist mehr wert als das, was um ihn rum ist. Von mir aus kann ein Haus zusammenbrechen. Hauptsache, der Mensch kommt lebend raus.

Dann bieten sie mir ein Bier an. Ich muß aber zu Polossek.

39. »Eine Grenze ziehen«. Besuch beim Pfarrer

Die St.-Marien-Liebfrauenkirche drängt sich wie eine Trutzburg mitten in einen Häuserblock. Das Pfarrbüro liegt im dritten Stock des Seitenflügels. Der Blick hinunter fällt auf einen schönen Sandsteinbrunnen im Innenhof. Das Büro selbst ist nüchtern und sehr aufgeräumt. An der Wand hängt ein Kalenderfoto mit tibetischen Gebetsfahnen. Polossek – ein schlanker, jungenhafter Mann mit braunem gescheiteltem Haar – sitzt in einem einfachen Ledersessel, ich auf der Vorderkante des dazu passenden Sofas. Ich frage, der erwarteten religiösen Ausrichtung des Gesprächs angemessen, ganz universell:

– Was bin ich wert?

– Ich glaube, das passende Stichwort ist Selbstwertgefühl.

Interessante Perspektive, die hatte ich fast vergessen.

– Etliche leiden darunter, daß sie da einen Mangel haben. Bei anderen ist es übergroß.

Im Internet habe ich mal einen recht aufwendigen Test zur »Selbstwertschätzung« gemacht, bei dem ich zu Fragen wie »Haben Sie das Gefühl, daß die meisten Ihrer Bekannten attraktiver sind als Sie selbst?« Stellung nehmen mußte. Am Ende attestierte mir mein Computer einen »durchschnittlichen Selbstwert«, und ich dachte, die Zeit hätte ich mir auch sparen können.

– Auch die christliche Menschenwelt oszilliert da zwischen extremen Aussagen. »Der Mensch wurde aus dem Staub der Erde gemacht«, erstes Buch Moses. Oder der achte Psalm: »Du hast ihn nur wenig geringer gemacht als Gott, hast ihn mit Herrlichkeit und Ehre gekrönt.« So gesehen ist der Wert des Menschen aus der christlichen Perspektive ein absoluter Wert, den man nicht mit Zahlen relativieren sollte.

Von »Zahlen« spricht er wohl nicht ganz zufällig. Ich habe ihm von meinen Recherchen erzählt. Weiter Polossek:

– Aber in der konkreten Realität ist das oft nicht zu leisten.
– Wo ist das Problem?
– Jeder, ich natürlich auch, bewertet seine Mitmenschen. Manche sind ihm mehr wert als andere. Das sollte ja eigentlich nicht sein. Ist aber so.
– Ja, ist so.
– Wichtig ist, daß man nicht den ohnehin bröckelnden inneren Maßstab verliert. Daß wir uns von den Berechnungen des Wertes eines Menschen nicht bezwingen lassen. Daß das Denken in wirtschaftlichen Kategorien nicht unser Sein bestimmt.

Er »predigt« nicht. Er spricht ganz ruhig und mir ganz nebenbei auch ein wenig aus der Seele

– Für eine Gesellschaft ist es allerdings schwierig, in diesen Sachzwängen zu leben und sich trotzdem das Ideal vom absoluten Wert des Menschen zu erhalten. Denn natürlich kann man bei den begrenzten Ressourcen nicht allen alles zukommen lassen. Wenn zum Beispiel hier ein Hochbetagter für ein Vermögen durch alle Therapien geschickt wird, damit er eventuell ein paar Wochen oder Monate länger lebt, dann ist das ja immer auch eine schreiende Ungerechtigkeit gegenüber den Tausenden, die verrecken, weil sie nicht mal sauberes Trinkwasser haben.

Das Problem der begrenzten Ressourcen, die Erkenntnis, daß nicht alle alles haben können, die Frage nach der gerechten Verteilung, Polossek beschreibt den klassischen Grundkonflikt. Es wird spannend.

– Manchmal wird das ja auch nur für die Verwandten gemacht, weil die sonst ankommen von wegen »Warum habt ihr mit Opa nicht mehr angestellt?« Und der arme Mann will vielleicht einfach nur sterben. Und er wird dann zwangstherapiert, weil die Verwandten mit dem Tod nicht mehr umgehen können und die Mediziner ihre neueste Technik auffahren wollen.

Polossek spricht aus der Erfahrung seines Alltags als Seelsorger und ist dabei angenehm entspannt.

– Als Christ sollte man um die Vergänglichkeit, um die Grenze seines Lebens wissen. Man könnte sich ja auch dem Willen Gottes anvertrauen und sagen: Wenn es ist, wie es ist, dann muß ich mit Anstand abgehen und nicht verzweifelt dagegen anrennen. Aber das kann man keinem vorschreiben. Und es wäre im wahrsten Sinne des Wortes entwürdigend, wenn die Krankenkasse sagen würde: »Das zahlen wir nicht mehr.« Und auf der anderen Seite sind es oft geringfügige Mittel, mit denen man Hunderttausende in der Dritten Welt retten kann.

Ein Arzt aus meiner Familie hat mal ausgerechnet, daß man mit 100 000 Dollar eine Million Kinder in Afrika gegen Kinderlähmung impfen oder aber in Deutschland das Leben von zwei bis drei Darmkrebspatienten um durchschnittlich vier Monate verlängern kann. Vor solchen Fragen kann man sich nicht verschließen, sagt Polossek. Und ich erzähle ihm von einem Erlebnis in einem Sterbehospiz in Sambia, wo ich einem AIDS-kranken Mann begegnete. Ihm war es in den letzten Jahren immer wieder irgendwie gelungen, das Geld für die überlebensnotwendigen Medikamente aufzutreiben. Jetzt aber, so berichtete er, ginge das nicht mehr. Ohne Geld müsse er aber sterben, weswegen er in das Hospiz gekommen sei. Eine einfache Geschichte vom Leben, vom Tod und vom Geld. Der Mann bat mich seltsamerweise nicht um Hilfe. Und ich bot ihm keine an. Das hat mich noch oft beschäftigt. Eigentlich bis heute. Mir scheint, ich habe das jetzt nicht nur erzählt, ich habe es gebeichtet. Pfarrer Polossek lacht. Es ist ein wissendes Lachen.

– Als Christ muß man auch immer mit der eigenen Begrenztheit umgehen. Das Scheitern gehört mit dazu. Man kann nicht mit dem allumfassenden Anspruch des Gutmenschen umherlaufen und furchtbar darunter leiden, daß die Möglichkeiten auf diese Welt begrenzt und die Bedingungen nicht ideal sind. Selbst die, die sonst immer große Predigten halten, legen auch die Hand auf die Tasche, wenn ein Notleidender kommt. Die sagen auch nicht: »Ich geb dir alles, was ich habe, weil deine Not viel größer als meine ist«. Die wissen auch zu rechnen.

Ich habe nicht nur gebeichtet, ich werde auch noch getröstet. Es klingelt. Polossek geht an die Gegensprechanlage. Jemand behauptet, einen Termin mit ihm zu haben. Polossek kann sich nicht erinnern, bittet, in einer halben Stunde noch mal vorbeizukommen. Ich habe inzwischen den Faden wiedergefunden:

– Wenn in der Bibel der Wert des Menschen vom Staub bis knapp an Gott reicht, dann ist eine so breite Antwort ja im Grunde keine Antwort, oder?

– Natürlich kann man sich auf fromme Sprüche zurückziehen – Gott liebt dich, du bist sein Geschöpf und sein Kind und er hat Jesus für dich in die Welt gesandt und der hat für dich sein Blut vergossen und ist für dich gestorben, so hat er dich erlöst und gerettet und blablabla ...

Polosseks »blablabla« finde ich etwas überraschend und sehr sympathisch.

– ... das könnte ich alles schön aufzählen. Und das kann man in einer Predigt auch mal tun. Und wenn ein Mensch in den Mühlen der Sozialhilfe hängt und nur Ablehnung erfährt, wenn er erlebt, wie sein Lebensrecht relativiert wird, dann hilft ihm der Glauben auch. Der ist dann so eine Art Damm, der schützt und dafür sorgt, daß nicht alles weggespült wird. Er kann sich aufrichten und sagen: Ich laß mich nicht so runterziehen auf diese monetäre Ebene. Ich glaube an Gott.

Polossek holt Luft, tief Luft.

– Aber mein persönliches Selbstwertgefühl als Mensch wächst ja aus der Beziehung zu anderen Menschen. Da wo Beziehung gelingt, bin ich für andere etwas wert. Da wird das Bewußtsein für den Wert ein unbedingtes. Da halte ich nicht die Tasche zu, sondern würde alles geben.

Das Hirn, fällt mir ein, ist ein Sozialorgan. So las ich es zumindest in einem Interview mit dem Göttinger Neurobiologen Gerald Hüther. Demnach ist unser Gehirn »ein durch soziale Erfahrungen zusammengebautes Konstrukt«, das »auf das Knüpfen von sozialen Beziehungen optimiert« ist. Somit ist die Fähigkeit zum Miteinander, zur Empathie und gegenseitigen Wertschätzung ein wesentliches Merkmal des Menschen.

– Vor Gott sind alle gleich, oder?
– Ja, egal welches Volk, egal ob Christ, Muslim oder Hindu.
– Auch egal ob alt oder jung?

Ist ein bißchen eine Fangfrage, weil doch bei den ganzen monetären Berechnungen die Karten der alten Menschen meist schlechter sind und sich auch Polosseks Beispiel vorhin auf einen *alten* Mann bezog.

– Diese Relativierungen sind den Theologen zuwider. »Das ist Teufelszeug! Weg damit!« Aber das geht natürlich nicht. Man muß sich den Fragen stellen. Das ändert sich ja auch immer. Früher waren die Kinder weniger wert. Ist eins gestorben, machte man halt ein neues. Und die Alten wurden geehrt.

Daß das im Moment anders aussieht, liegt sicher auch an der leidigen Diskussion um die maroden Rentenkassen.

– Vor Gott und dem Recht sind alle Menschen gleich. Das sagt jeder. Das wird überall hochgehalten. Und wenn es konkret wird? Dann wird es schwierig. Dann fehlen die Lösungen. Unsere Möglichkeiten, die Möglichkeiten der Erde sind ja begrenzt. Und mit absoluten Forderungen kommt man nicht weit. Klar, es gibt eine absolute Linie, einen Maßstab, der sich vom Monetären abhebt und nicht runterziehen läßt. Aber wir müssen uns und auch unsere Relativität eingestehen.

Ich ahne es, eine richtige, endgültige und vor allem praktikable Lösung hat auch Polossek nicht.

– Die christliche Ethik ist keine Traumtänzerei. Aber es ist natürlich auch eine Frage, wie man bewertet. Sehen wir das Bruttosozialprodukt, unser wirtschaftliches Wachstum als das höchste Gut an? Ist das das Gut, dem wir den Menschen unterordnen wollen? Wir müssen aufpassen, daß die,

die da rechnen, nicht Zusammenhänge und Zwänge konstruieren, die so nicht gegeben sind.

Ich denke an die beiden Medizinhistoriker, ihr Mißtrauen gegenüber den Voraussetzungen, unter denen gerechnet wird, ihre Warnung vor den Schlußfolgerungen, die aus vermeintlich harmlosen Rechnungen gezogen werden können.

– Daß man nicht plötzlich glaubt, es gäbe keine Alternativen mehr, daß es nicht heißt: »Wir müssen die Lebenserwartung der Alten reduzieren, sonst bekommen wir das und das Problem«. Diese Drohkulissen müssen hinterfragt werden.

Er holt Luft, sehr, sehr viel Luft.

– Ich halte eine gewisse religiöse Überzeugung schon für notwendig, damit der ethische Grundwasserspiegel nicht ins Bodenlose sinkt. Damit es eine Barriere, eine Grenze gibt, die nicht überschritten werden darf.

– Wie könnte diese Grenze aussehen?

– Ich weiß es nicht.

Ich schätze seine Ehrlichkeit. Doch die letzte Antwort ist unbefriedigend. Also nochmal die Frage:

– Was ist ein Mensch wert? Kann man das beantworten?

Polossek lächelt ein wenig genervt.

– Sie merken doch, daß ich nicht zu frommen Sprüchen und erhabenen, ehernen Formeln neige. Natürlich könnte ich sagen: »Der Mensch ist unheimlich viel wert! Man darf ihn nicht relativieren!«

Ja, genau. Wär doch schön. Bei aller Freundlichkeit, diesen Gefallen will oder kann Polossek mir nicht tun.

– Also: Seinen Wert entdeckt man, wenn man mit anderen Menschen in Beziehung tritt. Das schafft eine andere Wertebasis als die des wirtschaftlichen Austausches. Dieses Wertebewußtsein steht weit über allen monetären Bewertungen. Wenn das aber fehlt und auch die religiöse Basis nicht da ist, dann fürchte ich, entwerten wir uns Schritt für Schritt. Das ist ein schleichender Prozeß. Das muß nicht in einer Generation passieren. Aber in zwei oder drei Generationen lassen wir uns sonst von den Sachzwängen immer tiefer in die Knie zwingen. Dann kommen wir zu Schlußfolgerungen, die aus der jetzigen Perspektive wirklich furchtbar und schrecklich sind. Dem müssen wir etwas entgegensetzen.

Klingt ein wenig nach Apokalypse. Eine Warnung. Es ist alles gesagt, und ich habe nichts mehr zu fragen. Es klingelt wieder. Der vergessene Termin. Polossek steht auf. Unten auf der Straße renne ich fast in eine lange Schlange geduldiger Menschen, die auf eine Mahlzeit in der Suppenküche hoffen.

40. Gesundheitsökonomie II: 20 000 bis 30 000 Euro für eine Niere. Peter Oberender plädiert für ein eBay der Organe

Mit der Gesundheitsökonomie, ich hatte es gesagt, bin ich noch nicht ganz fertig. Zumal es da noch einen wichtigen Punkt gibt, der meinen Wert betrifft. Es sind meine Organe. Denn rein theoretisch müßten auch die einen Wert haben. Zumindest diejenigen, die sich transplantieren lassen. Die Idee kam mir in der Apotheke, als ich den ernüchternden Wert meiner chemischen Substanzen erfuhr. Schließlich handelt es sich um erprobte Ware, recht gut gepflegt, anfangs mit Muttermilch und zumindest in den letzten Jahren fast ausschließlich mit Biokost betrieben. Das kann ja nicht alles umsonst gewesen sein. Sogar die Bundesanstalt für Straßenwesen hat ja schon mal überlegt, damit zu kalkulieren.

Die erste erfolgreiche Organtransplantation bei einem Menschen gelang 1954 mit einer Niere. Joseph Murray bekam dafür den Nobelpreis für Medizin. Da jeder Mensch zwei Nieren hat, ist es grundsätzlich möglich, eine zu spenden und trotzdem weiterzuleben. Das gleiche betrifft die Leber. Man kann einen Teil von ihr verpflanzen, da sich die »Restleber« des Spenders regeneriert.

Bei den anderen transplantierbaren Organen – Herz, Lunge, Dünndarm, Bauchspeicheldrüse – ist das nicht oder nur sehr eingeschränkt möglich. Sie können nur bei Hirntoten entnommen werden. Das heißt, das Gehirn ist unwiderruflich zerstört, 90 Prozent des Organismus, also Herzschlag, Sauerstoffversorgung, Verdauung etc. funktionieren aber noch.

In Deutschland gibt es seit 1997 ein Transplantationsgesetz. Die Verteilung der gespendeten Organe übernimmt die halbstaatliche Stiftung Eurotransplant für die zusammengeschlossenen Länder Belgien, die Niederlande, Luxemburg, Deutschland, Slowenien, Österreich und Kroatien. Die Vergabekriterien sind komplex und deswegen auch nicht immer wirklich transparent. Die medizinische Verträglichkeit etwa der Blutgruppen vorausgesetzt, wird vorwiegend nach Dringlichkeit und Wartezeit entschieden. Heilungschancen spielen eine eher untergeordnete Rolle.

Das Problem ist, daß mehr Organe benötigt als gespendet werden. Das ist überall so. In Deutschland sogar noch ein bißchen stärker als in allen anderen europäischen Ländern. Umfragen zufolge würden 90 Prozent der Deutschen ein Organ annehmen, während nur zwölf Prozent einen Organspenderausweis besitzen.

Von etwa 50000 Menschen, die ein fremdes Organ brauchen, schaffen es etwa 12000 auf die offizielle Warteliste. Es können aber jährlich nur ca. 4000 Transplantationen durchgeführt werden. Trotz aller Bemühungen, die Zahl der Spenden zu erhöhen, wartet somit etwa jeder Dritte vergeblich. Transplantationsbefürworter sprechen vom »Tod auf der Warteliste«.

Es gibt allerdings einen internationalen, weitgehend illegalen Organhandel. Zahlungskräftige Kranke aus den Industriestaaten kaufen sich über dubiose Vermittler Organe von notleidenden Menschen in Osteuropa oder aus vorwiegend asiatischen Entwicklungsländern, wo in der Regel auch die Operationen vorgenommen werden. Bis zu drei Prozent der in Deutschland registrierten potentiellen Organempfänger erwerben eine Niere im Ausland, um die drei- bis fünfjährige Wartezeit auf ein legal gespendetes Organ zu vermeiden. Die Spender auf den illegalen Märkten im Ausland erhalten oft nur ein paar hundert Euro und in der Regel keine ausreichende medizinische Nachversorgung. Im Jahr 2008 traf ich bei einer Rechercheise in Dubai auf einen indischen Bauarbeiter, der aufgrund seiner hohen Schulden einen Käufer für seine Niere suchte. Er hoffte auf einen Erlös von etwa 800 Euro. In Indien selbst gibt es das Organ auch schon für die Hälfte dieser Summe, während auf indonesischen Internet-Seiten eine Niere auch schon mal im Tausch gegen einen Kleinwagen angeboten wird.

Für Aufsehen sorgte im Dezember 2010 ein Bericht des Europarates, der dem amtierenden kosovarischen Ministerpräsidenten Hashim Thaci eine Verwicklung in den illegalen Organhandel vorwirft. Als früherer Führer der kosovarischen Befreiungsarmee UCK mit Verbindungen zum organisierten Verbrechen soll Thaci vom Verkauf der Organe serbischer Gefangener profitiert haben, die nicht zuletzt zu diesem Zweck ermordet wurden.

Ein ähnlich trauriger Sonderfall ist China. Im Jahr 2008 wurden laut Amnesty International mindestens 1718 Todesurteile vollstreckt. Da die genaue Zahl aber Staatsgeheimnis ist, wird die tatsächliche Anzahl auf ein Vielfaches geschätzt. Die Menschenrechtsorganisation Human Rights Watch geht davon aus, daß 90 Prozent der in China transplantierten Organe von Hinrichtungsopfern stammen. Häufig würden die Hinrichtungstermine entsprechend der Organ-Nachfrage von Spitälern und privaten Händlern festgelegt. Die Organe werden zum Teil auch ins Ausland verkauft oder Ausländern in China eingesetzt. Die Preise für ein Komplettpaket – Reisekosten, Organ, Operation – liegen laut Medienberichten bei knapp 50000 Euro für eine Niere und weit über 100000 Euro für eine Leber oder ein Herz.

Auch in Deutschland ist der Ver- und Ankauf von Organen verboten. Die Lebendspende ist nur bei Verwandten ersten und zweiten Grades, Ehegatten, Lebenspartnern, Verlobten sowie »anderen Personen, die dem Spender in besonderer persönlicher Verbindung offenkundig nahe stehen« möglich. Spezielle Gutachter-Kommissionen der Landesärztekammer prüfen die jeweiligen Umstände. Sonderlich effektiv scheint das Verfahren nicht zu sein. Die Ärztekammer Nordrhein gab offen zu: »Diese vom Gesetzgeber gewollte Überprüfung im Laufe eines Gespräches mit den Betroffenen kann sich nur auf gezielte Fragen beschränken, deren wahre Beantwortung nicht überprüft werden kann«. Nur etwa ein Prozent der Anträge wird abgelehnt.

Darüber hinaus gibt es eine wachsende Zahl von Medizinern,

Juristen und Gesundheitsökonomen, die sich für einen zumindest geregelten Organmarkt aussprechen.

Dazu gehört auch Professor Peter Oberender. Er lehrte Wirtschaftstheorie an der Universität Bayreuth und ist Direktor der dort angesiedelten Forschungsstelle für Sozialrecht und Gesundheitsökonomie, zudem Direktor des Instituts für angewandte Gesundheitsökonomie und – nicht ganz unwichtig – Inhaber und Seniorpartner der Unternehmensberatung Oberender & Partner, die sich auf Gesundheitsökonomie und Krankenhausmanagement spezialisiert hat. In der Firmenbroschüre zählt er das deutsche Gesundheitswesen »zu den herausragenden Wachstumsmärkten der Zukunft«.

Ich treffe Oberender im Berliner Westin Grand Hotel. Wir sitzen in schweren, tiefen Sesseln im Foyer, das gerade von amerikanischen Touristen besetzt wird. Oberender ist Jahrgang 1941 und ausgesprochen zuvorkommend. Ein kleiner, fast zarter Mann mit weißroten Haaren. Er spricht leise und sanft.

Er räumt ein, daß ein Menschenleben »einen Wert an sich hat, den man nicht bewerten kann«. Von diesem Wert »an sich« abgesehen, sieht er aber in einer konkreten ökonomischen Berechnung kein Problem. Er sagt das sehr überzeugt. Bevor es um die Organe gehen soll, möchte ich da gern noch mal nachhaken.

– Sind denn nicht alle Leben gleichviel wert?
– Aus ethischer Sicht schon. Ökonomisch betrachtet ist das natürlich anders. Der Ökonom sieht den Mangel, die knappen Ressourcen, und er versucht, den Mangel zu beheben oder zu lindern, genau wie die Medizin. In dieser Hinsicht ist es aus ethischer Sicht völlig in Ordnung, den Wert eines Menschen zu berechnen.

Er plädiert dabei für das Kriterium einer dem Einkommen entsprechenden »Produktionsleistung«, was dem Humankapitalansatz entspricht. Auch Oberender übernimmt das Geschäft der Ethik gleich mit. Von Zweifeln keine Spur. Er plädiert wie Breyer für Kosten-Nutzen-Rechnungen mit monetarisierten QALYs auch bei individuellen Entscheidungen. Auch er hält 50 000 Euro für ein »qualitätskorrigiertes Lebensjahr« für angemessen. Um Mißverständnisse zu vermeiden, frage ich lieber noch mal genauer nach.

– Wenn bei mir also eine Operation notwendig wäre, die mir statistisch noch zwei gesunde Lebensjahre garantieren würde. Diese zwei Lebensjahre wären dann 100 000 Euro wert. Wenn die Operation dann 80 000 Euro kostet, wäre alles okay?

Oberender nickt.

– Und bei 120 000 Euro Kosten, sähe es nicht so gut aus, oder?

Oberender nickt wieder. Ganz ruhig.

– Das müßte man dann diskutieren. Das Lebensalter könnte eine zusätzliche relevante Variable sein. Wenn Sie 70 sind und sich nicht mehr um Kinder kümmern müssen, würde ich sagen: »Nein, keine Operation«. Man könnte Ihnen aber auch 100 000 Euro zur Verfügung stellen, und die fehlenden 20 000 Euro zahlen Sie selbst.
– Aber die 20 000 Euro hat vielleicht nicht jeder.
– Ich sehe natürlich auch, daß es für arme Leute schwierig wird. Aber ich kann ja niemandem verbieten, die 20 000 Euro zu zahlen, wenn er sie hat. Und es wäre natürlich auch noch mal was anderes, wenn es um eine Mutter oder einen Familienernährer geht. Dann sollte vielleicht auch mehr gezahlt werden. Ohne Kinder würde ich aber wie bei einem 70jährigen entscheiden.

Ich habe nur eine leibliche Tochter, und weil wir uns die Erziehungsaufgaben teilen, ernähre ich die Familie auch nur zur Hälfte. Das könnte kompliziert werden.

– Und wenn es sich nicht mehr »lohnt«?
– Dann muß man mit dem Patienten offen reden und ihm Erleichterung bei den Schmerzen anbieten. Ich hatte zwei tragische Fälle in meinem Freundeskreis. Die sind an ihren Schmerzen zugrunde gegangen. Warum wollen wir da nicht auch Sterbehilfe leisten?

Was Oberender da vorschlägt, entspricht einer Art sozialer Selektion und erinnert mich an eine beklemmende Vision, die die schwedische Autorin Ninni Holmqvist in ihrem 2008 im Fahreinheit-Verlag erschienenen Roman *Die Entbehrlichen* ausformuliert hat. Sie beschreibt, wie in einer nicht allzu fernen Zukunft die »entbehrlichen« Mitglieder einer Gesellschaft in die sogenannte »Einheit« verschafft werden. Das ist ein abgeschlossener, durchaus komfortabler Ort für medizinische Experimente und Organentnahmen bis hin zur tödlichen »Endspende« für einen »benötigten« Bürger. Das Erschreckende der Geschichte liegt nicht in dramatischen Gewaltszenen, denn solche gibt es gar nicht, sondern in dem subtilen Geschick, mit dem Holmqvist bekannte Ansätze konsequent und phantasievoll zu Ende denkt.
Soziale Wertigkeit bei der Zuteilung medizinischer Ressourcen kann aber auch im »echten« Leben eine Rolle spielen. Das zeigt exemplarisch eine Geschichte, die sich in den sechziger Jahren im Swedish Hospital von Seattle abspielte. Weil dort zu wenige Maschinen vorhanden waren, mußte entschieden werden, welche Patienten Zugang zur lebensrettenden Nierendialyse bekommen sollten. Es wurde ein Komitee gegründet, das zu bestimmen hatte, wer leben durfte und wer sterben mußte. Die Jury bestand in der ersten Zusammensetzung aus einem Anwalt, einem Pfarrer, einer Hausfrau, einem Gewerkschaftsführer, einem Staatsbeamten, einem Banker und einem Chirurgen. Keiner hatte eine spezielle Qualifikation für diese lebensentscheidende Aufgabe. Verheiratete Männer mit Kindern wurden bei der Auswahl gegenüber unverheirateten Männern und Frauen oder kinderlosen Ehepaaren bevorzugt. Arbeitende Menschen galten mehr als Erwerbslose. Und während ehrenamtlich Tätige sowie Kirchgänger grundsätzlich bessere Chancen hatten, wurden Menschen mit Vorstrafen oder geistig Behinderte ebenso grundsätzlich abgelehnt. Die Anwendung dieser speziellen Standards der Mittelklasse sorgte später für enorme Empörung. 1973 wurde dann ein staatliches Programm eingeführt, das allen Patienten, die an einer

lebensbedrohlichen Nierenkrankheit leiden, uneingeschränkte Unterstützung garantiert.
Ein klares Raster der sozialen Wertigkeiten findet sich heute (noch oder schon?) im Rechtssystem einiger islamischer Staaten. Im Iran etwa ist ein Muslim vor einem Richter doppelt soviel wert wie eine Muslimin, 13mal soviel wie ein Christ und 26mal soviel wie eine Christin.
Oberender schaut auf die Uhr. Er hat noch Termine, und ich will noch was über seine Ideen zum Organ-Markt erfahren. Er nimmt das Stichwort direkt auf, bleibt dabei weiter ganz ruhig, ganz sanft.

– Ich bekomme immer wieder Post von Leuten hier in Deutschland, die ihre Niere verkaufen wollen. Zuletzt von einem insolventen Mittelständler. Ich bin an dieser Stelle für einen regulierten Markt. Die Begründung ist einfach: Erstens sterben bei uns im Jahr 1200 Menschen wegen fehlender Organe. Zweitens kostet im Iran eine Niere 700 Dollar, wobei dort 60 bis 70 Prozent der Spender sterben, weil es keine adäquate medizinische Nachsorge für sie gibt.

Zum legalisierten Organverkauf im Iran sind sehr unterschiedliche Informationen in Umlauf. 2007 berichtete der amerikanische Arzt Benjamin E. Hippen, im Iran könne tatsächlich seit gut 20 Jahren jeder seine Niere verkaufen, wenn keine medizinischen Gründe dagegen sprechen. Der iranische Staat bietet dafür 1200 US-Dollar und ein Jahr Krankenversicherung. Dazu kommt eine separate Entschädigung des Empfängers in Höhe von 2300 bis 4500 Dollar, die von einer Wohltätigkeitsorganisation übernommen wird, wenn der Kranke oder seine Familie das Geld nicht aufbringen kann. Den Organverkäufern hingegen, das zeigt eine Untersuchung des iranischen Urologen Javaad Zargooshi, geht es physisch, psychisch und materiell nach der Operation schlecht.

– Außerdem würde ein geregelter Markt den Menschen in den Entwicklungsländern helfen. Ein Markt, der funktioniert wie eine Börse mit entsprechenden Maklern. Die Niere würde dann wie ein Wertpapier auch richtig begutachtet.

Mit dem Spender gäbe es ein Beratungsgespräch. Man könnte ihm helfen, das Geld richtig anzulegen. Leute, die etwa in Indien ihre Niere verkaufen, tun das, um ihren Kindern eine Ausbildung zu ermöglichen. Dafür bekommen sie dann vielleicht 700 Dollar. Aber was wollen sie damit groß machen? Auf einem organisierten Weltmarkt könnte man 20 000 bis 30 000 Dollar für eine Niere bekommen. Damit wäre den indischen Spendern wirklich geholfen, und auch das Problem der Nachsorge wäre geklärt.

– Und wer zahlt dann die 20 000 oder 30 000 Dollar?

– Da könnten natürlich auch unsere Krankenkassen mitbieten, damit die Armen hier nicht auf der Strecke bleiben. Für die Kassen macht das ja auch Sinn, weil sie Kosten für die Dialyse sparen.

Dazu hat Friedrich Breyer – ebenfalls ein Befürworter des legalisierten »Organankaufes« – in dem Buch *Organmangel – Ist der Tod auf der Warteliste unvermeidbar?* im Jahr 2006 folgende exemplarische Rechnung veröffentlicht. Die Dialyse eines nierenkranken Patienten kostet demnach im Jahr 40 000 Euro, eine Transplantation 50 000 Euro (ohne Organankauf) zuzüglich Nachsorgekosten von jährlich 10 000 Euro. Bei den entsprechenden Summen gibt es in der Fachliteratur allerdings zum Teil recht große Abweichungen. Breyer kommt zu dem Schluß: »Wenn man von einer durchschnittlichen Funktionsdauer des transplantierten Organs von zehn Jahren ausgeht – zumindest liegt der Median derzeit bei diesem Wert –, dann kostet die Transplantation über diesen Zeitraum 150 000 Euro und damit eine Viertelmillion Euro weniger als zehn Jahre Dialyse.« Auf der Basis solcher Rechnungen halten die entsprechenden Befürworter den legalisierten Ankauf von Organen für ökonomisch sinnvoll, wenn nicht sogar geboten.

– Ist das nicht so was wie Gesundheitsimperialismus?

Nach Berichten des US-amerikanischen Anthropologen Jonathan Xavier Inda, dem Autor des Buches *The Anthropology of Globalization*, wächst in verschiedenen Regionen Indiens der soziale Druck, eine eigene Niere zu verkaufen. So seien etwa Mitgift-Forderungen gegenüber mittellosen Brauteltern gestiegen, seitdem die neue »Einkommensquelle« zur Verfügung steht. Wer unter solchen Umständen ein Organ verkauft, tut das also nicht wirklich freiwillig.

– Im Moment bekommt ein Inder für seine Niere doch nur 700 Dollar. Ich möchte hier den Leuten helfen, die frühzeitig sterben, weil sie keine Organe haben, und ich muß zugleich denen helfen, die anderswo ausgebeutet werden. Und sie werden ausgebeutet, weil der Markt nicht transparent ist. Um es klar zu sagen: Ich will keinen freien, sondern einen regulierten Markt. Das ist für mich auch Ethik. Ich bin ein liberaler Ökonom ohne Patentlösungen, und es geht mir darum, die Schwachen zu schützen.

Zumindest einige der »Schwachen« scheinen auf diese Art der Unterstützung nicht sonderlich erpicht zu sein. Nachdem Oberender im Jahr 2007 einmal seine Gedanken über die Möglichkeiten der Organbörse für jemanden, »der nicht genug Geld hat, um den Lebensunterhalt seiner Familie zu finanzieren«, in einem Interview mit dem Deutschlandradio äußerte, landeten seine Thesen in einem Internetforum für Fachkräfte in Sozialämtern. Dort diskutierten Fallmanager der Bundesagentur für Arbeit sogleich die Frage, wie die Einnahmen aus möglichen Organverkäufen von Hartz-IV-Empfängern eventuell mit den bezogenen Unterstützungsleistungen verrechnet werden könnten.

Betroffene Hartz-IV-Empfänger, die das mitbekamen, waren über die Gedankenspiele entsetzt. »Und was kommt als nächstes?«, fragte der Nutzer eines Internet-Forums. Ein anderer fürchtete: »Dann werden wohl Hartz-IV-Antragsteller, die noch zwei Nieren haben, gezwungen, erst mal eine zu verkaufen und den Erlös aufzubrauchen. Erst danach können sie einen neuen Antrag stellen! Und Frauen, die in der Lage sind, Kinder auszutragen, werden dann wohl gezwungen, als Leihmütter für besserverdienende Karrierefrauen herzuhalten ...«

41. »Ich habe für viele einen negativen Wert.« Eine Begegnung mit Peter Sawicki

Ein Mittwochabend in einem großen Vortragsraum der AOK in der Berliner Wilhelmstraße. Das Patienten Forum Berlin hat zu einer Informationsveranstaltung geladen, und gut 70 Zuhörer, die meisten im Rentenalter, sind gekommen. Gast ist Professor Peter Sawicki. Er soll die Arbeit des 2004 gegründeten Instituts für Qualität und Wirtschaftlichkeit im Gesundheitswesen (IQWiG) in Köln vorstellen, das er zu diesem Zeitpunkt leitet. Das Institut überprüft im öffentlichen Auftrag mit etwa 100 Mitarbeitern den medizinischen Nutzen, die Qualität und die *Wirtschaftlichkeit* von Operations- und Diagnoseverfahren, Arzneimitteln und Behandlungsleitlinien. Das soll beispielsweise gewährleisten, daß teure neue Medikamente von den gesetzlichen Krankenkassen nur dann bezahlt werden, wenn sie wirksamer sind als die älteren, meist billigeren Alternativen.

Breyer hatte vom IQWiG gesprochen. Er und andere einflußreiche Gesundheitsökonomen, unter anderem auch Oberender, fordern von dem Institut die Verwendung von Kosten-Nutzen-Rechnungen, inklusive der Entscheidung, wieviel Geld ein »qualitätskorrigiertes« Lebensjahr (QALY) wert sein soll.

Sawicki weigert sich jedoch, das zu tun. Ich wüßte gern, warum. Der 1957 geborene ehemalige Chefarzt für Innere Medizin war Mitherausgeber des unabhängigen *arznei-telegramms*. Dort kritisierte er beharrlich die Praktiken der Pharmaindustrie, der er dann auch in seinem neuen Amt als Leiter des – so der inoffizielle Beiname – »Medikamenten-TÜVs« keine Freude bereitete. Im Gegenteil. Aber schließlich wurde das weitgehend von den gesetzlichen Krankenkassen finanzierte Institut von der Politik ja als eine Art Bremsklotz gegen die wirtschaftlichen Interessen der Medizinindustrie gegründet, was *Die Zeit* eine »olympische Aufgabe« nannte. Ein paar

Monate nach meinem Gespräch mit Sawicki wird allerdings bekannt, daß die im September 2009 gewählte schwarz-gelbe Bundesregierung kein Interesse mehr an seinen Diensten hat. Im Januar wird dann offiziell verkündet, daß sein noch bis Ende August 2010 laufender Vertrag nicht verlängert wird. Das Nachrichtenmagazin *Der Spiegel* spricht in diesem Zusammenhang von einer »Intrige«.
Sawicki trägt einen dunkelblauen Anzug, ein blau-weiß gestreiftes Hemd und eine blau-blau gestreifte Krawatte. Er spricht sanft, aber klar und ein wenig leise. Viele seiner Aussagen würzt er mit einer feinen Dosis Ironie. Man kann das arrogant oder auch charmant finden.
Die Moderatorin des Abends sagt bei der Vorstellung Sawickis, im Saal befänden sich auch Vertreter der Pharmalobby. Halb erstauntes, halb entrüstetes Gemurmel im Publikum. Handfester Ärger droht wenig später, als bemerkt wird, daß einer der Gäste die Veranstaltung mit einem Mikrophon aufzeichnet. Ob es sich dabei um eine Art Industriespion oder einen Journalisten handelt, der vergessen hat sich die Aufnahme genehmigen zu lassen, bleibt unklar.
In seinem locker gehaltenen Vortrag plädiert Sawicki dann für die Solidargemeinschaft und den beim IQWiG verfolgten Ansatz der evidenzbasierten Medizin. Evidenz bedeutet soviel wie »Beweis«. Es geht also um eine Medizin, deren Nutzen auf der Grundlage wissenschaftlicher Studien belegt ist. Das hatte ich bisher immer für selbstverständlich gehalten.
Nach der Veranstaltung sitzen wir in einem kleinen Besprechungsraum. Ich habe bei Sawickis Sekretärin eine Stunde Gesprächszeit herausschlagen können. Er sagt, das, was er mache, sei so was wie »Wassergymnastik im Haifischbecken«. Er ist dabei ganz ruhig. Ich erzähle ihm von meinen Recherchen, meiner Frage, was der Mensch wert ist. Er nickt, lächelt und stellt klar, daß es ja immer darum gehe, *für wen* der Mensch was wert sei.
– Ich bin sicher, daß meine persönliche Existenz für viele einen negativen Wert darstellt.

– Für wen haben Sie denn einen negativen Wert?
– Etwa für diejenigen, die einen ungehinderten Zugang zum Verkauf von Pharmaka in Deutschland anstreben. Oder von Ärzteorganisationen, die sagen, ein Arzt muß ohne Kontrolle machen dürfen, was er für richtig hält.

Ein Beispiel, warum das IQWiG und damit auch Sawicki immer wieder Ärger mit der Pharmaindustrie, den Ärzten, aber auch Patientenverbänden haben, ist die Diskussion um die sogenannten Analoginsulina für Diabetiker. Dabei handelt es sich um gentechnisch hergestellte Varianten des normalen Insulins, die den Alltag von Zuckerkranken laut Pharmaindustrie erheblich erleichtern sollen, weil keine lästige Zeitspanne zwischen Insulinspritze und Nahrungsaufnahme eingehalten werden muß. Allerdings sind die neuen Präparate bis zu 60 Prozent teurer als vergleichbare Humaninsuline. Der Deutsche Diabetiker Bund empfahl die neuen Analoginsulina, die Ärzte verordneten sie, Pharmafirmen wie Sanofi-Aventis, Lilly und Novo Nordisk machten einen entsprechenden Umsatz: über 400 Millionen Euro jährlich allein in Deutschland. Weltweit hofften einzelne Hersteller wie Sanofi gar auf bis zu drei Milliarden Euro Umsatz mit solchen Präparaten. Die Gutachter des IQWiG konnten allerdings keine Beweise für einen zusätzlichen Nutzen gegenüber den herkömmlichen Medikamenten feststellen. Sie bezeichneten die beworbenen Vorzüge als Legende und die Analoginsulina insgesamt als unwirtschaftlich. Daraufhin drohte die Industrie mit Arbeitsplatzabbau und Investitionsstopp, der Deutsche Diabetiker Bund sammelte 180000 Unterschriften, und auch ärztliche Fachgesellschaften und pharmafreundliche Professoren protestierten energisch. Trotzdem wurden die neuen Präparate 2006 mit wenigen Ausnahmen aus dem Leistungskatalog der gesetzlichen Krankenkassen gestrichen. Und plötzlich waren die Hersteller bereit, ihre Preise erheblich zu senken. Im Sommer 2009 wurden schließlich Studien publik, die ein erhöhtes Krebsrisiko bei Verabreichung von Analoginsulina nahelegen.

– Wert ist immer abhängig von der Person, der Zeit, den Umständen und so weiter.

Sawicki ist noch bei der Menschenwertfrage.

– Es gibt für den Menschen keinen absoluten Wert. Aber den bräuchten wir ja, wenn wir damit rechnen sollen. Und das betrifft die Bewertung von QALYs. Da pendeln die Schwellenwerte weltweit zwischen 20000 Dollar und 100000 Dollar. Das ist ein Unterschied um das Fünffache. Wie soll das möglich sein?

– Sind Sie das letzte Bollwerk gegen die radikale Ökonomisierung des menschlichen Lebens oder zumindest seiner Gesundheit?

– Nein.

Er lächelt immer noch.

– Wir versuchen nur, mit zuverlässigen Methoden Fragen zu beantworten. Diese Diskussion um den Wert des Lebens ist doch vom Markt abgeleitet. Die Leute werden gefragt, was sie bereit sind zu zahlen. Wie bei Schuhen –

Er schaut auf seine.

– oder einem Aufnahmegerät.

Er schaut auf meins.

– Aber das hat doch alles keinen Wert mehr, wenn man seine Existenz verliert. Mit dem Tod endet die Bedeutung des Materiellen. Das heißt, die Verlängerung des Lebens müßte mehr wert sein als alle materiellen Dinge zusammengenommen.

Klingt logisch. Aber ich denke an Breyer, die Gesundheitsökonomen, die explodierenden Kosten, die begrenzten Mittel, den drohenden Zusammenbruch des Gesundheitssystems, daran was ich, mein Leben, ein Jahr davon wert sein könnten. Und schon mache ich mir doch ein wenig Sorgen.

– Aber irgendwann wird doch das Geld knapp?

– Das dauert noch.

Ich ahne, daß sein Lächeln ein Dauerlächeln ist. Doch tatsächlich ist das Problem der Finanzierung im Gesundheitswesen bei genauerer Betrachtung nicht ganz so zwangsläufig katastrophal, wie es bisweilen dargestellt wird. Der Anteil der Gesundheitsausgaben am Bruttoinlandsprodukt stieg beispielsweise von 1994 bis 2007 um überschaubare 0,2 Prozent auf 10,4 Prozent. Experten wie etwa der Kölner Gesundheitsökonom Karl Lauterbach verweisen auf mittelfristige Einsparmöglichkeiten von 20 Milliarden allein aufgrund einer besseren Vorsorgepolitik. Dazu gehört auch die vermeintliche Selbstverständlichkeit, den medizinischen Apparat nicht den finanziellen Interessen der Pharma- und Medizinindustrie zu überlassen. In Deutschland sind die Medikamentenpreise beispielsweise wesentlich höher als in anderen europäischen Ländern.

Laut dem *Arzneiverordnungs-Report 2010* sind die 50 umsatzstärksten Präparate bei uns um 98 Prozent teurer als in Schweden. Insgesamt beziffert der Bericht das Einsparpotenzial im Arzneimittelbereich der gesetzlichen Krankenversicherung (GKV) auf 9,4 Milliarden Euro. Das ist ein Drittel des derzeitigen GKV-Umsatzes bei Arzneimittel und ein Grund für die »explodierenden Kosten«, die zu den Krisenszenarien führen, in denen dann der Wert von Lebensjahren berechnet und limitiert werden soll.

– Aber wenn es mal soweit sein sollte und radikaler gespart werden muß?
– Dann wird es hart. Dann werden Menschen bestimmte Sachen, die sie für ihre Existenz brauchen, nicht länger bekommen. Das ist auch abhängig von der kollektiven und individuellen Leistungsfähigkeit.

Für die »harten Zeiten« gibt es interessanten Trost vom US-amerikanischen Center for Disease Control, einer Behörde des Gesundheitsministeriums. Nach deren Schätzung ist der Einfluß der sozialen Umwelt und der Lebensweise auf die Sterblichkeit etwa doppelt so hoch wie der der ökologischen Umwelt und der biologischen Prädisposition, und diese sind wiederum doppelt so groß wie der Einfluß des Gesundheitswesens. Den größten Nutzen für die Gesundheit bringen demnach nicht Investitionen in die Medizin, sondern Ausgaben in anderen Bereichen wie Bildung, nichtmedizinische Forschung, Umwelt, Arbeitsbedingungen, Ernährung, Städtebau, Wohnungswesen, Verkehrswesen, Landwirtschaft, Lebensführung, Milieuverbesserung und Verringerung der Armut. Wenn die Gesundheitspolitik also eine gleichmäßig hohe Lebenserwartung und einen gleichmäßig hohen Gesundheitsstatus für alle Bevölkerungsschichten zum Ziel hätte, gäbe es durchaus auch überlegenswerte Alternativen zu unserem aktuellen Gesundheitssystem. Zumindest scheint es aufgrund solcher Studien effektiver zu sein, die vorhandenen Mittel für die Verbesserung der Lebensbedingungen sozial schwacher Menschen auszugeben, statt in hochmoderne Medizintechnik zu investieren. Aber das ist ein anderes Thema.

Für Sawicki ist es ein großes Problem, daß sich die Forschung der Industrie fast ausschließlich auf Bereiche konzentriert, in denen sich Gewinne erzielen lassen.

– Vielleicht ist es ja bei einem Menschen mit Depressionen viel besser, wenn er persönliche Zuwendung erhält, anstatt Medikamente zu bekommen. So was wird gar nicht erforscht. Und die Politik fragt auch gar nicht danach, weil sie sich auf die Industrieforschung verläßt. Und wir erleben auch immer wieder, daß Studien, die der Pharmaindustrie nicht in den Kram passen, erst gar nicht veröffentlicht werden. Bei dem Überangebot an Leistungen und Möglichkeiten sagt das IQWiG heute öfter mal: »Nein, das brauchen wir nicht.« Aber wenn es uns mal schlechter geht, könnte das auch umgekehrt laufen.

Dann könnte es tatsächlich darum gehen, ob wir uns das, was wir wirklich *brauchen*, überhaupt leisten können. Ob wir die knappen Mittel lieber in eine funktionierende Polizei oder ausreichende medizinische Versorgung investieren. Selbst dann, sagt Sawicki, wäre die Nutzung von QALYs keine Lösung, schon aus methodischen Gründen.

– Ein wirkliches Problem werden dann die willkürlich festgelegten Schwellenwerte wie etwa in England. Diese 30000 Pfund, die ein QALY wert sein soll, wert sein darf. Wir hätten beim IQWiG auch so was machen können. Ich weiß ja, was die Gesundheitsökonomen fordern. Wir hätten einen Schwellenwert nehmen können, den wir beispielweise ausgehend vom internationalen Mittelwert bestimmen. Aber das ist natürlich Unsinn! Dann kommt man an den Punkt, daß irgendein qualitätsadjustiertes Lebensjahr nicht mehr erstattet wird. Zum Beispiel bei Nierenkrebs. In England ist das so gelaufen. Es heißt dann: »weil das Geld begrenzt ist.« Geld ist immer begrenzt! Ich kann mir keine ethische Begründung vorstellen, mit der ein Institut so was festlegen kann.

– Was ist, wenn alle Sparmöglichkeiten ausgeschöpft sind?
– Wenn das alles nichts bringt, muß die gewählte, demokratisch legitimierte Regierung entscheiden, was bezahlt werden soll. Die Politik legt die Spielregeln fest. Wir, unser Institut, können nur die Entscheidungsgrundlagen liefern. Es muß sich ja keiner in die Politik wählen lassen. Obwohl, wenn sich keiner mehr wählen läßt, haben wir auch ein Problem.

Aus dem Lächeln wird ein Lachen. Nur kurz, dann ist er wieder ernst.

– Aber nach welchen Kriterien sollen die Politiker entscheiden?
– Die muß man dann erarbeiten. Die Verhinderung einer Erkrankung, die Vorsorge, könnte zum Beispiel Vorrang bekommen. Oder es könnte wie in den USA gehen: Behandlung im Notfall, aber keine Vorsorge. Wenn die Gesellschaft, die Parteien das so wollen, dann wird das beschlossen. Aber wir müssen verhindern, daß wir die Solidargemeinschaft in Frage stellen. Das geht nämlich ganz schnell. Die Strategie ist bekannt: »Wir werden älter, alles wird teurer, wir müssen privatisieren.« Jeder versichert sich so gut er will oder es sich leisten kann. Die Gesellschaft muß dann aber den Tod derjenigen in Kauf nehmen, die durchs Raster fallen. Das ist nicht einfach auszuhalten. Man ist da schnell auf der Ebene des Stammtisches: »Der säuft, macht seine

Leber kaputt, und ich muß die Transplantation bezahlen«.

– Können Sie so eine Haltung nachvollziehen?

– Nein. Man müßte bei der Kostenerstattung dafür das Schuldprinzip einführen.

– Und wenn man es »Eigenverantwortung« nennt?

– Schuldprinzip! Eigenverantwortung ist Schuldprinzip.

– Der Begriff »Schuld« ist anders belastet.

– Ist man »schuld« an seiner Erkrankung? Wenn ich eine Anamnese mache, also mit dem Patienten die Vorgeschichte seiner aktuellen Erkrankung kläre, finde ich doch bei jedem was. Es ist nur die Frage, wie lange man sucht. Jeder hat Schuld. Wo soll das denn hinführen? Soll erst operiert werden, wenn die Polizei bestätigt, daß ein Unfallopfer auch wirklich einen Helm getragen hat? Und wenn nicht? Vordergründig hört sich das immer alles prima an. Aber wenn man mal anfängt zu überlegen ... Die Solidargemeinschaft ist eine große Errungenschaft.

Das leuchtet mir ein.

– Haben die QALYs denn überhaupt keine Vorteile?

– QALYs sind ein Maß, das die Sache einfacher machen soll. Häufig geht das aber nicht. Das Leben soll dadurch leichter, vergleichbarer, berechenbarer, handhabbarer werden. Aber nur, wenn man sich keine Gedanken machen will. Das Leben ist mannigfaltig, chaotisch. Und hinter den QALYs steckt die Sehnsucht, das Unvergleichbare vergleichen zu können. Einstein hat mal gesagt, man solle alles so einfach wie möglich machen, aber bitte nicht noch einfacher.

Die Zeit ist um, Sawicki muß zum nächsten Termin.

Eine Sache gibt mir noch zu denken, der Auftrag des IQWiG ist nicht eindeutig formuliert. Laut *Sozialgesetzbuch* bestimmt das Institut seine Methoden und Bewertungskriterien selbst. Grundlage sollen aber laut Paragraph 35 »die in den jeweiligen Fachkreisen anerkannten internationalen Standards der evidenzbasierten Medizin und der Gesundheitsökonomie« sein. Darin liegt im Zweifelsfall ein Widerspruch. Zumindest pochen viele Gesundheitsökonomen aufgrund dieses Paragraphen auf die Verwendung ihrer »internationalen Standards«, das heißt vor allem auch auf die Nutzung der QALYs. Allerdings gibt es auf der anderen Seite wiederum viele Gesundheitsökonomen, die nicht bereit sind, diese Methode als Standard zu akzeptieren. Die Entscheidung liegt letztlich bei der Leitung des IQWiG. Und auch wenn Sawickis Nachfolger Prof. Jürgen Windeler bisher keine Anstalten macht, von der vorhandenen Linie abzuweichen, könnte ein anderer möglicher Leiter das Institut durchaus in eine ganz andere Richtung lenken. Schließlich hatten die Wirtschaftsminister der Bundesländer – darunter auch der heutige FDP-Vorsitzende Philipp Rösler als Vertreter Niedersachsens – erklärt, die Methodik des IQWiG sei »volkswirtschaftlich nicht hinnehmbar«. Konkret wurden neue Kriterien für die Kosten-Nutzen-Bewertung von Medikamenten gefordert, unter anderem auch um »die Wettbewerbsfähigkeit, insbesondere der heimischen pharmazeutischen Unternehmen« zu stärken. In einer solchen von der Pharmalobby befeuerten politischen Gemengelage scheint es keinesfalls ausgeschlossen, daß die monetarisierten »qualitätskorrigierten Lebensjahre«, ob nun durch die Vorder- oder durch die Hintertür, Einlaß in unser Gesundheitssystem bekommen.

Bei meinen weiteren Recherchen dazu stoße ich auf Weyma Lübbe, eine Philosophieprofessorin aus Regensburg, die sich in ihren Forschungen schon seit Jahren intensiv mit den Fragen der Verteilungsgerechtigkeit beschäftigt. Ich schicke eine freundliche Mail, bekomme eine freundliche Antwort und einen Termin im Anschluß an eine Sitzung des Deutschen Ethikrates, dem auch Frau Lübbe angehört.

42. Philosophie II: »Das Leben ist ein Rechtsgut und kein Wert«, sagt Weyma Lübbe

Weyma Lübbe ist Ende Vierzig und wirkt so entspannt und gesund, als käme sie gerade von einer schönen Bergtour. In einem Café am Gendarmenmarkt erzähle ich ihr von meinen Recherchen und den vielen Zahlen. Manchmal nickt sie, manchmal runzelt sie die Stirn. Nicht alle Rechnungen findet sie verwerflich. Wichtig ist ihr vor allem, *wer* den Wert *für wen* berechnet. Daß meine Tochter für mich einen anderen Wert hat als mein Nachbar, findet sie legitim. Wenn eine Firma das Humankapital ihrer Mitarbeiter berechne, könne man im Grunde auch nichts dagegen sagen, solange der Respekt erhalten bleibe und nicht gegen arbeitsrechtliche Bestimmungen verstoßen werde. Der Staat aber, und darauf kommt es ihr an, habe solche Kalkulationen zu unterlassen. Als ich bei den Problemen mit den QALYs ankomme, unterbricht sie.

– Gerechtigkeit ist keine Maximierungsaufgabe.

Klingt gut, aber was heißt das?

– Ökonomen denken in Werten. Auch oder vor allem, wenn es um schwierige Entscheidungen geht. Sie sprechen dann gern von den »Opportunitätskosten«, also dem entgangenen Nutzen. Das heißt, wenn man hohe Summen für teure Behandlungen ausgibt, fragen sie: Was hätte man mit dem Geld statt dessen machen können? Wo hätte man es besser, also »produktiver«, investieren können? Aber die versicherten Kranken, um die es bei den QALYs geht, sind kein Vehikel der Wertmaximierung.

– Was sind sie dann?

– Sie sind Rechtssubjekte. Das Leben ist ein Rechtsgut und kein Wert, den die Gesellschaft oder die Versichertengemeinschaft zu berechnen hat.

»Alle Menschen sind vor dem Gesetz gleich«, lautet der erste Absatz des dritten Artikels unseres Grundgesetzes.

– Es kann nicht darum gehen, mit begrenzten Mitteln möglichst viel Wertvolles, in diesem Fall möglichst viel Gesundheit oder möglichst viele Menschenleben zu kaufen.

– Warum nicht?

– Weil das zu einer Ungleichbehandlung der Versicherten führt. Man diskriminiert auf diese Weise Patienten mit sogenannten »teuren Krankheiten«.

Wobei »teure« Krankheiten ja auch oft deswegen teuer sind, weil sie seltener vorkommen und daher für die Pharmaindustrie wirtschaftlich uninteressant sind. Das heißt, es wird wenig geforscht, die Chancen, eine preiswerte Therapie zu finden, sind entsprechend klein, die Forschungskosten sollen aber auf einem kleinen Markt wieder eingespielt werden, was die Behandlung des einzelnen Patienten eben sehr teuer machen kann.

– Die knappen Ressourcen dürften bei denen ja konsequenterweise gar nicht eingesetzt werden, weil da ja in bezug auf die Investition nur wenig Gesundheit gewonnen wird. Oder nehmen Sie Behinderte, die sind ökonomisch betrachtet schlechtere »QALY-Produzenten«, weil sie die hinzugewonnenen Lebensjahre gar nicht so gesund verbringen können wie Nichtbehinderte. Behinderte, um bei dem Beispiel zu bleiben, haben aber den gleichen *Rechtsanspruch* auf Versorgung. Und der ist ganz unabhängig davon, wieviel Gesundheit man mit demselben Geld bei Nichtbehinderten produzieren könnte.

Sie lächelt.

– Das Leben ist schließlich ein Rechtsgut, und von den Juristen wissen wir, daß man Leben nicht addieren kann.

– Und wenn es knapp wird?

– Wenn man mit den Rechtsansprüchen in eine Knappheitslage gerät, in der sie nicht alle erfüllt werden können, dann muß man die Ansprüche eben auf gerechte Weise umdefinieren.

Als Beispiel führt Lübbe ein sinkendes Segelboot an. Die Rettungsinsel hat nicht genug Plätze, deshalb können nicht alle gerettet oder, wie sie sagt, »alle Ansprüche befriedigt« werden. Ein drastisches Verteilungsproblem, die Frage der Verteilungsgerechtigkeit stellt sich hier sehr konkret. In so einem Fall, sagt die Philosophin, müßten sich die Ansprüche der einzelnen Segler in *gleiche Chancen* auf einen Platz auf der Rettungsinsel verwandeln. Das könnte man beispielsweise auslosen. Historisch, so Lübbe, sei das oft auch so gemacht worden. Ein anschauliches Beispiel, obwohl ich mir gut vorstellen kann, daß das mit dem Auslosen nicht immer geklappt hat.

– Aber was heißt das in bezug auf das Gesundheitswesen?

– Wenn man die Kassenbeiträge nicht beliebig steigen lassen will, kann es auch hier so weit kommen, daß die Ansprüche eingeschränkt werden müssen. Man darf aber nicht einfach nach dem Kosten-Nutzen-Verhältnis verfahren, das heißt nach dem Motto »für Patienten mit dieser teuren Krankheit wäre das zwar sehr wichtig, aber für die Versichertengemeinschaft rechnet sich das nicht«. Einzelne Personen oder Gruppen von Personen dürfen nicht von vornherein als Systemverlierer feststehen – zum Beispiel weil sie wie die Bluter von Geburt an eine teure Krankheit haben.

Grundsätzlich, sagt sie, könnte die Versichertengemeinschaft durchaus entscheiden, zum Beispiel bestimmte sehr teure Krebstherapien nicht mehr zu finanzieren, die das Leben nur um ein paar Wochen verlängern.

– Hier gibt es eine Art Chancengleichheit. Krebskrank kann grundsätzlich jeder werden, aber ein Bluter ist man oder ist man nicht. Da hätte man von vornherein den Stempel des Verlierers auf der Stirn.

– Sollte, davon einmal abgesehen, auch in extrem teuren Fällen immer alles bezahlt werden?

– Nein, es muß nicht grundsätzlich *immer alles* bezahlt werden. Niemandem ist geholfen, wenn das ganze System zusammenbricht.

Das Gesundheitssystem ist aber kein starres Konstrukt. Auf der Basis politischer Entscheidungen ist das Budget grundsätzlich erst mal flexibel.

– Aber nicht unbegrenzt. Wenn es knapp wird, dann darf

man nicht gezielt Patienten mit teuren Krankheiten die Chancen nehmen. Schon gar nicht mit der Begründung, es sei »rational«, die Mittel hinsichtlich eines maximalen Nutzens, also möglichst viel Gesundheit, möglichst viele QALYs, einzusetzen. Die Frage bei dem Nutzen ist doch, *für wen* das nützlich ist? Die Antwort lautet in so einem Fall: für die mit den billigeren Krankheiten! Den anderen, den »Teuren«, entzieht man die Solidarität. Wer das wirklich will, der sollte das offen sagen, anstatt es im ökonomischen Fachjargon zu verstecken und vom »optimalen« Einsatz der Mittel zu reden. Da unterschlägt man die Verlierer, und für die ist das ganz und gar nicht optimal.

Auch als Lübbe schon längst gegangen ist, bin ich noch beeindruckt. Keine Gratwanderung zwischen »A« und »B«. Ihre klare Analyse, ihre deutliche Absage an den Versuch, die komplexen Fragen zu unserem gesellschaftlichen Selbstverständnis mit dem Taschenrechner und den Scheingewißheiten mathematischer Formeln beantworten zu wollen, gefällt mir. Bei den Gesundheitsökonomen, vermute ich, ist Lübbe eher weniger beliebt.

43. »Ich will kein Leben kaufen.« Ein kurzes Gespräch über den Tod

Dem Lebensgefährten meiner Mutter geht es schlecht. Er ist über 80 Jahre alt und schon seit längerer Zeit herzkrank. Seine Ärztin hat angedeutet, daß er in den nächsten Wochen sterben könnte. Auch wenn sich das zum Glück später als eine Art »Fehlalarm« herausstellen wird, wirkt er bei meinem Besuch deprimiert. Er interessiert sich nicht einmal mehr für die Börsenkurse, was aber angesichts der zu diesem Zeitpunkt dramatischen Wirtschaftlage eine kluge Entscheidung ist. Lieber beschäftigt er sich mit eher grundsätzlichen Fragen. Vielleicht können seine Antworten mir weiterhelfen. Eine etwas heikle Situation. Ich probiere es trotzdem.

– Was, glaubst du, ist ein Mensch wert?

Ein Aufblitzen in seinen müden Augen. Doch die Frage scheint ihn nicht zu überraschen.

– Mehr als ein Hund. Aber kann ein Mensch das überhaupt einschätzen? Gott könnte eine Antwort geben.

Er macht eine Pause, denkt nach.

– Im Krieg haben alle auf Gott geschossen. Alle dachten, Gott wäre auf ihrer Seite, und so haben alle auf Gott geschossen. Die Amerikaner, wir – alle liefen um ihr Leben. Was ist ein Mensch wert? Man ist so wertvoll, wie man sich selbst fühlt. Was man für andere geleistet hat. Es gibt soviel Elend.

Er greift nach seinen Medikamenten.

– Die Antwort liegt in der eigenen Zufriedenheit.

– Und was würdest du für ein weiteres halbes Lebensjahr bezahlen?

– In diesem Zustand? Keinen Pfennig. Mir reicht's. Und was soll denn das für eine Summe sein? 30000, 50000, 100000 Euro? Ich kann das nicht bewerten. Ich will das auch nicht. Der Gedanke, daß man Leben kaufen kann – nein, das will ich nicht.

Im Vorbeigehen mischt sich meine Mutter ein.

– Ich würde alles geben, was ich habe.

Er schaut ihr nach, überlegt.

– Wie sähe denn dann mein Testament aus? Da wär ja nichts mehr übrig. Ich bin auch für andere Menschen verantwortlich. Für die müßte doch auch noch was bleiben.

44. Ich als Leiche. Das könnte 250 000 Dollar bringen.
Besuch bei einer gut informierten Kollegin

Meine Recherche nähert sich dem Ende. Der letzte Punkt auf meiner Liste ist meine Leiche. Auch die kann einen monetären Wert haben, so habe ich es zumindest bei einer Kollegin gelesen.

Martina Keller ist eine engagierte und akribisch arbeitende Journalistin, die für ihre Arbeit schon viele Preise bekommen hat. In den letzten Jahren recherchierte sie ausgiebig über die Geschäfte mit menschlichem Gewebe und veröffentlichte 2008 dazu ein spannendes Buch mit dem Titel *Ausgeschlachtet*. Darin heißt es: »Das Gewebe von Verstorbenen gilt als altruistische Spende, treuhänderisch an Ärzte und Gewebebanken übergeben, um Kranken zu helfen. Allerdings sind der Gewebespender und seine Angehörigen die einzigen in einer langen Verwertungskette, die nichts verdienen.«

Keller ist Mitte Vierzig und sehr schlank. Ich treffe sie in ihrem schlichten Arbeitszimmer in einem Hamburger Journalistenbüro. Sie bietet das »Du« an. Gern. Dann legt sie los.

– Menschliche Körper werden in der Medizin auf verschiedenen Gebieten kommerzialisiert. Ich habe mich bei meinen Recherchen vor allem auf tote Körper und die Gewebeverwertung konzentriert. Ein Verstorbener kann da nach Schätzungen bis zu 60 Patienten versorgen.

Zu gebrauchen sind Sehnen, Bänder, Knochen, Menisken und andere Knorpelgewebe, Muskelhüllen, Augenhornhäute oder auch Herzklappen, Herzbeutelgewebe, Blutgefäße, Haut und Leberzellen. Ein großes gruseliges Ersatzteillager. Das entnommene Gewebe, sagt Keller, wird mehr oder weniger stark verarbeitet. Alte Knochen lassen sich beispielsweise zu teurem Knochenmehl vermahlen. Die gemeinnützige Stiftung Bio Implant Services mit Sitz im niederländischen Leiden berechnet für zehn Kubikzentimeter Knochengel eine Aufwandsentschädigung von 820 Euro. In den USA sei der Markt am stärksten kommerzialisiert.

– Mit den Produkten, die aus einer einzigen Leiche gewonnen werden, lassen sich dort alles in allem bis zu 250 000 Dollar verdienen. Das ist allerdings eine recht grobe Schätzung, und die Summe hängt auch mit dem Alter des Toten zusammen.

250 000 Dollar, umgerechnet etwa 180 000 Euro. Dafür gäbe es in Berlin schon eine schöne Eigentumswohnung.

– Gibt es dafür Marktpreise?

– Ja, die gibt es. Allerdings werden die nur selten veröffentlicht. Tote Körper und Geld – da wird nicht gern drüber gesprochen.

Es gibt eine ganze Reihe sogenannter Gewebe-, Augenhornhaut-, Knochen-, Herzklappen- oder Hautbanken. Im Magazin *Stern* hat Keller einige Zahlen von Preislisten und Bestellformulare einzelner Hersteller veröffentlicht. Eine Augenhornhaut schlägt demnach mit 1479 Euro zu Buche, eine Herzklappe mit 4491 Euro, ein Gehörknöchelchen kostet 385 Euro, ein Oberarmknochen 2908 Euro, ein Meniskus 2346 Euro, und für eine Achillessehne sind um die 800 Euro zu bezahlen. Menschliche Haut gibt es bereits ab 90 Cent pro Quadratzentimeter.

Die rechtliche Lage ist kompliziert. Entsprechende Bestimmungen sind über drei Gesetze sowie diverse Verordnungen, Richtlinien und Leitfäden verteilt. Laut Transplantationsgesetz darf mit dem Leichengewebe selbst kein Geschäft gemacht werden. Die damit befassten Institutionen können ihren Aufwand aber in Rechnung stellen. »So kommen«, schreibt Keller in ihrem Buch, »die Preise für etwas in die Welt, das eigentlich keinen Preis hat.« Hamburger Rechtsmediziner, so weiß sie, erhalten für eine Gewebeentnahme eine Aufwandsentschädigung von bis zu 1500 Euro.

Wer einen Organspenderausweis unterschrieben hat, gilt grundsätzlich auch als Gewebespender. Es sei denn, er oder sie hat den entsprechenden Passus durchgestrichen. Sämtliches gespendete Gewebe unterliegt in genehmigungsrechtlichen Fragen den strengen Auflagen des Arzneimittelrechtes. »Und mit Arzneimitteln«, so Keller, dürfen dann auch »prinzipiell Gewinne erzielt werden«. Die Gewebespende beschreibt sie als einen Markt, »auf dem neben vielen gemeinnützigen Akteuren auch profitorientierte Firmen agieren«. Allerdings gibt es ein paar wichtige Einschränkungen.

– Knochen, Sehnen oder Muskelhüllen haben den gleichen Status wie klassische Medikamente und dürfen entsprechend kommerzialisiert werden. Bei Herzklappen oder Augenhornhäuten zum Beispiel ist das aber anders. Sie gelten als »gering verarbeitet« und dürfen nicht gehandelt werden.

Und noch etwas setzt der Kommerzialisierung hierzulande Grenzen: Der Markt wird überwiegend von gemeinnützigen Unternehmen bestimmt, wie dem Deutschen Institut für Zell- und Gewebeersatz oder der Deutschen Gesellschaft für Gewebetransplantation. Gemeinnützig heißt: Sie müssen Gewinne in das eigene Unternehmen investieren.

– Aber auch das sind Einrichtungen, die durchaus expandieren.

– Und wie sinnvoll ist die Transplantation von Gewebe?

– Da gibt es eine große Bandbreite. Wenn es zum Beispiel um Augenhornhäute geht, ist das ein erfolgreiches Verfahren, zu dem es keine Alternative gibt. Dann gibt es aber auch »Produkte« wie die azelluläre Haut. Die ist von den Spenderzellen befreit und wird unter anderem für das Aufblasen von Lippen oder beim Unterspritzen von Falten eingesetzt.

Der Handel mit Leichenteilen hat eine lange Geschichte, um deren Erforschung sich vor allem der Schweizer Historiker Valentin Groebener verdient gemacht hat. So gab es schon im frühen Mittelalter einen regen Markt für Reliquien. Nachdem die Kirche im 13. Jahrhundert solche Geschäfte untersagt hatte, verkauften die Händler eben die Schachteln, Kästchen, Säckchen, in denen sich zum Beispiel »heilige« Knochenstükke befanden, um so teurer. Etwa vom Beginn des 16. bis ins

20. Jahrhundert hinein wurden auch Teile ägyptischer Mumien als Heilmittel gehandelt. Da die Ware knapp und der Import illegal waren, begann man mit der entsprechenden heimischen Produktion, wofür vorwiegend die Leichen »armer Leute« verarbeitet wurden. Apotheken verkauften menschliche Hirne, Herzen, Fett, Haut und Haare oder auch geraspelte Schädelknochen als Arzneimittel. Da das Menschenfett in vielen Fällen von den Leichen Hingerichteter stammte, wurde es als »Armesünderschmalz« bezeichnet. Rohstoffgewinner waren dabei in erster Linie die Henker, deren Berufsstand dadurch beträchtlich an Ansehen gewann. In Münchner Apotheken wurde bis zur Mitte des 18. Jahrhunderts ein Pfund Menschenfett zur Wundbehandlung für, je nach Marktlage, drei Gulden gehandelt, was in etwa dem Wert von 12 Pfund Butter, 36 Pfund Fleisch oder 45 Maß Bier entsprach.
In ihrem Buch hat Keller eine Reihe von Skandalen aus den letzten Jahre aufgelistet und zum Teil auch selbst aufgedeckt, bei denen im Ausland Leichen, teils ohne Genehmigung, Gewebe entnommen wurde. Daher rührt der Titel ihres Buches: *Ausgeschlachtet.* An den Geschäften war auch eine deutsche Firma beteiligt. Sie importiert einen großen Teil ihres »Rohmaterials« aus den ärmeren osteuropäischen Staaten und produziert vor allem für den amerikanischen Markt. Immer wieder ermitteln Polizei und Staatsanwaltschaft in Osteuropa, in der Ukraine findet derzeit ein Prozeß statt, aber die Importe gehen bis heute weiter.

– Worin liegt für dich der Unterschied zwischen der Organ- und der Gewebetransplantation?

Keller steht aus verschiedenen Gründen, das weiß ich aus ihrem Buch, auch Organtransplantationen kritisch gegenüber. Meine Frage zielt mehr auf den Kommerzialisierungsaspekt.

– An Gewebe kommt man leichter ran. Da stehen mehr Leichen zur Verfügung. Und man braucht auch weniger High-Tech. Organe müssen immer ganz frisch sein. Sie können nur einem hirntoten Körper entnommen werden. Beim

Gewebe ist das nicht nötig. Man hat mehr Zeit zur Entnahme – bis maximal 72 Stunden nach Eintritt des Todes. Und man muß es auch nicht wie die Organe möglichst schnell weiterverwenden. Es wird verarbeitet und gelagert.

In den deutschen Kliniken werden jährlich mehrere zehntausend Gewebetransplantationen durchgeführt. Genaues läßt sich derzeit nicht sagen. Zentrale Wartelisten und Verteilungsmodi existieren nicht, und eine umfassende Dokumentationspflicht gibt es erst seit kurzem.

– An welcher Stelle kommt die Kommerzialisierung ins Spiel?

– Stufenweise, im Zuge der Verarbeitung. Die Produzenten, die das Gewebe weiterverarbeiten, verdienen gut. In den USA sind das meist profitorientierte Unternehmen mit zum Teil rasant steigenden Umsätzen. Die suchen ständig neue Märkte und Anwendungen. Wobei es bei vielen Anwendungen bessere Alternativen gibt, die ohne gespendetes Gewebe auskommen. Und wenn man dann noch diverse Verwertungen für die plastische Chirurgie hinzunimmt, ist es mehr als fraglich, ob solche Zwecke den Eingriff in die Leiche rechtfertigen.

Trotz allem, die 250 000 Dollar, die meine Leiche vom Standpunkt der Gewebevermarktung aus wert sein könnte, gehen mir nicht aus dem Kopf.

– 250 000 Dollar ist ganz schön viel Geld, oder?

Ich frage ganz vorsichtig. Keller schüttelt den Kopf.

– Erst mal ist es ja so, daß du nichts davon hast.

Da hat sie recht. Ich kann ja nur spenden, nicht verkaufen. Ungerecht, denke ich. Keller sieht das anders.

– Ich finde das auch richtig so. Es geht um das Verhältnis, das man zu seinem Körper hat.

Spontan fällt mir ein: Übergewicht, Rückenprobleme bei der Schreibtischarbeit, Knieschmerzen beim Joggen. Keller meint was anderes. Ihr geht es um das grundsätzliche Menschenbild und Selbstverständnis.

– Man hat ja nicht nur einfach einen Körper, an dem man

rumschrauben kann wie an einer Maschine. Man ist ja auch der eigene Körper. Man nimmt sich über den Körper wahr. Viel geschieht da intuitiv. Deswegen finde ich es falsch, wenn der Körper behandelt werden soll wie eine Sache, wie ein Gegenstand. Das führt zu Entfremdung oder auch Mißbrauch. Und was für den lebendigen Körper gilt, hat auch Bedeutung für den Leichnam. Der tote menschliche Körper ist nicht einfach eine leere Hülle. Das sieht man ja auch daran, daß es sogenannte postmortale Rechte gibt, etwa die, seine Hinterlassenschaft zu regeln.

Auf dem Heimweg betrachte ich meinen Körper mit etwas anderen Augen als zuvor. 180 000 Euro. Anfangs irritiert mich die Möglichkeit, ihn zu verkaufen, zu beleihen oder als Rohstoff zu vererben. Schließlich finde ich den Gedanken abstoßend. Überhaupt, ich glaube, mir reicht es. Genug Zahlen, genug Verwirrung. Zeit für die Abrechnung.

45. 1 109 236,34 Euro – die Abrechnung

Auf meine Umfrage zum Wert eines statistischen Lebens habe ich aus meinem Freundes- und Familienkreis 24 Antworten erhalten. Im Durchschnitt sind sie bereit, 8043,75 Euro zu bezahlen, um ein jährliches Todesrisiko von 1/1000 mit Sicherheit ausschließen zu können. Die Bandbreite der Antworten ist groß. Zwei würden 50 000 Euro zahlen, sechs überhaupt nichts. Unter anderem, weil »es sich in meinem Alter nicht mehr lohnt«, »ich ein zu guter Autofahrer bin«, »kein Geld übrig ist« oder weil – buddhistisch und besonders beeindruckend – »meine Sichtweise auf dem karmischen Gedankengut beruht und somit solche Wahrscheinlichkeitsrechnungen unerheblich für mich sind. Bestimmt sollte jeder Mensch sein kostbares menschliches Potential schützen und bewahren und nicht in Gefahr bringen. Wenn sich allerdings die karmischen Winde erschöpfen, ist diese Art von Wahrscheinlichkeiten hinfällig.«
Ich weiß, daß nicht alle die Frage gleich interpretiert haben. Das ist kein Zufall, sondern einer der schon erwähnten Schwachpunkte der Methode. Weil aber der Wert eines statistischen Lebens in meinem Umfeld erfreuliche und rekordverdächtige 8 043 750,00 Euro beträgt, bin ich geneigt, solche Zweifel für einen Moment beiseite zu schieben. Also weg mit den Bedenken und herzlichen Dank an alle Beteiligten für diese stolze Summe.
Da ich den Taschenrechner einmal in der Hand habe, addiere ich die anderen ermittelten Werte gleich noch dazu. Da wären die Durchschnittssumme aller Schmerzensgelder für meinen Körper: 1,7 Millionen Euro, die neuerdings wieder zwei Millionen Euro von Spengler für »seinen« Wert des statistischen Lebens, die 1022,43 Euro aus der Apotheke, mein Humankapitalwert nach der Idee von von Hagens: 1 200 000 Euro, mein Humankapitalwert nach der Saarbrücker Formel: 112 411 Euro, die 6000 Euro, die eine künstlichen Befruch-

tung und somit ein Leben kostet, die 17 680 Euro nach dem Generationenkonto von Raffelhhüschen, die 600 000 Euro, für die ich mich laut meines Freundes Mohsin in Indien verkaufen könnte, die 996 412 von der Bundesanstalt für Straßenwesen, die eine Million Euro vom Umweltbun-desamt, mein Humankapitalmindestwert nach Nussbaumer auf Hartz-IV-Basis: 273 048 Euro, auf »Weltminimumbasis«: 56 575 Euro und auf »Weltarmutsbasis«: 11 315 Euro, die summierten QUALYs meiner statistischen Restlebenszeit von 1,55 Millionen Euro und der potentielle Wert meiner Leiche, der laut Martina Keller bei umgerechnet 180 000 Euro liegen kann. Ich verzichte dabei unter anderem auf meinen nicht vorhandenen Nachrichtenwert, meinen nicht ermittelbaren Markenwert, den Freiheitswert und den Urlaubswert meines Restlebens und das Geld, das ich eventuell bei einer Versteigerung meiner Organe bekommen könnte.
Trotzdem beziehungsweise gerade deswegen komme ich auf eine Durchschnittssumme von

1 109 236,34 Euro

Das ist also »meine« Zahl. Mein persönlicher Preis. Mein monetärer Selbstwert.
Wirklich?
Nein ...
... oder doch?
Für jede Zahl gibt es mehr oder weniger fundierte Argumente. Hinter einigen Methoden, ich denke vor allem an den Wert eines statistischen Lebens, etwa beim Umweltbundesamt, die monetarisierten »qualitätskorrigierten« Lebensjahre, aber auch an die Humankapitalansätze beziehungsweise die Produktionspotentialrechnung der Bundesanstalt für Straßenwesen, stehen angesehene Wissenschaftler mit ihren oftmals renommierten Instituten. Die innere Rechenlogik ihrer Formeln kann ich nicht widerlegen. Ich bin kein Fachmann, kein Ökonom und kein Mathematiker, gehe aber mal davon aus,

daß alle richtig multipliziert haben. Die Methoden, so habe ich gelernt, lassen sich nicht alle in einen Topf werfen, und es kommt auch noch darauf an, wo und wie und vor allem auch *von wem* sie genutzt werden.

Eine Gemeinsamkeit aber ist, daß sie von ihren Vertretern allesamt als *best practice* oder *state of the art* bezeichnet werden. Sie sind also »das Beste«, was gerade zur Verfügung steht. Das heißt jedoch nicht, daß sie wirklich gut sind. Keiner sagt das. Keiner der Experten, die ich getroffen habe, wollte behaupten, die Modelle seien ausgereift. Trotzdem wollen einige – und es werden mehr – mit diesen Rechnungen Politik machen. Im Zweifelsfall auch eine Politik, die über meine Lebenschancen mitentscheidet. Das ist, nun ja, bemerkenswert. Wer will schon mit einem Auto fahren, von dem selbst der Ingenieur sagt, es sei noch längst nicht fertig?

Doch bei allem berechtigten Mißtrauen gegenüber den Methoden – entscheidend bleibt das Mißtrauen gegenüber den Prämissen, den Voraussetzungen, unter denen das Leben eines Menschen bewertet werden soll. Meine Zweifel habe ich dort, wo es mir angebracht schien, formuliert. Sie sind mit der Zeit nicht kleiner geworden. Im Gegenteil.

In bezug auf die Frage »Preis oder Würde« schrieb Kant: »Was einen Preis hat, an dessen Stelle kann auch etwas anderes als Äquivalent gesetzt werden; was dagegen über allen Preis erhaben ist, mithin kein Äquivalent verstattet, das hat eine Würde.«

Anders ausgedrückt: Was in Geld bewertet wird, verliert seine Einmaligkeit und kann verglichen werden. Und was sich vergleichen läßt, das wissen wir von der Käsetheke im Supermarkt, kann man gegeneinander aufrechnen und austauschen.

1 109 236,34 Euro also. Eine konkrete Zahl, so wie ich es mir mal gewünscht habe. Das scheint mir inzwischen sehr lange her zu sein. Jetzt finde ich diese Zahl vor allem – bedrückend.

46. Zeiten ändern sich. Zahlen auch – vor allem wenn Sie es wollen. Eine kleine Anleitung zur Selbstberechnung

Als ich erstmals vor etwa zwei Jahren meinen monetären Wert ermittelte, kam ich auf die Summe von 1 129 381,21 Euro und fühlte spontane Erleichterung, daß ich damit über der magischen Eine-Million-Euro-Grenze lag. Als ich die Zahlen für diese Ausgabe der Preisermittlung aktualisierte, mußte ich feststellen, daß mein Wert um insgesamt 20 144,87 Euro gesunken ist. Bei aller grundsätzlichen Skepsis gegenüber solchen Berechnungen ist das natürlich auch bitter.

Wenn Sie, verehrte Leserin und verehrter Leser, nun trotzdem oder gerade deswegen Interesse an einer kleinen Selbstberechnung haben, kann ich das selbstverständlich sehr gut nachvollziehen. Und ich helfe Ihnen auch gerne dabei, inklusive der kleinen Tricks, die Sie für sich nutzen können. Wieso sollten Sie es anders machen als Ökonomen, die ich bei meiner Recherche kennengelernt habe? Basteln Sie sich also eine Zahl, mit deren Hilfe Sie Mitleid heischen oder Eindruck schinden können. Ganz wie Sie wollen. Und behaupten Sie ruhig, das Ergebnis sei objektiv. Das machen die Experten ja auch.

Sie brauchen einen Zettel, einen Taschenrechner, und Sie sollten wissen, wie alt Sie sind.

Bequem sind natürlich erstmal die »offiziellen« Durchschnittszahlen, die Sie problemlos für sich in Anspruch nehmen können, weil sie ja für alle gelten wollen.

Notieren Sie also:

- Die 1 700 000 Euro für Körperteile und Organe aufgrund von Schmerzensgeldentscheidungen (siehe Kapitel 7);
- Die 2 000 000 Euro für den »offiziellen« Wert eines statistischen Lebens (siehe Kapitel 12);
- Die 6000 Euro für Ihr »nacktes Leben« (siehe Kapitel 22);
- Die 996 412 Euro von der Bundesanstalt für Straßenwesen (siehe Kapitel 32);

- Die 1 000 000 Euro des Umweltbundesamtes (siehe Kapitel 34);
- Die 180 000 Euro, die Sie oder jemand anderes mit Ihrer Leiche verdienen könnten (siehe Kapitel 44).

Um Ihre altersabhängigen Werte zu ermitteln, müssen Sie wissen, wie lang Ihre statistische Restlebenszeit sein wird. Dafür ziehen Sie Ihr aktuelles Lebensalter von der durchschnittlichen Gesamtlebenserwartung ab. Die liegt für einen heute geborenen Jungen bei gut 77 Jahren, bei einem Mädchen sind es knapp 83 Jahre. Ein Mann, der beispielsweise 46 Jahre alt ist, hat nach dieser groben Rechnung noch 31 Jahre zu leben. Nun sind Sie vermutlich wie auch ich nicht heute geboren. Genauere Angaben zur Restlebenszeit, die Ihrem Jahrgang entsprechen, können Sie beim Statistischen Bundesamt erfahren.

Ihren **Humankapitalmindestwert auf Hartz-IV-Basis** nach Professor Nussbaumer (siehe Kapitel 35) erhalten Sie, wenn Sie die Zahl der Jahre Ihrer Restlebenszeit mit **8808 Euro** – die jährliche Regelleistung eines Hartz-IV-Empfängers plus Wohn- und Heizungsgeld – multiplizieren.

Ihren **Humankapitalmindestwert auf »Weltminimumbasis«**, ebenfalls von Nussbaumer inspiriert (Kapitel 35), erhalten Sie, wenn Sie die Zahl der Jahre Ihrer Restlebenszeit mit **365 Euro** multiplizieren.

Ihren **Humankapitalmindestwert auf »Weltarmutsbasis«**, siehe Nussbaumer, erhalten Sie, wenn Sie die Zahl der Jahre Ihrer Restlebenszeit mit **1825 Euro** multiplizieren.

Für den von mir genutzten **QUALY-Wert**, (siehe Kapitel 37) multiplizieren Sie Ihre restlichen Jahre mit **50 000 Euro.**

Für einen eher **klassischen Humankapitalwert**, etwa im Sinne von Hagens (siehe Kapitel 16), multiplizieren Sie Ihr Jahreseinkommen mit den Jahren, die Ihnen noch bis zur Rente bleiben. Wenn Sie schon Rentner sind, brauchen Sie nicht zu rechnen. Sie haben dann allerdings auch keinen Humankapitalwert mehr.

Für Ihren **Wert nach dem Generationenkonto** von Professor Raffelhüschen (siehe Kapitel 23) schauen Sie bitte in der Tabelle nach:

Generationenbilanz nach Bernd Raffelhüschen

Alter	Mann	Frau	Durchschnitt
0	-5292	-158805	-79967
5	35409	-133244	-46718
10	92233	-92661	2193
15	155308	-45188	57514
20	215448	898	110642
25	237429	10606	125567
30	223938	-5390	110814
35	168516	-32395	69713
40	102523	-60949	22679
45	17680	-114924	-47199
50	-82772	-185356	-133356
55	-189365	-235727	-212721
60	-268135	-256054	-262035
65	-282481	-253947	-267842
70	-239692	-227214	-233059
75	-208876	-202856	-205491
80	-172673	-171666	-172048
85	-137027	-137518	-137379
90	-128793	-104338	-110185
95	-73215	-72352	-72590
100	-23705	-23199	-23339

Um den ungefähren **Rohstoffwert Ihres Körpers** auf der Grundlage der Berechnungen meine Lieblingsapotheke (siehe Kapitel 13) zu erfahren, multiplizieren Sie den Zahlenwert Ihres Kilogewichts mit **10 Euro.**

Sie könnten jetzt schon Schluß machen und den Durchschnittswert all der Zahlen ermitteln. Sie könnten, das was rauskommt, als Ihren Wert bezeichnen und je nach Laune oder Erwartung heulend unter die Bettdecke kriechen oder mit der Zahl auf dem T-Shirt durch die Straßen rennen.

Sie können aber auch noch versuchen, jemanden zu finden, der Ihren potentiellen Wert als Sklave schätzt, wie es mir mit meinem diesbezüglich durchaus großzügigen Freund Mohsin (siehe Kapitel 29) gelungen ist. Sie könnten auch andere Werte einbeziehen, auf die ich in meiner persönlichen Kalkulation (siehe auch Kapitel 45) verzichtet habe. Etwa die 103 Euro, die ein Facebook-Fan wert sein soll. Aber nur wenn Sie bei Facebook sind und wenn Sie es darauf anlegen, Ihren Durchschnittswert kräftig zu drücken.

Andersherum könnten Sie versuchen, Ihren Wert in die Höhe zu treiben, wie es mir mit dem **Wert eines statistischen Lebens in meinem Umfeld** passiert ist. Gehen Sie zu Ihren Verwandten, Freunden und Kollegen und stellen Sie ihnen die Frage aus Kapitel 12:

> Du brauchst ein Auto und hast zwei Modelle zur Auswahl: Pro Jahr gibt es bei Modell A bei 1000 Fahrzeugen genau einen Unfall mit genau einem toten Fahrer. Dieses Auto würde euch umsonst zur Verfügung gestellt. Auto B ist 100 Prozent sicher. Bei dem gibt es keinen Unfall, keinen Toten. Für Auto B müßt ihr aber bezahlen.
>
> Frage: Wieviel Euro wärt ihr tatsächlich (also auch mit Blick auf eure realen Möglichkeiten) bereit zu bezahlen, damit ihr Auto B fahren könnt?

Geben Sie dabei keine unnötigen Erklärungen ab, lassen Sie sich nicht auf müßige Diskussionen ein, sammeln Sie einfach so viele Zahlen wie möglich, ermitteln Sie deren Durchschnitt, dividieren Sie diesen durch 1/1000 (also 0,001), lesen Sie dazu vielleicht nochmal Kapitel 10, nennen Sie das Ergebnis **Wert eines statistischen Lebens in meinem Umfeld** und fügen Sie es in Ihre obige Gesamtrechnung mit ein, bevor Sie den Durchschnitt ermitteln.

So oder so, am Ende haben Sie eine Zahl, Sie können sie Ihren »Wert« nennen, Sie können versuchen damit stolz und glücklich zu sein.

Nur glauben sollten sie daran nicht.

47. Epilog: »Weil du mein Papa bist«

Ich stehe am Herd und bereite das Abendessen. Hinter mir auf dem Küchensofa frisiert meine Tochter ihre Puppen. Sie ist sechs Jahre alt und geht seit kurzem in die erste Klasse. Sie hat mitbekommen, womit ich mich in den letzten Monaten beschäftigt habe. Sie möchte auch gefragt werden. Also gut.

– Was, glaubst Du, ist ein Mensch wert?

– 120 Euro.

Klare Ansage.

– Warum genau 120 Euro?

– Weil ein Mensch lebt ja.

– Mhm. Sind denn alle Menschen gleichviel wert?

– Nö, wenn einer böse ist, ist er nur 10 Euro wert.

– Ach so.

– Aber ein guter Mensch kostet 120 Euro, weil der ja Gutes tut. Tieren helfen und Pflanzen retten und so.

– Und ich? Was bin ich wert?

– Einhundert-einhundertzwanzig-einhundertdreißig-zweihundertundzehn Euro.

Sie kennt noch nicht so viele Zahlen. Ich weiß aber, daß es für sie größer nicht geht.

– Warum denn Einhundert-einhundertzwanzig-einhundertdreißig-zweihundertundzehn Euro?

– Weil du mein Papa bist.

Dann frisiert sie weiter. Und ich koche weiter. »Einhundert-einhundertzwanzig-einhundertdreißig-zweihundertundzehn« Euro – das ist die schönste Zahl, die ich mir vorstellen kann. Unendlich groß und befreiend sinnlos.

Dank

Ich danke natürlich zuerst meinen Eltern, ohne deren vielfältige »Investitionen«, das habe ich bei meinen Recherchen einmal mehr verstanden, in meinem Leben manches anders oder eben auch gar nicht wäre.

Ich habe die Arbeit an diesem Buch von Anfang an als eine Art Reise aufgefaßt. Eine Reise, die ohne Florian Glässing so nie begonnen hätte. Dafür danke ich ihm. Unterwegs war mir nicht immer ganz klar, wie es weitergehen sollte. Manchmal sah ich mich in sehr tiefem Boden, manchmal in einer Art Wüste und manchmal auch in einer Art Minenfeld stehen. Ich danke allen Gesprächspartnern für die Zeit, die sie sich genommen haben, um mir aus ihrer Perspektive eine Orientierung zu geben. Alle entsprechenden Zitate sind autorisiert. Ich danke insbesondere auch den bisher nicht namentlich Genannten: Tarik Ahmia, Reinhard Fichtel, Heinrich Geiselberger, Rafaela Graf von der Kassenärztlichen Vereinigung Berlin, Anna Lisa Haase und der Palmen Apotheke in Kreuzberg, Alekos Hofstetter, Hartmut Klein-Schneider von der Hans Böckler Stiftung, Wolfgang Kampbartold, Thomas Kopetsch, Karsten Kredel, Ingrid Mülhauser, Eckhard Nagel vom Deutschen Ethikrat, Walter Neukirch, Barbara Piontek, Werner Rätz von Attac, dem Ökonomen Herrmann Sautter, aus dessen Vorlesung »Wie berechtigt ist die Kritik am ökonomischen Zynismus?« ich viel über die moralische Relevanz Kants für die Gegenwart gelernt habe, Joachim Schmidt, Bodo Schmithals von der deutschen Aktuarsvereinigung, Bernd Schütte, Peter Strack von terre des hommes, und ganz besonders auch Erika Feyerabend von BioSkop e.V. für die vielen wertvollen Informationen, die sie mir zur Verfügung gestellt hat.

Und jede Reise beginnt und endet zu Hause. Danke, Cay.

suhrkamp nova
Erstausgaben im suhrkamp taschenbuch

Sergio Álvarez. 35 Tote. Roman. st 4250. 546 Seiten

François Bégaudeau. Die Klasse. Roman. Aus dem Französischen von Katja Buchholz und Brigitte Große. st 4031. 232 Seiten

Carole L. Glickfeld. Meines Vaters Liebling. Roman. Aus dem Amerikanischen von Mirjam Pressler. st 4036. 260 Seiten

Marie Hermanson. Pilze für Madeleine. Roman. Aus dem Schwedischen von Regine Elsässer. st 4075. 164 Seiten

Rafael Horzon. Das weisse Buch. st 4226. 218 Seiten

Sarah Khan. Die Gespenster von Berlin. Unheimliche Geschichten . st 4116. 190 Seiten

Erling Jepsen. Die Kunst, im Chor zu weinen. Roman. Aus dem Dänischen von Ulrich Sonnenberg. st 4030. 267 Seiten

Ida Jessen. Leichtes Spiel. Roman. Aus dem Dänischen von Angelika Gundlach. st 4024. 208 Seiten

Jörn Klare. Was bin ich wert? Eine Preisermittlung. st 4168. 267 Seiten

Natalja Kljutscharjowa. Endstation Rußland. Roman. Aus dem Russischen von Ganna-Maria Braunhardt. st 4157. 187 Seiten

NF 943/1/3.11

Nicolai Lilin. Sibirische Erziehung. Aus dem Italienischen von Peter Klöss. st 4162. 464 Seiten

Perihan Mağden. Wovor wir fliehen. Roman. Aus dem Türkischen von Johannes Neuner. st 4148. 239 Seiten

Angeles Mastretta. ¡Ehemänner! Erzählungen. Aus dem Spanischen von Petra Strien. st 4101. 220 Seiten

Henriette E. Møller. Jelne. Roman. Aus dem Dänischen von Angelika Gundlach. st 4127. 220 Seiten

Peter Murphy. Ich, John. Roman. Aus dem Englischen von Karsten Kredel. st 4109. 220 Seiten

Elsa Osorio. Sackgasse mit Ausgang. Erzählungen. Aus dem Spanischen von Stefanie Gerhold. st 4191. 180 Seiten

Gunnhild Øyehaug. Ich wär gern wie ich bin. Roman. Aus dem Norwegischen von Ebba D. Drolshagen. st 4179. 300 Seiten

Elisabeth Rank. Im Zweifel für dich selbst. Roman. st 4143. 200 Seiten

Anne Swärd. Bis zum letzten Atemzug. Roman. st 4248. 348 Seiten

Rose Tremain. Der weite Weg nach Hause. Roman. Aus dem Englischen von Christel Dormagen. st 4120. 493 Seiten

Rose Tremain. Der unausweichliche Tag. Roman. st 4220. 334 Seiten

NF 943/2/3.11

Louis Begley

- Lügen in Zeiten des Krieges. Roman. Übersetzt von Christa Krüger. st 2546. 223 Seiten
- Mistlers Abschied. Roman. Übersetzt von Christa Krüger. st 3113. 288 Seiten
- Schiffbruch. Roman. Übersetzt von Christa Krüger. st 3708. 288 Seiten
- Schmidt. Roman. Übersetzt von Christa Krüger. st 3000. 320 Seiten
- Schmidts Bewährung. Roman. Übersetzt von Christa Krüger. st 3436. 314 Seiten

Thomas Bernhard

- Alte Meister. Komödie. st 1553. 311 Seiten
- Heldenplatz. st 2474. 164 Seiten
- Holzfällen. st 3188. 336 Seiten
- Wittgensteins Neffe. st 1465. 164 Seiten

Peter Bichsel

- Eigentlich möchte Frau Blum den Milchmann kennenlernen. 21 Geschichten. st 2567. 73 Seiten
- Kindergeschichten. st 2642. 84 Seiten

Ketil Bjørnstad. Villa Europa. Übersetzt von Ina Kronenberger. st 3730. 536 Seiten

Bertolt Brecht

- Dreigroschenroman. st 1846. 392 Seiten
- Geschichten vom Herrn Keuner. st 16. 108 Seiten
- Hundert Gedichte. Ausgewählt von Siegfried Unseld. st 2800. 188 Seiten

Lily Brett

- Einfach so. Roman. Übersetzt von Anne Lösch. st 3033. 446 Seiten

NF 266c/2/9.10

- New York. Übersetzt von Melanie Walz. st 3291. 160 Seiten
- Zu sehen. Übersetzt von Anne Lösch. st 3148. 332 Seiten

Antonia S. Byatt. Besessen. Roman. Übersetzt von Melanie Walz. st 3718. 640 Seiten

Truman Capote. Die Grasharfe. Roman. Übersetzt von Annemarie Seidel und Friedrich Podszus. st 1796. 208 Seiten

Paul Celan. Die Gedichte. Kommentierte Gesamtausgabe in einem Band. Herausgegeben und kommentiert von Barbara Wiedemann. st 3665. 1000 Seiten.

Sigrid Damm. Ich bin nicht Ottilie. Roman. st 2999. 392 Seiten

Marguerite Duras. Der Liebhaber. Übersetzt von Ilma Rakusa. st 1629. 194 Seiten

Karen Duve. Keine Ahnung. Erzählungen. st 3035. 167 Seiten

Hans Magnus Enzensberger
- Ach Europa! Wahrnehmungen aus sieben Ländern. Mit einem Epilog aus dem Jahre 2006. st 1690. 501 Seiten
- Gedichte. Verteidigung der Wölfe. Landessprache. Blindenschrift. Die Furie des Verschwindens. Zukunftsmusik. Kiosk. Sechs Bände in Kassette. st 3047. 633 Seiten

Hans Magnus Enzensberger (Hg.)
Museum der modernen Poesie. st 3446. 850 Seiten

Laura Esquivel. Bittersüße Schokolade. Mexikanischer Roman um Liebe, Kochrezepte und bewährte Hausmittel. Übersetzt von Petra Strien. st 2391. 278 Seiten

NF 266c/3/9.10

Max Frisch
- Andorra. Stück in zwölf Bildern. st 277. 127 Seiten
- Biedermann und die Brandstifter. Ein Lehrstück ohne Lehre. st 2545. 95 Seiten
- Homo faber. Ein Bericht. st 354. 203 Seiten
- Mein Name sei Gantenbein. Roman. st 286. 288 Seiten
- Montauk. Eine Erzählung. st 700. 207 Seiten
- Stiller. Roman. st 105. 438 Seiten

Carole L. Glickfeld. Herzweh. Roman. Übersetzt von Charlotte Breuer. st 3541. 448 Seiten

Fattaneh Haj Seyed Javadi. Der Morgen der Trunkenheit. Roman. Übersetzt von Susanne Baghestani. st 3399. 416 Seiten

Peter Handke
- Die drei Versuche. Versuch über die Müdigkeit. Versuch über die Jukebox. Versuch über den geglückten Tag. st 3288. 304 Seiten
- Kindergeschichte. st 3435. 110 Seiten
- Der kurze Brief zum langen Abschied. st 3286. 208 Seiten
- Die linkshändige Frau. Erzählung. st 3434. 102 Seiten
- Mein Jahr in der Niemandsbucht. Ein Märchen aus den neuen Zeiten. st 3887. 628 Seiten
- Wunschloses Unglück. Erzählung. st 3287. 96 Seiten

Christoph Hein
- Der fremde Freund. Drachenblut. Novelle. st 3476. 176 Seiten
- Horns Ende. Roman. st 3479. 320 Seiten
- Landnahme. Roman. st 3729. 357 Seiten
- Willenbrock. Roman. st 3296. 320 Seiten

Marie Hermanson
- Muschelstrand. Roman. Übersetzt von Regine Elsässer. st 3390. 304 Seiten

NF 266c/4/9.10

- Die Schmetterlingsfrau. Roman. Übersetzt von Regine Elsässer. st 3555. 242 Seiten

Hermann Hesse
- Demian. Die Geschichte von Emil Sinclairs Jugend. st 206. 200 Seiten
- Das Glasperlenspiel. Versuch einer Lebensbeschreibung des Magister Ludi Josef Knecht samt Knechts hinterlassenen Schriften. st 2572. 616 Seiten
- Siddhartha. Eine indische Dichtung. st 182. 136 Seiten
- Unterm Rad. Erzählung. st 52. 166 Seiten
- Steppenwolf. Erzählung. st 175. 280 Seiten

Ödön von Horváth
- Geschichten aus dem Wiener Wald. st 3336. 266 Seiten
- Glaube, Liebe, Hoffnung. st 3338. 160 Seiten
- Jugend ohne Gott. st 3345. 182 Seiten
- Kasimir und Karoline. st 3337. 160 Seiten

Bohumil Hrabal. Ich habe den englischen König bedient. Roman. Übersetzt von Karl-Heinz Jähn. st 1754. 301 Seiten

Uwe Johnson
- Jahrestage. Aus dem Leben der Gesine Cresspahl. Einbändige Ausgabe. st 4059. 1703 Seiten
- Mutmassungen über Jakob. st 3128. 308 Seiten

James Joyce
- Dubliner. Übersetzt von Dieter E. Zimmer. st 2454. 228 Seiten
- Ulysses. Roman. Übersetzt von Hans Wollschläger. st 2551. 988 Seiten

Franz Kafka
- Amerika. Roman. st 2654. 311 Seiten

NF 266c/5/9.10

- Der Prozeß. Roman. st 2837. 282 Seiten
- Das Schloß. Roman. st 2565. 424 Seiten

André Kaminski. Nächstes Jahr in Jerusalem. Roman. st 1519. 392 Seiten

Ioanna Karystiani. Schattenhochzeit. Roman. Übersetzt von Michaela Prinzinger. st 3702. 400 Seiten

Wolfgang Koeppen
- Tauben im Gras. Roman. st 601. 210 Seiten
- Der Tod in Rom. Roman. st 241. 187 Seiten
- Das Treibhaus. Roman. st 78. 190 Seiten

Else Lasker-Schüler. Gedichte 1902-1943. st 2790. 439 Seiten

Gert Ledig. Vergeltung. Roman. Mit einem Nachwort von Volker Hage. st 3241. 224 Seiten

Stanisław Lem
- Der futurologische Kongreß. Übersetzt von I. Zimmermann-Göllheim. st 4133. 138 Seiten
- Sterntagebücher. Übersetzt von Caesar Rymarowicz. Mit Zeichnungen des Autors. st 4132. 523 Seiten
- Solaris. Übersetzt von Irmtraud Zimmermann-Göllheim. st 4131. 263 Seiten

H. P. Lovecraft. Cthulhu. Geistergeschichten. Übersetzt von H. C. Artmann. Vorwort von Giorgio Manganelli. st 29. 239 Seiten

Amin Maalouf
- Leo Africanus. Der Sklave des Papstes. Roman. Übersetzt von Bettina Klingler und Nicola Volland. st 3121. 480 Seiten
- Die Reisen des Herrn Baldassare. Roman. Übersetzt von

NF 266c/6/9.10

Ina Kronenberger. st 3531. 496 Seiten
- Samarkand. Roman. Übersetzt von Widulind Clerc-Erle. st 3190. 384 Seiten

Andreas Maier
- Klausen. Roman. st 3569. 216 Seiten
- Wäldchestag. Roman. st 3381. 315 Seiten
- Sanssouci. Roman. st 4165. 298 Seiten

Angeles Mastretta. Emilia. Roman. Übersetzt von Petra Strien. st 3062. 413 Seiten

Robert Menasse
- Selige Zeiten, brüchige Welt. Roman. st 2312. 374 Seiten
- Sinnliche Gewißheit. Roman. st 2688. 329 Seiten
- Die Vertreibung aus der Hölle. Roman. st 3493. 496 Seiten
- Das war Österreich. Gesammelte Essays zum Land ohne Eigenschaften. st 3925. 512 Seiten

Eduardo Mendoza. Die Stadt der Wunder. Roman. Übersetzt von Peter Schwaar. st 3925. 512 Seiten

Alice Miller
- Am Anfang war Erziehung. st 951. 322 Seiten
- Das Drama des begabten Kindes und die Suche nach dem wahren Selbst. st 950. 175 Seiten
- Wege des Lebens. Sechs Fallgeschichten. st 3935. 231 Seiten

Magnus Mills
- Die Herren der Zäune. Roman. Übersetzt von Katharina Böhmer. st 3383. 216 Seiten
- Indien kann warten. Roman. Übersetzt von Katharina Böhmer. st 3565. 230 Seiten

NF 266c/7/9.10

Adolf Muschg
- Der Rote Ritter. Eine Geschichte von Parzivâl. st 3420. 1104 Seiten
- Sutters Glück. Roman. st 3442. 336 Seiten

Cees Nooteboom
- Allerseelen. Übersetzt von Helga van Beuningen. st 3163. 440 Seiten
- Die folgende Geschichte. Übersetzt von Helga van Beuningen. st 2500. 148 Seiten
- Philip und die anderen. Roman. Übersetzt von Helga van Beuningen. st 3661. 168 Seiten
- Rituale. Roman. Übersetzt von Hans Herrfurth. st 2446. 231 Seiten

Kenzaburô Ôe. Eine persönliche Erfahrung. Roman. Übersetzt von Siegfried Schaarschmidt. st 1842. 240 Seiten

Sylvia Plath. Die Glasglocke. Übersetzt von Reinhard Kaiser. st 3676 262 Seiten

Ulrich Plenzdorf. Die neuen Leiden des jungen W. st 300. 140 Seiten

Marcel Proust. Auf der Suche nach der verlorenen Zeit. Frankfurter Ausgabe. Herausgegeben von Luzius Keller. Übersetzt von Eva Rechel-Mertens. Sieben Bände in Kassette. st 3641-3647. 5300 Seiten

João Ubaldo Ribeiro. Ein Brasilianer in Berlin. Übersetzt von Ray-Güde Mertin. st 2352. 112 Seiten

Patrick Roth
- Corpus Christi. st 3064. 192 Seiten
- Die Nacht der Zeitlosen. st 3682. 150 Seiten

NF 266c/8/9.10

Ralf Rothmann
- Hitze. Roman. st 3675. 292 Seiten
- Junges Licht. Roman. st 3754. 238 Seiten
- Milch und Kohle. Roman. st 3309. 224 Seiten
- Feuer brennt nicht. Roman. st 4173. 304 Seiten

Carlos Ruiz Zafón. Der Schatten des Windes. Übersetzt von Peter Schwaar. st 3800. 565 Seiten

Andrzej Stasiuk. Die Welt hinter Dukla. Übersetzt von Olaf Kühl. st 3391. 175 Seiten

Jürgen Teipel. Verschwende Deine Jugend. Ein Doku-Roman. Über den deutschen Punk und New Wave. Vorwort von Jan Müller. Mit zahlreichen Abbildungen. st 3271. 336 Seiten

Hans-Ulrich Treichel
- Der irdische Amor. Roman. st 3603. 256 Seiten
- Tristanakkord. Roman. st 3303. 238 Seiten
- Der Verlorene. Erzählung. st 3061. 175 Seiten

Galsan Tschinag
- Der blaue Himmel. Roman. st 2720. 178 Seiten
- Die graue Erde. Roman. st 3196. 288 Seiten
- Der weiße Berg. Roman. st 3378. 290 Seiten

Mario Vargas Llosa
- Das Fest des Ziegenbocks. Roman. Übersetzt von Elke Wehr. st 3427. 540 Seiten
- Das grüne Haus. Roman. Übersetzt von Wolfgang A. Luchting. st 342. 429 Seiten
- Der Krieg am Ende der Welt. Roman. Übersetzt von Anneliese Botond. st 1343. 725 Seiten
- Tante Julia und der Kunstschreiber. Roman. Übersetzt von Heidrun Adler. st 1520. 392 Seiten

NF 266c/9/9.10

- Das Paradies ist anderswo. Roman. Übersetzt von Elke Wehr. st 3713. 496 Seiten
- Tod in den Anden. Roman. Übersetzt von Elke Wehr. st 2774. 384 Seiten

Martin Walser
- Brandung. Roman. st 1374. 319 Seiten
- Ehen in Philippsburg. st 1209. 343 Seiten
- Ein fliehendes Pferd. Novelle. st 600. 151 Seiten
- Ohne einander. Roman. st 3907. 197 Seiten
- Ein springender Brunnen. Roman. st 3100. 416 Seiten
- Meßmers Reisen. st 3700. 191 Seiten

Robert Walser
- Der Gehülfe. Roman. st 1110. 316 Seiten
- Geschwister Tanner. Roman. st 1109. 381 Seiten
- Jakob von Gunten. Ein Tagebuch. st 1111. 184 Seiten

NF 266c/10/9.10